오키나와와 조선의 틈새에서

조선인의 '가시화/불가시화'를 둘러싼 역사와 담론

저자 오세종 吳世宗, Oh, Se-jong

1974년 출생. 히토쓰바시대학 대학원 언어사회연구과에서 박사(학술) 학위 취득. 류큐대학 인문사회학부 준(准)교수. 주요 논저로,『리듬과 서정의 시학—김시종과 「단가적 서정의 부정」(リズムと抒情の詩学—金時鐘と「短歌的抒情の否定」)』(生活書院, 2010), 「도래하는 역사, 축적되는 작은 시간(到来する歴史, 積み重ねられていく小さな時間)」(『越境広場』4号, 2017), 「김희로와 도미무라 준이치의 일본어를 통한 저항(金嬉老と富村順一の日本語を通じた抵抗)」(『琉球アジア文化論集』4号, 2018) 등이 있다.

역자 손지연 孫知延, Son, Ji-youn

경희대학교 일어일문학과를 졸업 후, 일본에 유학하여 가나자와대학과 나고야대학에서 각각 석사학위와 박사학위를 취득했다. 현재 경희대학교 일본어학과 부교수로 재직 중이며, 주요 저역서로는『오키나와 문학의 힘』(공저),『현대 오키나와 문학의 이해』(공저),『폭력의 예감』(공역),『오시로 다쓰히로 문학선집』(역서),『기억의 숲』(역서) 등이 있다.

오키나와와 조선의 틈새에서

조선인의 '가시화/불가시화'를 둘러싼 역사와 담론

초판 인쇄 2019년 2월 15일 **초판 발행** 2019년 2월 25일

지은이 오세종 **옮긴이** 손지연 **펴낸이** 박성모 **펴낸곳** 소명출판

출판등록 제13-522호 **주소** 서울시 서초구 서초중앙로6길 15, 1층

전화 02-585-7840 **팩스** 02-585-7848

전자우편 somyungbooks@daum.net **홈페이지** www.somyong.co.kr

값 19,000원

ISBN 979-11-5905-397-9 93910

ⓒ 소명출판, 2019

이 책은 연구내용의 일부를 JSPS과연비科研費 16K02604(기반연구(c))의 조성을 받아 수행하였고, JSPS과연비 JP18HP5052(연구성과공개촉진비)의 조성을 받아 간행하였다.
This publication was supported by JSPS KSKENHI GRANT Numbers 16K02604 and JP18HP5052.

오키나와와 조선의 틈새에서

조선인의 '가시화/불가시화'를 둘러싼 역사와 담론

Between Okinawa and Korea
and narrating invisibilizing Koreans

오세종 지음 | 손지연 옮김

소명출판

옮긴이의 말

동아시아에서 오키나와가 지니고 있는 위상은 상당히 문제적이다. 오키나와는 일본 제국주의를 거치면서 제국의 일원인 동시에 제국의 억압과 차별의 당사자였고, 제2차 세계대전 이후에는 미국이라는 새로운 제국의 질서가 구체적이고 현실적인 억압과 차별로 작동한 지역이었다. 이러한 현실 속에서 오키나와, 오키나와인은 식민주의의 단절과 연속, 저항과 포섭, 동화同化와 이화異化라는 자기분열을 누구보다 민감하게 감지하고 또 포착해 왔다. 일상이 전장화되는 현실이나, 일상에 내재한 폭력에 맞선 저항의 가능성, 지난 폭력의 기억을 잊지 않고 언제 다시 위협해 올지 모르는 폭력의 징후들에 오키나와가 유독 자각적인 이유이기도 하다.

이 책의 문제의식은 이러한 제국주의의 폭력이 오키나와에만 미쳤던 것이 아니라는 데에서 출발한다. 오키나와를 비롯해, 한국, 타이완, 베트남, 그리고 남양군도에 이르기까지 동아시아 지역 곳곳을 폭력으로 몰아간 제국주의 팽창의 역사가 가해와 피해, 차별과 피차별, 억압과 저항 등의 이항대립으로 설명되지 않는 중층적이고 복합적인 형태를 띠고 있으리라는 점은 상상하기 어렵지 않다. 그러나 그것이 구체적으로 어떤 의미구조 속에서 작동되며 그 양상은 어떤지 드러내 보이기란 결코 쉽지 않다. 이 책이 주목하고 있는 전시(정확히는 오키나와전쟁)와 전후를 관통하며 오키나와를 살아간 / 살고 있는 '오키나와의 조선인'이 놓인 위치는 그야말로 중층적이고 복합적이다.

이들 '오키나와의 조선인'은, 저자의 말을 빌자면, 식민지 역사 속에서, 오키나와전쟁 속에서, 그리고 미군 점령하에서 불가시화되고, 때에 따라서는 희미하게 가시화되기도 하지만 그마저도 상황에 따라 끊임없이 변화하는 유동적이고 불확정적인 존재들에 다름 아니다. 무엇보다, 1972년 '복귀' 이전까지는 오키나와는 일본이 아니었기 때문에(일본의 잠재주권은 인정되었지만) '오키나와의 조선인'은 재在'일日' 조선인도 아니려니와, '불가시화된 자들', '귀속처가 불분명한 자들', '그 틈새에 끼인 자들'이라는 저자의 비판적 자리매김은 상당히 큰 울림을 준다.

저자는 전쟁에 동원되거나 그 이전부터 틀림없이 존재하던 오키나와의 조선인들, 그러나 오키나와전쟁 이후 '증발'되었다고까지 일컬어질 만큼 행방이 묘연해진 이들의 흔적을, 오키나와 현사県史와 시정촌사市町村史, 그리고 오키나와 및 한국 신문자료, 회고록, 위령비와 탑에 새겨진 글귀 하나하나까지 놓치지 않고 혼신의 힘을 다해 발굴해 낸다. 이렇게 해서 오랫동안 역사의 수면 아래에 깊이 침잠해 있던 조선인 '군부'와 '위안부'를 비롯한 '이름 없는(이름을 밝히지 못한)' '무국적자'들의 존재가, 그 / 그녀들의 이름(본명)이, 개인사가 수면 위로 부상하게 된다. 이 책의 부제이기도 한 '가시화'와 '불가시화'를 둘러싼 역사와 담론이 비로소 가능해지게 된 것이다.

이 책은 총 5장으로 구성되어 있다. 제1장 「오키나와전쟁으로 뒤엉킨 역사, 불가시화된 조선인」에서는, 오키나와전쟁 당시의 조선인, 즉 '군부'와 '위안부', 그리고 오키나와전쟁이 발발하기 이전부터 생활해 온 조선인에 대해 분석한다. 격렬한 전투 속에서 기적적으로 살아남았지만 이번에는 수용소 안 미군병사를 상대해야 했던 '이름 없는' 옛 일본군 '위안부', 그리고 '이름'이 알려졌다고 해도 본명이 아닌 강요된 일본식 이름에 '군부'라 불리던 조선인 남성들. 여기에 전쟁 이전부터 본명을 감추고 다니카와 노보루谷川昇로 살아가다 비참한 최후를 맞게 되는 구중회具仲会와 그 가족들. 이들의 존재를 저자는 동시대 오키나와인과의 관련성 안으로 집요하게 파고들어가 위계화된 식민주의 질서를 선명히 하고, 일상생활에 뿌리내린 오키나와인에 의한 조선인 차별문제를 짚어낸다. 흥미로운 것은 여기에 그치지 않고, 조선인과 오키나와인 간의 연대와 교류를 통해 식민주의 위계질서를 돌파해 간 장면들도 함께 제시하고 있는 점이다.

제2장 「조선인들의 '전후'―수용·귀향·잔류」에서는, 일본군과 오키나와인과 섞여서 수용소에서 '전후'를 맞게 되는 조선인들의 행방을 추적한다. 살아남은 조선인들 대부분은 오키나와인과 마찬가지로 미군수용소에 수용되었다가 고향으로 돌아가지만, 오키나와에 그대로 남은 조선인도 존재했다. 저자는 오키나와에 남은 이들에 주목한다. 특히, 본토의 조선인들과 달리 한일지위협정에 근거한 협정영주자격 취득의 사각지대에 놓이게 된 사정, '류큐주민'에서 '무국적자'로 법적지위가 전락해 가는 과정을 '류큐열도출입관리령琉球列島出入管理令', '호적정비법戶籍整備法', '류큐정부장전琉球政府章典' 등 각종 포령·포고를 통해 구체적으로 제시한다. 그것은 1965년에 맺은 불완전한 한일조약의 결과이

기도 했지만, 이를 계기로 한국 내에 오키나와의 조선인의 존재가 알려지는 순기능도 있었음을 제4장과 제5장에서 비중 있게 기술한다.

제3장 「'오키나와'를 둘러싸고―국제적 동향과 내부의 저항운동」에서는, 1950년대부터 1960년대에 걸친 미국을 중심으로 한 동아시아 정세 속 한반도와 오키나와의 관계, 그리고 미군통치에 대한 저항의 일환으로 발휘된 오키나와 문인들의 문학적 상상력과 그 저항의 구체적 실천으로서의 복귀운동에 대해 살펴보고 있다. 오키나와 제3세계와의 연대를 낳은 복귀운동을 긍정적으로 평가하는 한편, 국제연대와 탈식민지를 지향했던 복귀운동이 정작 오키나와 내부의 아시아에는 무관심했음을 그 한계로 지적한다.

제4장 「오키나와 내 조선인의 출현과 담론공간」과 제5장 「오키나와 내 조선인의 행방―시정권 반환 이후」에서는, 1960년대 중반에서 1972년 시정권施政権 반환 이후의 조선인들의 행방을 추적한다. 도쿄타워점거 사건을 일으켜 오키나와와 조선의 '틈새'에 가로놓여 부당한 대우를 받고 있는 조선인들의 현 상황을 알리려한 도미무라 준이치富村順一의 실천적 행동이 그의 의도와 다르게 본토로 전달되어간 사정, 예컨대 구舊 일본군과 일본정부의 가해 책임을 여전히 '가해와 피해'라는 이항대립구도 안에 머물게 함으로써 책임을 묻기 어렵게 한 측면을 비판적으로 검토한다. 저자가 무엇보다 높게 평가하는 것은 민중 레벨의 기록운동이다. 이 부분에 관해서는 좀더 세심한 논의가 수반되어야 하겠지만, 기록운동이 담론공간을 민중의 것으로 전환하였고, 이로써 오키나와인과 함께 조선인이 가시화될 수 있었다는 저자의 지적은 타당해 보인다. 또한, 시정권 반환에 즈음하여 한국정부가 오키나와의 조선인 조사에 착수하게 된 배

경과 경과를 면밀하게 쫓으며 그 성과와 한일조약 및 남북분단이 초래한 부정적 영향에 대해서도 언급한다.

이와 함께 저자가 공들여 기술하는 부분은 기록운동에서도 조선총련과 일본인 공동조사에서도 누락되었던 일본군 '위안부' 출신 배봉기에 관한 내용이다. 가와타 후미코川田文子의 『빨간 기와집赤瓦の家』, 야마타니 데쓰오山谷哲夫 감독의 다큐멘터리 영화 〈오키나와의 할머니ー증언·종군위안부沖縄のハルモニー証言·従軍慰安婦〉와 영화 속 인터뷰를 수록한 『오키나와의 할머니ー대일본매춘사沖縄のハルモニー大日本売春史』 등에서 볼 수 있듯, 배봉기의 존재는 다른 '위안부' 여성들에 비해 잘 알려져 있는 편이다. 그러나 '오키나와의 조선인'이라는 커다란 역사적 문맥 안에서 배봉기의 위치를 (재)가늠하고자 한 시도는 이 책이 처음이라 하겠다. 저자가 언급한 배봉기일 것으로 '추정'되는 장면들을 눈여겨보게 되는 이유이기도 하다.

마지막 장에서는 오키나와에 소재한 조선인 관련 위령비와 탑 10기를 저자가 직접 촬영한 사진과 함께 소개하고 있다. 그 안에 새겨진 글귀 하나하나에서, 역사의 깊은 어둠속에 묻혀 '불가시화'되었던 오키나와의 조선인뿐만 아니라, 그 / 그녀들을 다시 수면 위로 끌어올려 '가시화'하려는 이들의 기억투쟁, 즉 기억을 은폐하려는 자와 기억을 미래로 열어가려는 자의 기억이 혼재하고 길항하는 장면들을 읽어낼 수 있다. 더불어 그 기억투쟁의 현재적 의미를 묻고, 동아시아의 현재적 질서와 마주하는 장場으로 우리 독자들을 이끄는 저자 오세종의 부단한 노력과 진정성 또한 읽어낼 수 있다. 이 책이 한국과 일본에서 동시간행하게 된 이유도 바로 거기에 있다. 이로써 또 한 권의 오키나와 근현대사가 탄생하였다. 어떤 형태로든 일본 근현대사의 공백과 한반도의 근현대사의 공백이 메워지기를 기대한다.

2019년 2월

손지연

옮긴이의 말 3

시작하며 13

1장 • **오키나와전쟁으로 뒤엉킨 역사, 불가시화된 조선인** 23

  1. 오키나와전쟁 속 조선인들 23
    제32군의 창설과 그 역할 23
    조선인 '군부'들의 연행 배경 25
    착취당하는 조선인 '군부'―폭력, 중노동, 기아 30
    옥쇄작전玉碎作戰 35
    전쟁에서 살해되는 조선인들 38
    조선인 '위안부'들이 연행되었던 배경 45
    '위안소'와 일본군 병사들의 인식 48
  2. 오키나와인과 조선인의 관계 54
    오키나와인들과 조선인 '군부'들 54
    '전후' 자행된 살해―구메섬 조선인 학살사건 61
    조선인 '위안부'와 오키나와인, 그리고 조선인 남성의 관계 68
  3. 조선인과 오키나와인들의 위계질서를 넘어선 관계 83

2장 • **조선인들의 '전후'**―수용 · 귀향 · 잔류 91

  1. 미군의 점령정책 속 조선인들 93
    수용되는 조선인들 94
  2. 수용 후 두 갈래의 길―귀향하는 조선인과 오키나와에 잔류하는 조선인 107
    귀향하는 조선인 107
    오키나와에 남은 조선인 112

3. 일본 '본토'와 오키나와의 입국(역) 관리체제
  ─무국적자가 된 오키나와의 조선인 115
    일본 '본토'의 입국관리체제 117
    오키나와의 출입역出入域 관리체제 126

3장 • '오키나와'를 둘러싸고─국제적 동향과 내부의 저항운동 139

1. 미국의 군사전략 속 오키나와와 한국 140
    오키나와와 한국─아시아민족반공연맹(APACL) 144
2. 한일회담, 한일조약과 오키나와의 조선인 148
    한일조약 체결이 오키나와의 조선인에 미친 영향 151
3. 탈식민지화를 향한 오키나와─『류다이분가쿠琉大文学』와 복귀운동 156
    1950년대 『류다이분가쿠』 156
    복귀운동 163
    베트남전쟁과 복귀운동 173

4장 • 오키나와 내 조선인의 출현과 담론공간 181

1. 오키나와 내 조선인들의 출현 181
2. 주민이 주체가 된 오키나와전쟁의 기록운동과 조선인 담론 192
    기록운동과 담론공간 192
3. 담론공간을 둘러싼 사태─오키나와, 일본 '본토', 한국정부 203
    오키나와─미디어 및 대학기요 등에 나타난 조선인들 203
    일본 '본토'에서 발생한 사건
    ─도미무라 준이치의 조선인 관련 담론과 '오키나와의 손미 사건' 212
    한국정부의 움직임 224

5장 • **오키나와 내 조선인의 행방**―시정권 반환 이후   237

  1. 조선총련과 일본인이 함께 한 오키나와전쟁 합동조사   238

  2. 돈을 벌기 위해 오키나와로 건너온 한국인 노동자(1973~1976)   254

  3. 배봉기의 등장   263

  4. 결론―회귀하는 조선인들과 오키나와의 탈식민지화   274

나가며 | **오키나와의 조선인 관련 비碑 및 탑塔 소개**   289

  1. 백옥의 탑白玉之塔   291

  2. 청구의 탑青丘之塔   292

  3. 오키나와 병참 위령의 비沖縄兵站慰霊之碑   295

  4. 통한의 비痛恨之碑   298

  5. 한국인 위령탑韓国人慰霊塔   302

  6. 평화의 초석平和の礎   305

  7. 아리랑 위령 기념비アリラン慰霊のモニュメント   309

  8. 유혼의 비留魂之碑   313

  9. 아시아태평양전쟁 · 오키나와전쟁 피징발 조선반도 출신자 한의 비アジア
    太平洋戦争 · 沖縄戦被徴発朝鮮半島出身者恨之碑   316

  10. 아리랑 비アリランの碑 · 여자들에게女たちへ   321

저자 후기   326

참고문헌 · 영상 · 사이트   335

인명 찾아보기   344

1 이 책에서는 오키나와를 살아간 / 살고 있는 조선민족을 기본적으로 '조선인'이라는 용어로 부르기로 한다. 그 이유는, 첫째, 오키나와전쟁 이전, 전시, 그리고 1948년까지 한반도에는 대한민국이라는 국가도 조선민주주의 인민공화국이라는 국가도 존재하지 않았기 때문이다. 둘째, 1948년 이후에도 오키나와의 조선인은 대한민국과 조선민주주의 인민공화국으로부터 신분을 보장 받지 못했기 때문이다. 이와 관련하여 셋째, 오키나와전쟁 이후 일본으로 복귀하는 1972년 5월까지 오키나와는 미군의 점령 통치하에 놓여있었고, 대부분의 조선인들 역시 그 아래에서 무국적인 상태로 살아가야 했기 때문이다. 오키나와는 일본이 아니었기 때문에(일본의 잠재주권은 인정되었지만), 재(在)'일(日)' 조선인도 아니었다. 그러한 귀속처가 불분명한 자들, 그 틈새에 끼인 자들이라는 의미를 담아 '조선인'이라는 용어를 사용고자 한다.

2 이 책에서는 일본 '본토(本土)'라는 용어를 작은따옴표 안에 넣어 사용한다. 이는 '본토'라는 용어가 오키나와를 '외지(外地)'라고 일컬음으로써 식민지로 삼은 것을 문제시하기 위함이다. 또한 오키나와에서는 지금도 '내지(內地)'라는 말을 일상에서 사용할 때가 있는데, 여기서는 '본토'로 통일하여 표기한다. 물론 '본토'라는 용어는 편의상 사용하는 것임을 밝혀 둔다.

3 [ ]안은 저자의 보충 설명 부분이다. 예 [미군이] 마이크로 방송했습니다.

역자 일러두기

1 이 책은 오세종(吳世宗)의 『沖縄と朝鮮のはざまで-朝鮮人の〈可視化・不可視化〉をめぐる歴史と語り』(明石書店, 2019)을 완역하여 한국 소명출판에서 동시 간행한 것이다.

2 저자의 문제의식이 담겨 있는 용어는 그대로 살려서 표현하였으나, '조선'이라고 표기된 부분은 독해의 편의를 위하여 맥락에 따라 용어를 바꿔 번역하였다. 예 '조선반도'는 '한반도', '북조선'은 '북한', '남조선'은 '한국' 등.

시작하며

이 책은 오키나와의 조선인을 고찰한 것이다. 오키나와에 조선인이 있었을까, 하는 의문을 갖는 사람도 있을 것이다. 또한 오키나와전쟁 때 연행되어 온 조선인에 대한 논의라고 생각하는 사람도 있을 것이다. 물론 오키나와에 조선인은 있었고 / 지금도 있으며, 또 오키나와의 조선인을 논의하는 것은 역사적으로 보건대 하나의 관점으로 고찰하는 것은 무리다.

이 책에 들어가기에 앞서 내가 오키나와에 건너올 무렵의 일을 조금 설명하고자 한다.

내가 오키나와의 류큐대학琉球大学에 부임한 것은 2011년 3월, 동일본대지진이 일어나고 며칠 지나지 않았을 때였다. 요코하마橫浜에서 이사해 온 오키나와는 지진 직후의 수도권 상황과 달리 초여름이라고 생각될 정도로 태양이 뜨겁고 온화한, 그러나 미군기지라는 다른 문제로 들끓고 있는 장소였다. 첫 해는 적응하느라 정신이 없었고, 이듬해부터 이도離島를 비롯한 역사에 흥미를 갖기 시작했다. 책을 섭렵하고, 신문을 읽고, 이도를 돌아보는 가운데 오키나와와 나 사이에 어떤 위화감이 생겨났다. 그것이 하나의 형태로 나타난 것이 바로 오키나와의 조선인이라는 테마였다. 오키나와에는 많지는 않았겠지만 한반도에서 건너온 사람들이 있었을 테고, 그 지역 고유의 역사가 있었을 터이다. 그렇다면 조선인에 내한 지식은 얼마만큼 오키나와 안에서 공유되었을까.

조사를 하다 보니 하나의 관점으로 파악할 수 없는 조선인의 모습이 조금씩 부상했다. 오키나와전쟁 당시 미군이 설치한 수용소 안에서 벌어진 사건을 예로 들어보자. 그것은 격전지가 된 오키나와 본섬 남부에 비해 비교적 온화한 상황이었던 중북부의 수용소, 야카屋嘉 수용소에서 발생한 작은 사건이었다.

이 수용소는 미군이 오키나와를 점령하면서 만들어진 것인데, 여기에 포로로 수용된 이들 가운데 마쓰키 겐지로松木謙治郎라는 사람이 있었다. 오사카 타이거즈大阪タイガーズ(현, 한신 타이거즈阪神タイガーズ) 스텝으로 활약했고, 1940년부터 41년까지 이 팀의 감독을 역임한 인물이다. 복원復員 후에는 오사카 타이거즈와 도에이 플레이어스東映フレイヤーズ 감독으로 이름을 알렸다.

마쓰키 일등병이 포로로 본섬 남부에서 야카 수용소로 이송된 것은 1945년 6월 25일의 일이었다. 격전지에서 멀리 떨어져 있었고, 또 1945년 7월 미군의 오키나와전쟁 종료 선언으로 수용소 안은 비교적 평화로운 분위기였다. 그곳에서 동료와 함께 야구를 하거나, 미군의 명령으로 노동을 하며 지내던 8월 중순 무렵, 한 소문을 접하게 된다. 궁

금한 마음을 참지 못한 마쓰키 무리는 수용소 안에 있는 병사病舍를 들여다보러 간다.

> 병사 한쪽 구석에 작은 철망으로 된 헛간이 세워져 있고, 한 여성이 화려한 파란색 파자마를 입고 생활하고 있었다. 옛 일본군 위안부라고 했다. (…중략…) 전쟁 전에는 각 부대에 전속 위안부가 있었으니 모두 합하면 상당한 숫자가 될 터인데, 그 가운데 고작 한 명만 살아남았다니 정말 가여운 일이다.[1]

마쓰키 등이 접한 소문은 조선인 옛 '위안부'가 수용소에 왔다는 것이었는데, 정말 그녀가 병사 한 쪽 구석에 있었던 것이다. 마쓰키 무리의 눈에 들어온 그 여성은 "화려한 파란색" 옷을 입고 빛을 발하고 있었다. 전쟁으로 인해 주민, 병사할 것 없이 섬 전체가 극도로 피폐해진 상황에서 죽음과 맞서고 있는 자신들과 달리 무언가 특별한 보호를 받고 있는 것처럼 보였다. 혹시 아는 얼굴의 '전속 위안부'가 아닐까, 하는 뒤틀린 욕망을 가진 자들의 눈에는 그녀의 존재가 한층 더 화려하게 비춰졌을 것이다.

어찌되었든 '화려한' 모습을 한 그녀의 출현은 보는 이들로 하여금 복잡한 감정을 갖게 하였다. "가엽다"라는 마쓰키의 표현을 포함해, 어떻게 살아남았을까? 버리고 온 것은 미안하지만 어쩔 수 없었다. 어째서 당신 혼자만…… 등등의 반응을 보였다. '병사' 안에서 특별한 취급

---

1   松木謙治郎, 『阪神タイガース松木一等兵の沖縄捕虜記』, 現代書館, 2012, 147면.

을 받기라도 하는 듯이 질투 어린 시선을 보내는 사람도 있었을 것이다. 그도 그럴 것이 이 '여성' 또한 사선을 넘어 수용소로 보내진 많은 이들 중 하나였지만, 다른 포로들과 달리 일본군의 공공연한 비밀로 부쳐졌기 때문이다. 오키나와전쟁 당시 마쓰키가 말한 것처럼, 제32군 각 부대마다 '군속 위안부'가 있었다. 또한 오키나와 각지에 설치된 '위안소'가 대략 140여 곳이나 되었으니, 주민들 대부분이 일상에서 그녀들을 목격했다 해도 과언이 아니다. 그럼에도 불구하고 일본군은 정보 유출 방지 등의 이유로 그녀들의 존재를 비밀에 부쳤고 그 때문에 그녀들은 존재함에도 존재하지 않는 취급을 받게 된다. 실제로 조선인 '위안부'들 대부분은 미군의 광기 어린 공격 속에서 일본군의 보호를 받지 못한 채 내버려졌고, 그대로 역사의 어둠 속으로 사라져 버렸다.

그런데 반응이 어떠했든, 가혹한 전화戰火 속에서 공공연한 비밀이었던 그녀들이 '평화'롭던 수용소 안에 갑작스럽게 출현한 이 에피소드는, 일본군의 '전속專屬'이던 이 '여성'이 대체 누굴까, 어째서 이곳 오키나와까지 오게 된 걸까, 등등의 물음을 던지며 그녀의 존재를 부상시켰다.

이에 대한 답을 마쓰키처럼 '위안부'였다, 라고 정리해 버리는 것은, 그녀의 출현이 초래한 충격을 일시적으로 잠재울 수는 있겠지만 그녀의 실존을 그 용어 안에 구겨 넣는 것으로 끝나버릴 뿐이다. 실제 이름조차 모르는 그 '여성'은 지금 현재까지도 "누굴까?", "왜 그곳에 있었을까?"라는 물음에서 벗어나지 못하고 있다. 분명한 것은, 연행되어 오키나와로 건너왔으리라는 것이다. 여기에 하나 더 확실한 추측을 덧붙이자면, 그 '여성'이 "화려한 파란색 파자마"를 입고 있었다고 해서 우대를 받았다고 단정할 수 없다는 것이다. 그도 그럴 것이 격렬한 전투 속에서 기적적으로 살아남았다고 해도 이번에는 수용소 안 미군병사를 상대해야 했을 것이기 때문이다. 그러나 이러한 추측도 결국은 일반적으로 이야기되는 역사의 틀에서 상상한 것에 불과하며, 그녀의 고유성은 대부분 지워지고 남아 있지 않다.

오키나와의 조선인 모습은 이 '여성'과 다른 형태로 부상하기도 한다. 앞서 살펴본 조선인처럼 누구인지 모르는 상황에 놓인 것은 그녀만이 아니었다. 그녀가 있었던 야카 수용소에는 '화려하'지 않은 또 다른 조선인 여성이 수용되어 있었던 사실도 알려져 있다. 또한, 같은 처지에 있던 '군부'라 불리는 훨씬 더 많은 숫자의 조선인 남성들도 그곳에 있었다. 병사로 향하던 마쓰키 무리의 바로 옆에도, 뒤에도, 혹은 그들보다 앞서서, 경우에 따라서는 병사 안에도 '군부'들이 있었을 터였다.

조선인 '군부'들은 '위안부'라고 불리는 여성들보다 훨씬 더 많은 숫자가 한반도에서 연행되었기 때문에 개중에는 조사를 통해 기적적으로 이름이 밝혀진 자도 있었다. 그런데 그 '이름'은 대부분이 식민지시대에 강요된 일본식 이름이었다. 그 때문에 지금까지도 '이름'은 밝혀져도 본명을 모르는 상황이 계속되고 있다.

> 시즈ㅈ의 이웃집에 일본어를 할 줄 아는 [조선인] 군부가 있었다. (…중략…) 45년 2월인가, 3월의 공습으로 군부 동료인 '나와노ㅡㅁ'가 죽었다. 나와노는 가까운 풀밭에 묻혔다.[2]

---

2   「あしたの礎 二一 朝鮮人」,『沖縄タイムス』, 1994.6.19, 조간.

'시즈'의 이웃인 이 '나와노'는, 오키나와평화기념공원 내에 '평화의 초석'이 건설될 당시(1995), 후생성厚生省이 오키나와현에 건넨 「구 일본군 재적 조선 출신 전사자 명부旧日本軍在籍朝鮮出身死没者名簿」에 이름이 올랐던 인물이었다. 알려진 것은 요미탄촌에 배속되어, 도구치渡具知에 매장된 '나와노'라는 이름뿐이다. '이름'이 밝혀졌다는 점에서 앞서의 '여성'보다는 나은 처지일지 모른다. 그렇긴 하나 그 역시 암시적인 형태로만 가시화된다. 이러한 공통점에도 불구하고, 조선인 여자와 남자는 비밀에 부쳐지고 / 부쳐지지 않는, '이름'이 밝혀지고 / 밝혀지지 않는 등, 그 가시화 / 불가시화되는 방식이 같지 않았다.

이러한 오키나와의 조선인을 둘러싼 상황은, 오키나와전쟁 이후에도 형태를 바꾸어 계속된다. 오키나와전쟁 이후에도 오키나와에 머물던 조선인은 많지는 않았지만 어느 정도 존재했기 때문이다. 오키나와 본섬은 물론이고 이시가키섬石垣島, 미야코섬宮古島, 다이토섬大東島과 같은 이도에 머물던 그 / 그녀들 대부분은 때로는 신분을 밝히기도 했지만 대부분이 숨어살듯 조용히 생활했다. 그 / 그녀들이 조용히 살았던 이유는, 신분이 밝혀지면 오키나와 내부의 타자로 차별을 받을까 두려웠기 때문이기도 하다. 그러나 그보다 더 절박했던 이유는, 그 / 그녀들의 존재 자체가 사회적 근거가 희박하고 불안정했기 때문이다. 즉, 그 / 그녀들은 미군의 점령통치하에서 신분 보장이 전혀 이루어지지 않은 채, 거의 대부분이 법적인 무국적자・무호적자로 전락했는데, 만약 무국적・무호적자라는 것이 밝혀지면 처벌이 기다리고 있었기 때문에 오키나와에 거주하던 조선인들은 숨죽이고 조용히 살아가야 했다. 예컨대, '가네나카 이치로金仲一郎'라는 이름으로 살면서 개인사가 거의 알려지지 않은 채 사망한 함석윤처럼 말이다.

함석윤(일본명 : 金仲一郎), 1892년 조선 출생, 1966년 7월 이시가키섬
양로원에서 사망. 시베리아, 홋카이도北海道, 후쿠시마福島 등지를 떠돌다가,
마지막은 이리오모테섬西表島 탄광에 정착했다. 이리오모테 탄광이 폐광되
자 이시가키섬에서 파인애플 농장 일을 하며 생계를 꾸렸다.[3]

즉, 오키나와전쟁 이후에도 조선인들은 자신의 의지와 상관없이 그
곳에 분명 존재했음에도 불구하고 법제도적으로는 부재한 것처럼 취급
당했던 것이다. 이 경우에도 오키나와전쟁 당시의 조선인처럼 희미하
게 가시화된 모습을 드러내었지만, 오키나와전쟁 이후에 머물던 그/
그녀들 대부분은 특수한 역사적 사정으로 인해 불가시화된 존재였다.
이처럼 오키나와의 조선인들은, 식민지의 역사 속에서, 오키나와전
쟁 속에서, 그리고 미군통치하에서 불가시화되고, 때에 따라서는 희미
하게 모습을 드러내기도 했으나 그마저도 상황에 따라 끊임없이 변화
하는 존재였다. 바꿔 말하면, 오키나와전쟁 당시에도 또 오키나와전쟁
이후에도 조선인을 불가시화하는 특수한 구조가 자리한다는 것으로,
그/그녀들의 삶을 부상시키려면 바로 그러한 불가시화된 구조를 선명
히 할 필요가 있다.
이에 이 책이 시도하고자 하는 첫 번째 목표는, 전쟁에서 어마어마한
죽음을 초래하고, 또 오키나와전쟁 이후에는 난민 상황으로 몰아간 조

---

3   武茂憲一,「もうひとつの〈沖縄〉－沖縄の朝鮮人たち・1」,『朝鮮研究』第90号, 1969, 13면
     참조

선인 불가시화의 메커니즘을, 오키나와전쟁에서 오키나와전쟁 이후까지 시야에 넣어 선명히 하는 것이다. 그리고 이 문제는 앞으로 논의하겠지만 오키나와가 껴안고 있는 식민지주의 문제와도 연결된다.

다른 한편으로, 현재 오키나와의 조선인에 대한 담론과 고찰이 어느 정도 가능하게 된 것은 **오키나와 사람들의 증언을 다수 확보할 수 있었기 때문**이다.

1945년 3월에 미군이 상륙한 자마미섬座間味島에서 미야무라 후미코宮村文子는 가족과 함께 섬을 떠돌며 피난을 다녔다. 그러던 어느 날 마카노모리マカーの杜라고 불리는 곳에서 총탄이 날아든다.

> 헤이탄平田 씨와 우리 가족은 앞쪽에서, 나는 제일 뒤쪽에서 조선인과 함께 걷고 있었어요. 그런데 얼마 안 있어 발각되어 마카 쪽에서 공격을 시작했죠. 아마도 조선인을 일본병사라고 착각한 모양이에요. 내 귓가에 '피용' 하고 총알이 날아오는 소리가 들린 것과 동시에 조선인이 '윽' 하면서 주저앉는 거예요. 보니까 그 사람 오른쪽 넓적다리에서 새빨간 피가 주르륵 흘렀어요.[4]

본문에서 자세히 다루겠지만, 1960년대 중반부터 오키나와 주민 입장에서 오키나와전쟁을 기술하는 기록운동이 본격화된다. 오키나와인들이 오키나와전쟁에서 어떤 체험을 했는지 개개인의 이야기를 청취하고, 그 기록을 수집하여 주민의 입장에서 오키나와전쟁을 재구성하는

---

4 座間味村史編集委員会編, 『座間味村史』, 座間味村役場, 1989, 56면.

운동이다. 이 기록운동이 시작되기 전까지 오키나와전쟁은 미군과 일본군 측 자료와 병사 출신의 회상을 통해 이야기되는 방식이었다. 이 기록운동으로 비로소 민중의 입장에 선 이야기가 가능하게 되었고, 새로운 담론공간이 창출되었던 것이다. 이 책에서는, 이러한 새로운 '담론공간'을 민중의 이야기가 등장하고, 기록되며, 때로는 공표되는, 그뿐만 아니라 그러한 일련의 과정을 거쳐 사람들의 존재를 가시화하는 공간으로 삼고자 한다.

여기서 중요한 것은, 이 기록운동이 전개되는 과정에서 앞서의 사례처럼 오키나와의 조선인에 대한 증언이 다수 확보되었다는 점이다. 오키나와전쟁 이후 '증발'되었다고까지 이야기되던 오키나와의 조선인에 대한 역사적 기억이, 기록운동으로 수집된 증언을 통해 마치 파도가 휩쓸고 간 후 남겨진 모래알처럼 부상하게 된 것이다. 그런 의미에서 기록운동으로 열리게 된 담론공간은, 조선인에 대한 이야기를 가능케 하고, 그 / 그녀들의 존재를 불가시화에서 가시화로 전환시켰다고 할 수 있다.

아울러 이 책에서 시도하고자 하는 두 번째 목표는, 오키나와가 열어 젖힌 담론공간 속 조선인들의 다양한 가시화의 양상을 해석하는 일이다. 궁극적으로 이 책은, 오키나와의 조선인들이 어떻게 불가시화되고, 그리고 그 / 그녀들이 어떻게 오키나와인들과 함께 가시화되기에 이르렀는지를 긴 역사적 스펙트럼을 통해 추적해 가는 것을 목적으로 한다. 이 불가시화에서 가시화로 가는 과정에서 부상하게 되는 조선인들의 '삶'은 희미하고 덧없다는 점에서 '문학'적 색채를 띨 수도 있다. 그렇긴 하지만 그 자체가 바로 역사적, 정치적 소용돌이에 휘말려온 그 / 그녀들이 살아온 흔적과 만나는 일이며, 역사적 담론과 정치적 상황을 되묻는 시점을 열어가는 것이기도 할 것이다.

이 책은 총 5장으로 구성되어 있다. 제1장에서는 주로 오키나와전쟁 당시의 조선인에 대해 논의하며, 제2장에서는 오키나와전쟁이 종결되고 조선인들이 보이지 않게 되는 1950년대를 주로 다루었다. 제3장에서는 오키나와가 동아시아, 일본, 미국과 어떤 국제관계 아래에 놓여있었는지, 그리고 『류다이분가쿠琉大文学』 및 오키나와 제3세계와의 연대를 낳은 복귀운동에 대해 논의한다. 그리고 제4장에서는 1960년대 중반 이후 어떻게 오키나와의 조선인들이 가시화되었는지 그 양상을 기록운동을 중심으로 논의한다. 제5장에서는 오키나와의 시정권 반환 이후, 조선인의 가시화를 둘러싼 동향을 개관하고, 그 / 그녀들의 등장과 행방에 대해 논의한다.

주로 사용한 사료는 오키나와 사람들의 증언이 다수 수록된 오키나와 현사県史 및 현 내의 각 자치체사自治体史, 그리고 오키나와에서 발행된 신문자료들이다. 그리고 한국 신문자료와 조사보고서 등도 다수 인용하였다.

그럼 지금부터 오키나와의 조선인에 대해 알아가 보자.

1장

오키나와전쟁으로 뒤엉킨 역사, 불가시화된 조선인

1. 오키나와전쟁 속 조선인들

제32군의 창설과 그 역할

오키나와의 조선인들에 대한 이야기를 시작하기 위해서는 우선 오키나와전쟁 직전 상황을 확인해 둘 필요가 있다.

일본군이 과달카날Guadalcanal섬에 이어 솔로몬 제도에서도 패배한 이후 1943년 9월, 쇼와천황昭和天皇도 참석한 대본영大本營(일본군 최고통사기관) 회의에서 수중의 동뉴기니아 솔로몬 제도를 방기한 후, 새롭게 '절대국방권絶対国防圈'을 설정하기로 결정한다. 사실상 방위 라인의 후퇴였다. 그와 함께 '절대국방권' 전선에 배치된 항공부대를 지원하는 비행

기를 오키나와 제도沖繩諸島를 포함한 난세이 제도南西諸島에 건설하기로 결정한다.[1]

그런데 새로운 방위체제도 미군이 1944년 2월에 트럭섬을 공습하고, 6월에는 '절대국방권' 안쪽에 위치한 사이판섬에 상륙, 그리고 7월에는 괌섬, 데니앙섬을 함락하면서 허무하게 붕괴되고 만다. 전선은 일본 '본토'를 향해 압박해 가고, '절대국방권' 후방에 위치한 오키나와는 전방으로 밀려나게 된다. 그것이 오키나와를 '본토' 방위의 '방파제'로 삼은 요인이 되었다.

오키나와 주둔 제32군(난세이 제도 수비대)이 창설되는 것은, 트럭섬 부대가 괴멸한 직후인 1944년 3월의 일이다. 첫 사령관은 와타나베 마사오渡辺

절대국방권
『오키나와타임스＋플러스』 웹판, 2015.4.3(https://bit.ly/2vAcuoF)[검색일: 2018.6.1]

---

1   大城将保,「第32軍の沖縄配備と全島要塞化」, 沖縄県文化振興会公文書館管理部史料編集室編,『沖縄戦研究』II, 沖縄県教育委員会, 1999, 89면.

正夫였는데, 같은 해 8월부터 우시지마 미쓰루牛島満가 후임으로 부임한다. 부사령관은 조 이사무長勇로, 이 두 사람은 중국 침략에 관여하게 된다.

제32군의 주된 역할은 창설 당시 발포된 「10호작전준비요강十号作戦準備要綱」에 기술된 바대로, 절대국방권을 사수하기 위한 항공작전에 필요한 비행장 건설이었다.[2] 그런 탓에 창설 당초 제32군은 충분한 지상 전력을 갖추지 못했다.

비행장 건설은 1944년 7월 말까지 완료하기로 했지만, 제32군 창설 초기에는 한 군데도 완성되지 못한 상태였다.[3] 그렇기 때문에 군인만이 아니라, 오키나와 일반 주민들까지 동원해서 공사를 강행한다. '본토'의 업자, 그리고 토건업자인 고쿠바구미国場組가 공사를 맡았다. 그 결과, 제32군 창설보다 먼저 건설을 시작한 공항을 포함하여(현, 나하那覇 공항과 구 이시가키石垣 공항 등), 오키나와 제도, 사키시마 제도先島諸島, 다이토 제도大東諸島 등 섬 각지에 15개나 되는 비행장이 건설되었다. 현재의 미야코섬, 요나구니섬与那国島 공항도 이 무렵에 만들어졌다.

조선인 '군부'들의 연행 배경

건설을 위해 모집된 것은 지역 주민만이 아니었다. 제32군 창설 직후부터 건축 중인 비행장과 호壕 굴삭 현장 등에 지금까지 오키나와에

2　林博史, 『沖縄戦と民衆』, 大月書店, 2001, 21면.

3　大城将保, 「第32軍の沖縄配備と全島要塞化」, 沖縄県文化振興会公文書館管理部史料編集室編, 『沖縄戦研究』 II, 沖縄県教育委員会, 1999, 92면.

없던 사람들이 보이기 시작했다. 그것도 한두 사람이 아닌, 곳에 따라서는 집단으로 모습을 나타내었다. 그 사람들은 군복 같은 옷을 입고, 부대와 함께 행동하였지만 무기는 지니지 않았고 오로지 육체노동에만 종사했다. 한반도에서 연행되어 온 조선인들이다. 제32군의 전력은 설립 당초 4개 사단(훗날 3개 사단)과 혼성 5개 여단이었는데, 비행장 건설 등에 필요한 인원이 부족하여, 오키나와에서 학도병, 방위대원을 징용하였나. 그래도 부족하여 이를 메우기 위해 연행되어 온 이들이 바로 조선인들이었던 것이다.

연행되어 온 조선인들은 '군부'라고 불리었다. '군부'들은 군에 속해 있었지만, 병사로 편입되지 않았으며, 병사가 아니었기에 기본적으로 무기가 배급되지 않았고, 잡역에 강제 동원된 노동자들이다('군속'이라고 불리기도 했다). 이 책에서는 '군부'라는 용어를 작은따옴표로 표기하였는데, 그 이유는 이들이 군의 일원이라기보다 실질적으로는 노예에 가까운 노동을 강요당했기 때문이다.

오키나와로 연행되어 온 '군부'들 대부분은 한반도 남부 지역인 경상북도에서 모집했다. 일본 식민지지배로 인해 경제적으로 궁핍했던 조선인들 상당수가 먹고 살기 위해 경상북도로 이주하였는데, 그 일대가 '조선 내 최대 이주·이민 지역 중 하나'였기 때문이다.[4]

1939년부터 1944년까지 79만 8,143명을 상회하는 조선인들이 노

---

4 신주백, 「한국 근현대사와 오키나와—상흔과 기억의 연속과 단절」, 『경계의 섬, 오키나와—기억과 정체성』, 논형, 2008, 126~132면. 또한, 조선인이 모집되어 연행될 때, 우선 '모집', '관 알선' 그리고 '징용'과 같이 모집 형태가 바뀌었다. 그런데 '모집' 형태를 취했던 시기에도 무리하게 연행해간 사례가 빈발했고, 어떤 형식으로 채용되든 강제성은 늘 따라다녔다.

동자로 '내지'로 연행되어갔다.[5] '국민징용령国民徵用令'이 조선에 적용되었던 1944년 이후에는 실제로 52만 명이나 되는 조선인들이 징용되었다.[6] 그 가운데 1만~1만 5천 명의 조선인이 1944년부터 1945년에 걸쳐 경상북도에서 오키나와로 끌려왔던 것이다.

이때 '1만~1만 5천 명'이라는 수치는 목격자들의 증언과 군인 출신들이 증언한 회고록, 얼마 안 되는 기록문서 등에서 어림잡은 것에 불과하다. 조선인 '군부'들에 대해 공식적인 기록이 남겨져 있지 않기 때문이다. 또한, 예컨대 "미야코섬의 전투 자료는 모두 종전에 즈음하여 소각되었기 때문에 아무 것도 남아있지 않다"[7]고 하는 미야코섬에 주둔한 야마포병山砲兵 제28연대에 남겨진 기록처럼, 각 부대가 기록문서를 소각한 탓에 확정적인 수치를 내기 어려운 상황이다. 게다가 일본군만이 아니라 하라다구미原田組 등의 민간기업에 의해 조선인들이 연행되기도 하여 정확한 인원수를 파악하기 어렵다. 어찌되었든 지금까지 공식적인 조사가 이루어지지 않고 있어 수치는 명확하지 않다.[8]

---

5   海野福寿・権丙卓,『恨―朝鮮人軍夫の沖縄戦』, 河出書房新社, 1987, 67면.

6   위의 책, 95면.

7   洪允伸編,『戦場の宮古島と「慰安所」』, なんよう文庫, 2009, 39면.

8   방위청 방위연수소 전사실防衛庁防衛研修所戦史室의 『오키나와 방면 육군작전沖縄方面陸軍作戦』(朝雲新聞社, 1968)에서는 연행된 조선인을 2천 명이라고 기술하고 있으며, 일본정부가 방위청 기록을 바탕으로 6천 명이라고 제시한 기사도 보인다(『京郷新聞』, 1972.10.27). 호사카 히로시保坂廣志의『오키나와전쟁 포로의 증언―바늘구멍으로 전장을 꿰뚫다 하권沖縄戦捕虜の証言―針穴から戦場を穿つ下巻』(紫峰出版, 2015)에는, 조선인 파견부대 일람이 게재되어 있다. 아울러 오키나와 현청 복지부 원호과沖縄県庁福祉部援護課가 1976년 3월에 발표한 오키나와전쟁 피해 관련 자료에 따르면(『沖縄の援護のあゆみ―沖縄戦終結50周年記念』), 일본 측 사망자・행방불명자는 18만 8,136명, 오키나와 출신자가 12만 2,228명, 그 가운데 군인・군속이 2만 8,228명, 민간인이 9만 4천 명, 미군 측 사망자・행방불명자는 1만 2,520명으로 매우 구체적인 숫자를 제시한 반면, 조선인 피해자 수는 '미상'으로 처리하고 있다.

경상북도에서 모집한 조선인들의 대다수는 대구에서 7월 중순에 편성된 '특설수상근무중대特設水上勤務中隊'('수근대'라고 불리었다)에 우선 편입되었다.

수근대 일람표

통칭명 通称名	부대 部隊	편입일 編入日	소재지(적요 適要)
다마球8884	특설수상근무대 제101중대	1944년 7월 13일	조선 대구에서 편성 미야코섬
다마8885	특설수상근무대 제102중대	1944년 7월 13일	조선 대구에서 편성 1944년 8월 21일 주력은 도쿠노시마德之島 상륙, 오키나와 패전 후인 1945년 6월 25일 제16 방면군에 편입 1944년 12월, 일부 오키나와 본섬 상륙
다마8886	특설수상근무대 제103중대	1944년 7월 13일	조선 대구에서 편성 오키나와 본섬
다마8887	특설수상근무대 제104중대	1944년 7월 13일	조선 대구에서 편성 오키나와 본섬

福地曠昭, 『哀号・朝鮮人の沖縄戦』, 月刊沖縄社, 1986, 36면.

'수근대'는 '다마球8886'과 '다마球8887' 등으로 불리었다. '다마球'라는 말은 '류큐琉球'의 '구球'를 가리킨다.[9] 당시 제32군을 '다마부대球部隊'라고 일컬었다.

'수근대'가 '다마球~'라고 암호화된 코드로 불린 것은 연행지를 알지 못하도록 하려는 목적도 있었다. 물론 개중에는 눈치 챈 이도 있었다. 조선인의 시점에서 오키나와전쟁을 기록한 귀중한 자료 가운데 김원영의 일기가 있다. 김원영은 '다마球'라는 글자에서 자신들이 끌려가는 장소가 오키나와라는 것을 알았다고 한다.

---

9   海野福寿・権丙卓, 『恨―朝鮮人軍夫の沖縄戦』, 河出書房新社, 1987, 123면.

내 번호는 '다마珠8885' (…중략…) 다마라고 하면 류큐가 아닐까? 우리가 향하는 곳은 분명 류큐다. 아아, 사지死地다! 직감적으로 이런 생각이 뇌리를 스쳤다.[10]

그러나 나하에 도착한 조선인들 대부분은 "이곳은 타이완인가, 라고 낮게 속삭였다. 소철蘇鉄과 파초가 무성하고, 짙은 녹색에 둘러싸인 섬. 알아들을 수 없는 사람들의 말소리. 나하라는 오키나와 현청이 자리한 마을이라고 알아차린 것은 얼마 지난 후였다"고 한다.[11] 주위 풍경이나 후덥지근한 더위 탓에 남국이라는 것을 알아챘을지 모르지만, 대부분은 막연하게 이국이라고 인식했던 듯하다.

이렇게 해서 조선인들은 '군부'라는 이름으로 오키나와로 연행되어왔다. 조선인 '군부' 상당수가 오키나와 본섬에 상륙한 것은 1944년 8월경이었다.[12]

---

10 金元栄・岩橋春美訳, 『或る韓国人の沖縄生存手記』, 『アリランのうた』製作委員会, 1991, 21면. 아울러 김원영의 일기는 산이치쇼보三一書房에서 1992년에 『조선인 군부의 오키나와 일기朝鮮人軍夫の沖縄日記』라는 제목으로 재간행되었다. 「추기追記」라는 항목이 추가 되었고, 일기 분량도 늘었다. 이 책에서는 「추기」를 제외한 인용은 모두 1991년 간행본에 따랐다.

11 海野福寿・権丙卓, 『恨－朝鮮人軍夫の沖縄戦』, 河出書房新社, 1987, 139면.

12 野添憲治, 『遺骨は叫ぶ』, 社会評論社, 2010, 156면.

착취당하는 조선인 '군부' —폭력, 중노동, 기아

조선인 '군부'는 나하, 나고名護, 요나바루与那原, 구시카와其志川, 기타나
카구스쿠北中城, 하에바루南風原, 요미탄読谷, 차탄北谷, 니시하라西原, 우라
소에浦添, 긴金武, 이토만糸満, 이시가키섬, 고하마섬小浜島, 미야코섬, 게라
마 제도慶良間諸島, 다이토섬 등 오키나와 제도 거의 전역에 배치되어 섬
주민들에게 목격되었다.

구보久保 구라시키倉敷(현, 오키나와시) 진지 구축에 조선인도 동원되었
다. 일본군이 부리고 있던 조선인은 오키나와 사람보다는 적었지만 상당히
많았다. 하는 일은 같았지만 그들은 쓰루하시つるはし에서 가장 척박한 곳에
서 작업하게 하였다.[13]

하에바루南風原와 나하항에서 작업하는 경우도 있었고, 특히 나하항에서
작업할 경우 강제연행된 조선인들이 매우 많았다. 극심한 중노동에 시달렸
으며 화장실도 자유롭게 갈 수 없었다.[14]

조선인도 그곳[요미탄촌 아라屋良]에 많은 수가 연행되어 갔다. 일본인에
게 점심시간은 40분부터 45분 정도가 주어졌다. 그러나 조선인의 경우는
30분 정도였던 것 같다. 우리와 같은 시간에 점심을 먹기 시작했지만 그 사

---

13 其志川市史編さん委員会編, 『其志川市史 第五巻 戦争編 戦時体験』 I, 其志川市史教育委
員会, 2005, 304면. 우라 무네요시宇良宗喜의 증언.
14 北中城村史編纂委員会編, 『北中城村史 第四巻 戦争・証言編二』, 北中城村役場, 2010,
118~119면. 고메스 기요시米須清志의 증언.

람들은 더 빨리 일을 시작했다. 모두 성인 남자들이었고 푸른색 옷을 입고 일했다. 그 옆을 일본인이 총을 메고 감시하고 있었다.[15]

조선인 '군부'들에게 맡겨진 일은 비행장 건설만이 아니었다. 진지 구축, 기재機材, 탄약, 식료품 등을 운반하고, 호를 굴삭하고 항만에서 짐을 나르는 일을 도맡았다. 오키나와 제도 곳곳에 자리한 배소拜所(우타키와 같은 신성한 장소)를 부수는 일도 맡았다.

목격자의 증언 중에는 조선인들은 "상냥하고 힘이 셌"으며, "영차, 영차"하며 "열심히" 일하는 모습을 목격했다는 이도 있다.[16] 그런데 조선인들은 주체적으로 열심히 일했다기보다 호를 굴삭하거나 항만에서 짐을 싣고 내리는 일, 물자를 짊어지고 오르막길을 오르는 등 "우마牛馬"처럼 노동을 강요당했다.

> 후루겐古堅에는 조선인 군부가 매우 많았는데, 일본군에게 우마 취급을 당하는 모습이 너무 불쌍했다. 어느 날은 우리 집 앞에서 조선인 군부 하나가 일본군에게 심하게 매질을 당해 "아이고, 아이고" 하며 울고 있었다. 아이고의 의미는 몰랐지만 그렇게 큰 어른이 울고 있는 모습은 낯설었다.[17]

---

15 北谷町史編集委員会編, 『北谷町史 第五卷 資料編4 北谷の戰時体験記録(上)』, 北谷町役場, 1992, 296면. 오쿠하라 쇼에이奧原昌永의 증언.

16 竹富町史編集委員会町史編集室編, 『竹富町史 第十二卷 資料編 戦争体験記録』, 竹富町役場, 1997, 364~365면. 마에소코 미쓰오前底光雄의 증언.

17 読谷村史編集委員会編, 『読谷村史 第五卷 資料編4 戰時記録 下卷』, 読谷村役場, 2004, 767면. 이케하라 요시히데池原芳英의 증언.

"아이고"는 내면에서 끓어오르는 고통을 참아내는 신음소리다. 전장에서 접한 "아이고"라는 말뜻은 알지 못해도 고통과 슬픔의 소리로 섬사람들에게 각인되었을 것이다. 조선인 '군부'가 처해진 상황을 단적으로 보여주는 소리다.

강제노동에 관한 다음 증언도 살펴보자.

> [오기나와 본도의] 도구치渡久地에는 수십 명의 조선인 군부가 와있었는데,
> (…중략…) 아주 작은 일에도 꼬투리를 잡혀 두들겨 맞아 뒹굴었다. 우마
> 취급을 당한 남자가 통곡하는 광경은 지금도 잊을 수가 없다. (…중략…)
> 1, 2분이라도 작업에 늦으면 그야말로 반죽음 당하는 장면을 목격하곤 했다.[18]

위의 증언 역시 '군부'는 "상냥하고 힘이 셌"다고 하는 긍정적인 측면보다, "우마"와 같은 취급을 당하고, 일본군에게 심하게 "두들겨 맞아 뒹굴"던 존재로 기억되고 있다. 이어서 살펴보겠지만 그것은 입장이 다른 사람들에게 의식화되고 내면화된다.

이도離島에서도 '군부'가 처한 상황은 다르지 않았다. 게라마 제도는 경사가 가파른 섬이기 때문에 목재나 탄약 운반이 상당히 힘든 곳인데, 그들이 도맡아야 했다. 또한 당시 미군 함대를 해상에서 공격하기 위한 '특공정特攻艇'(통칭 마루레マルレ)이 대략 300척이 만들어졌는데, 그것을 비밀리에 숨겨두기 위한 호를 파는 데에도 '군부'들이 동원되었다. 그런데 이 '특공정'은 미군기에 발각되어 폭격당하거나, 미군에게 기능이

---

18 沖縄県教育委員会編, 『沖縄県史 第10巻 各論編9 沖縄戦記録』 2, 沖縄県教育委員会, 1974, 491면(이하, 『沖縄戦記録』 2로 약칭). 데루야 주지로照屋忠次郎의 증언.

알려지는 것을 막기 위해 일본군에 의해 자체적으로 폭파되기도 했다.[19] 극도로 소모적인 육체노동에 조선인 '군부'들이 강제로 동원되었음을 알 수 있다.

전투가 격화됨에 따라 식량이 턱없이 부족했기 때문에 조선인들은 극심한 육체노동에 더하여 기아에 허덕여야 했다. 무거운 자재 운반이나 굴삭 등, 고된 노동에 일상적으로 시달리면서도 그에 맞은 식량이 주어지지 않아 나날이 야위어갔다.

> 그 당시 가장 괴로웠던 것은 너무나 무거운 짐을 운반해야 했던 것, 굶주림을 견뎌내야 했던 것이었어요. 점심 때 찬합에 3분의 1정도 들어 있는 식은 밥을 세 명이서 나눠 먹어야 했는데 턱없이 모자랐지요. 그래서 우선 1인분씩 나눠 갖고, 각자가 자기 몫을 먹었어요.[20]

오키나와전쟁에서 살아남은 조선인 옛 '군부'의 증언이다. 증언에서 보듯 '군부'들은 같은 노동에 동원되더라도 오키나와 사람들보다 적은 양의 식량을 배급받았고, 배 이상의 노동에 시달려야 했다. 그 때문에 '군부'들은 메뚜기와 소철, 거기다 일본군이 먹다 버린 썩은 고기까지 먹으며 굶주림을 견뎌내었다. 살아남은 사람도 있었지만 굶어죽는 조선인이 속출했다. 오키나와전쟁 당시 중학생으로 의용대원義勇隊員(병역법의 적용을 받지 않는 연령층을 모아 만든 부대)이었던 나카무라 진유中村仁勇는 아카섬阿嘉島에서 목격한 것을 다음과 같이 증언하고 있다.

---

19 마루레의 비익호秘匿壕 터는 도카시키섬에 지금도 남아있다.
20 海野福寿·権丙卓, 『恨—朝鮮人軍夫の沖縄戦』, 河出書房新社, 1987, 156면.

내가 의무실에 있었을 때, 조선인의 사체가 빈번히 운반되어 왔어요. 보통 검시를 진행하는데, 안 봐도 알 수 있었죠. 모두 피골이 상접하여 한 눈에 보기에도 아사餓死였어요. 방공호 안에서 제대로 식량을 배급하지 않았던 모양입니다.[21]

식량 배급도 이루어지지 않아 아사자가 속출하는 가운데 영양실조와 피로로 움직이지 못하게 된 조선인을 못 본 척 하지 않고 손을 내민 오키나와 사람도 있었다. 그러나 일본군에게 그것이 발각되면 가차 없는 제재가 **조선인들**에게 가해졌다.

너무도 가여워서 조선인 군부에게 비지와 고구마를 섞은 말 사료에서 고구마만 골라내어 먹였다. (…중략…) 그것이 반장에게 들켜 버렸다. 반장은 군부들을 줄지어 세워놓고 "지금 먹은 걸 전부 토해내도록!"이라며 명령하였다. 군부들은 목안에 손가락을 넣어 무리하게 토해내었다. 거기에 몇 알의 보리가 섞여 있었다. 그러자 그 다테이시立石 반장은 "이 놈들, 감히 황군의 식량을 토해 내다니. (…중략…) 주워 먹어!"라고 얼굴을 붉히며 역정을 내었다. (…중략…) 그것을 몇 번이고 반복했다.[22]

중노동과 기아, 일본군의 폭력 등으로 이름도 모르는 섬에 끌려온 조선인 '군부'는 지상전이 시작되기 전부터 죽음의 위기에 직면해 있었다.[23] 그 위기는 곧 '군부'가 놓인 처지이기도 했다. 즉 조선인 '군부'는

---

21   沖縄県教育委員会編, 『沖縄戦記録』 2, 712면. 나카무라 진유中村仁勇의 증언.

22   富村順一, 『琉球慰安婦—天皇制下の闇の性』, 玄曜社, 1977, 75면.

군대 질서의 하위에 자리하는 동시에, "우마 취급", 즉 인간과 동물의 경계에 놓여있었기 때문에 그러한 위기가 발생한 것으로 보인다. 그리고 하위에 놓인 자는 인간이 아닌, 아니 인간이 아닐 때나 가능한 극한의 취급을 당하였다. 그러한 위기는 전시 내내, 나아가 한반도가 식민지였던 기간 내내 계속되었다. 게다가 조선인들의 위기는 미군과의 전투가 시작되면서 더욱 고조되었다.

옥쇄작전 玉砕作戦

1944년 7월 사이판 함락 후, 대본영은 절대국방권을 후방에서 지원하는 작전을 입안하였다. 난세이 제도에 비행장을 다수 건설하려는 계획에는 변함이 없었다. 항공 전력의 증강으로 적에 대항하였고, 때에 따라서는 특공작전도 불사하였다. 이 항공작전은 '첩호작전捷号作戦'이라고 불리었다. 실제 실행되지는 않았지만 이 작전안은 '본토' 결전을 상정하는 육군과 국체호지国体護持를 우선시하는 천황 측근 그룹 사이에서 의견이 통일되지 않았던 탓도 있어 두 개의 전략이 뒤섞여 버리게 되었다. 공중전을 통해 일본 '본토' 결전을 위한 준비시간을 확보하려

---

23 海野福寿·権丙卓,『恨─朝鮮人軍夫の沖縄戦』, 河出書房新社, 1987, 197면. 조선인을 아사로 몰아넣었지만, 실은 식량이 부족하지 않았다는 이야기도 있다. "조선인에게 식량이 충분히 주어지지 않은 것은 식량이 부족했기 때문은 아니었다. / 일본 병사는 '간부'라는 이유로 양껏 먹었고, 위생병조차도 음식이 입에 맞지 않아 일부러 마을로 나가 식사를 할 정도로 입이 고급이었다."(第二次大戦時沖縄朝鮮人強制連行虐殺真相調査団編著,『第二次大戦時沖縄朝鮮人強制連行虐殺真相調査団報告書』, 第二次大戦時沖縄朝鮮人強制連行虐殺真相調査団(이하,『報告書』로 약칭), 1972.10, 6면. 도구치 가마도渡久地カマド의 증언).

는 전략과 특공이라는 수단을 사용하여 적에게 큰 타격을 입혀 '본토' 결전 이전에 정전을 끌어내어 국체호지에 유리한 조건을 만들려는 전략이다.

대본영의 그 작전안은 제32군 부사령관 조 이사무도, 또 넘버 쓰리인 야하라 히로미치八原博通도 의문을 가졌다. 그들은 '본토' 결전이든, 국체호지든 우선 시간을 벌고자 했는데, 항공 작전이 아닌, **오키나와 지상전**으로 시간을 끌려고 했기 때문이다. 군의 의지는 하나로 통일되지 못한 채 주민들을 끌어안고 파멸의 길로 들어서고 있었다.

그런데 지상전을 준비하던 제32군의 생각과 달리 1944년 11월, 대본영은 정예군이라 불리던 제9사단을 제32군에서 **빼내어** 타이완으로 이동시키기로 결정한다. 필리핀에서 패배한 후, 타이완을 새로운 방위 거점으로 삼을 필요성이 제기되면서 또 다른 비행장을 그곳에 건설하기 위함이었다. 이러한 결정은 당연하겠지만 제32군의 전력을 크게 저하시키는 결과가 되었다. 그리하여 겨우 병력을 유지한 제32군을 오키나와 본도 일부 지역에 집결시켜, 상륙한 적을 공격하는 작전을 펴게 된다. 야하라의 다음 발언은 제32군의 작전이 어떠했는지 그 본질을 잘 보여준다.

제32군은 본토 결전에 유리하도록 행동해야 한다. 즉 (…중략…) 오키나와에 가능한 많은 수의 적을 견제·억류토록 하고, 더불어 적으로 하여금 가능한 많은 출혈을 하도록 강요하며, 더 나아가 본토 공략에 가장 중요한 발판이 되는 오키나와섬을 가능한 오래도록 적에게 맡겨두지 않도록 하는 일이었다.[24]

오키나와에 적을 가능한 많은 수를 억류토록 하고, 또 가능한 상대측 병력을 약화시킬 것. 오키나와를 "가능한 오래도록 적에게 맡겨두지 않도록 하는 일"은, 곧 얼마 후 적에게 공략 당하는 것을 전제로 한 작전이며, "많은 출혈"을 오키나와에도 "강요"하는 일이 되리라는 것은 상상하기 어렵지 않을 것이다.

이 작전을 위해 제32군은 오키나와 본섬 중남부에 주력을 배치하고 가능한 많은 호를 파서, 작전사령부와 병사·병기를 그곳에 숨겨두고, 또 비밀 통로를 구축함으로써 오키나와 전역을 요새화하였다. 섬의 '불침공모不沈空母'화라고 할 수 있다. 이것은 하늘과 바다에서 적과 승부를 벌이겠다는 대본영의 작전에 차질을 초래하는 것이었다. 비행장 확보를 요하는 대본영과 달리, 제32군 중심 멤버는 거꾸로 상륙한 미군에게 이용당하는 것을 막기 위해 비행장 파괴까지 타진했던 것이다. 실제로 요미탄촌에 만들어진 기타北비행장 등 몇 군데는 사용하지 않고 부숴버렸다. 1945년에 들어서면 대부분의 부대가 오키나와 본섬 남부에 집결하였는데, 이후 절망적이라고 할 만큼 극심한 피해가 발생하였다.

막다른 곳에서 제32군이 강행한 작전은 미군의 압도적인 전력 차이를 의식한, 그리고 '본토' 결전 혹은 국체호지를 위한 시간 벌기인 '옥쇄작전'이었다. 말할 것도 없이 그것은 오키나와를 '본토'의 '버린 돌捨て石'로 삼은 것에 다름 아니었다. 이 작전이 수행됨으로 인해 오키나와는 상상을 초월하는 전투의 무대가 되었고, 그리고 조선인도 이루 말할 수 없는 피해를 입게 된다.

---

24   八原博通, 『沖縄決戦 ― 高級参謀の手記』, 読売新聞社, 1972, 95면.

전쟁에서 살해되는 조선인들

미군의 상륙작전이 시작되자 '옥쇄작전'으로 전투가 격화되는 가운데 오키나와 사람들만이 아니라, 수많은 조선인들이 미군의 총탄에 맞아 죽어갔다.

그러나 일본군, 오키나와인, 조선인이 '평등하게' 죽음을 맞았던 것은 아니다. 무모한 작전으로 인해 총탄과 포탄이 날아드는 가운데 조선인 '군부'들은 계속해서 자재와 탄약 운반에 동원되는 등 죽음에 더 가까운 장소에 배치되었기 때문이다. 당연하게도 총알에 맞아 사망하는 조선인들이 속출했다.

[오키나와 본섬 중남부] 고친다촌東風平村 호카마為間에 도달하니, 50~60명의 사체가 뒹굴고 있었습니다. 그들 사체는 모두 탄약 운반에 동원된 조선인 군부로 모습을 보니 포함艦砲에 한꺼번에 당한 것 같았습니다.[25]

또한 미야코섬에는 비행장을 두 곳 건설하도록 되어 있어 1,500명 정도의 조선인 '군부'가 동원되었다. 그들은 히라라平良항에서 배의 짐을 운반하는 중노동에 시달려야 했다. 어느 날, 미군기가 히라라항을 폭격했는데, 며칠 후 해안에 표류한 수십 구의 사체는 대부분 조선인이었다.

이러한 사태는 오키나와 각지에서 벌어졌다. 요컨대 미군의 공격으로 인해 많은 조선인이 목숨을 잃은 것은 결코 운이 나빴기 때문이 아

---

25 琉球政府編,『沖縄県史 第9巻 各論編8 沖縄戦記録』1, 琉球政府, 1971, 819면(이하,『沖縄戦記録』1로 약칭). 다지리 마사쓰구田尻正次의 증언.

니라 전투 중에 '우군'이어야 할 일본군에 의해 죽음에 가까운 곳으로 내몰렸기 때문이었다. 일본군과 오키나와 주민들이 몸을 숨겼던 방공호와 거북등무덤龜甲墓(거북등 모양을 한 오키나와 전통 무덤 양식－옮긴이 주)에서 조선인들을 내쫓는 일 역시 죽음을 강제하는 행위에 다름 아니었다.

> 군인 가운데 누군가가 아주 노기 띤 목소리로 "군부 놈이 참호 입구를 드나들다가 적기에 발각되었다"며 호통을 치는 소리가 들렸다. 그러자 여기저기에서 "수근水勤 놈들을 죽여라!"라며 일제히 고성을 질렀다.[26]

미군의 투항 권유에 방공호 밖으로 나온 일본군 병사들조차도 한쪽 팔이 없다거나 한쪽 다리가 없는 사람들이 많았다. 그런 가운데 방공호에서 "죽여라!"라는 협박을 듣고 쫓겨나 포탄이 날아드는 곳으로 내던져지는 것은, 한쪽 팔, 한쪽 다리를 잃는 일은 다반사고 사지로 내몰리는 것에 다름없었다.

일본군에 의해 죽음으로 내몰리는 일은 거기에서 그치지 않았다. 극한의 상황 속에서 숨을 곳이 없는 전지를 "유령처럼"[27] 떠돌다가 고픈 배를 채우려 식량을 찾아 나선 조선인들이 스파이로 내몰려 일본군에게 살해당하는 사건이 끊이지 않았다.

> [헤노코邊野古 곳에 있던] 조세나チョーセナー는 일본어도 할 줄 알았어. 또

26　金元栄・岩橋春美訳, 『或る韓国人の沖縄生存手記』, 『アリランのうた』製作委員会, 1991, 66면.

27　『報告書』, 26면. 가키하나垣花, 요나미네与那嶺, 데루키照喜의 증언.

칼에 맞아 피범벅이 된 사람도 있었는데, 이쪽으로 도망쳐서 먹을 것을 찾아 이리저리 집을 헤매다가 스파이로 오인받아서 그랬을 거야. 필시 우군이 한 짓일 게야.[28]

일본군은 '군부'만이 아니라 오키나와의 모든 주민을 잠재적인 스파이로 간주하였다. 주민과 군이 뒤섞여 있는 상황이었기 때문에 군의 정보가 주민들에게 흘러들어가거나, 적에게 정보가 유출되는 것을 일본군이 극도로 꺼렸기 때문이다. 그 때문에 주린 배를 움켜쥐고 돌아다니거나 식량을 구하러 다니는 일조차 스파이 행위로 간주하였다. 전시하에서 스파이로 내몰리는 것은 곧 살해로 이어지는 일이기도 했다.

또한 부상, 병, 영양실조 등으로 노동이 불가능해진 조선인들을 일본군은 가차 없이 내다버렸다. 중남부의 어느 호에는 오키나와의 젊은 여성과 그녀의 연로한 아버지, 그리고 조선인 군부가 함께 피난해 있었다.

젊은 여자는 턱을 치켜 올리며 통로의 침대를 가리켰다. "조선인 군부들이에요." 그들은 전쟁의 섬이 되어버린 오키나와로 보내져 소처럼 부림을 당하다가 결국 일본군에게 버려진 것이었다.[29]

가혹한 상황이었기에 당연히 도망치는 조선인들도 많았다. 주로 식량을 운반하는 야밤을 틈타 미군에 투항하였다. 미군의 투항 권유에 응

28　名護市教育委員会文化課　市史編さん係編, 『名護市史叢書16 語りつぐ戦争―市民の戦時・戦後体験記録 第2集』, 名護市教育委員会, 2010, 81면. 사키하마 료浜崎良子의 증언. 이하 저자명과 책 제목만 표기한다.

29　沖縄タイムス社編, 『鉄の暴風―現地人による沖縄戦記』, 朝日新聞社, 1950, 124면.

답한 조선인들이 많았던 것이다. 일본군 병사들은 도망치는 조선인을 발견하면 가차 없이 등 뒤에서 사살했다.

> [미군이] 마이크로 방송을 했어요. "나오시오, 나오시오, 오키나와 여러 분. 왜 고통 받고 있습니까. 남자는 벌거벗은 몸에 훈도시フンドシー 차림으로 (…중략…) 나오시오, 나오시오" (…중략…) 마침 조선인 군부 5명이 훈도 시 하나만 걸치고 갑자기 바다를 향해 내달렸다. 그러자 내 옆에 있던 군인이 "이 새끼가!"라면서 조선인 하나를 파도 근방에서 쏘아 죽여 버렸어요.[30]

조선인 '군부'는 앞에서나 뒤에서나 공격당하였다. 일본군은 도망가 는 조선인을 '배신'으로 간주하고 등 뒤에서 총을 쏘기도 했는데,[31] 거 꾸로 오키나와로 연행되어온 조선인의 입장에서 보면 도망은 배신이 아니라 '자유'를 향한 질주였을 터다.

조선인을 살해한 것은 일본 '본토' 출신 병사만이 아니었다. 오키나 와 출신 육군 소위였던 지넨 조보쿠知念朝睦는 아카마쓰 부대의 일원으 로 도카시키섬에 있었는데, 거기서 조선인의 목을 일본도로 베었다.

> —— 그럼, 지넨 씨는 "[조선인] 군부"를 살해하지 않은 거죠?
> 지넨 : 죽였어요.
> —— 죽였어요?
> 지넨 : 네.[32]

---

30 沖縄県教育委員会編, 『沖縄戦記録』 2, 440면. 미야기 고신宮城高進의 증언.
31 儀同保, 『ある沖縄戦—慶良間戦記』, 日本図書センター, 1992, 149면.

지넨은 '군부'가 강도, 강간을 하고 다닌다는 도카시키섬 주민의 '민원'을 받아 세 명의 조선인을 살해한다. 그런데 흰쌀이 든 봉지는 발견했지만 강도짓을 했는지는 확실치 않았다. 강간 또한 확인되지 않았다. 유감스럽게도 지넨만이 아니라 '민원'을 밀고한 주민도 조선인을 의심의 눈초리로 보았던 것이다. 오키나와 역시 '일선동조론日鮮同祖論' 즉 일본과 조선은 형제라는 명분을 내세워 식민지지배를 정당화하고, 사람을 우열로 나누어 계층화한 정황에서 자유롭지 않음을 의미한다. 덧붙이자면, 지넨은 조선인을 처형하기 직전에 "강도", "강간"에 대해서는 공표하지 않겠다, 야스쿠니신사靖国神社에도 모시겠다고 "설득"한 후 참수했다고 한다. 조선인들은 "기꺼이 죽음을 맞았다"고 지넨은 회고했다.[33] 살해를 정당화하는 자기변명에 다름 아니다.

이뿐만이 아니라, 전황이 일본군에게 불리해지자 평소 배급하지 않던 무기를 조선인 '군부'들에게 들려 적지로 돌입하게 하여 살해하기도 했다. 예컨대 미군기지에 접근해 돌입하라는 명령을 내렸는데,[34] 다름 아닌 '옥쇄'를 강요한 것이다.

이보다 더 비극적인 것은 그 명령에 비장한 각오로 임한 조선인이 있었다는 사실이다. 칼을 들고 돌진하는 작전을 수행하기 위해 '군부' 대열의 선두에 섰던 이들 중에 '미야타宮田'라고 불리는 조선인이 있었다. '미야타'는 '천황의 적자赤子'를 기르는 황민화교육을 받은 세대로, 일본인 이상으로 일본인이 되려는 열망을 가진 조선인이었다.

---

32 朴壽南編, 『アリランのうたーオキナワからの証言』, 青木書店, 1991, 241면. 지넨은 오키나와 여성도 처형하였다(『沖縄戦記録』2, 773면).

33 沖縄県教育委員会編, 『沖縄戦記録』2, 774면.

34 海野福寿・権丙卓, 『恨ー朝鮮人軍夫の沖縄戦』, 河出書房新社, 1987, 191면.

작전 수행 중, 몇 명의 조선인 '군부'가 탈주하려 하자, '미야타'는 "도망치면 총살이다"라고 외친다. 이 소리로 인해 미군에게 발각되어 수세에 몰리자, '미야타'는 갑자기 수류탄의 안전핀을 뽑아 조선인 '군부'들 수명과 함께 자폭을 시도한다.

수류탄을 높이 치켜들고, "천황폐하"라고 미야타가 외치는 사이, 어떤 이는 뒹굴며 넘어지고, 어떤 이는 고개를 숙이고 머리를 양손으로 감싸 안았다. "만세"라고 외치는 동시에 수류탄이 터졌다. 눈 깜짝할 사이에 미야타는 가루가 되었고 평소 미야타와 친하게 지내던, 그 때도 곁에 함께 있던 동료 3, 4명의 몸이 날아올랐다.[35]

타민족을 '일본인'으로 만들기 위해 식민지에서 전개했던 황민화교육은 실은 일본군 양성을 위한 목적이 컸다. 이 '교육'의 목적을 이상적으로 체현한 '미야타'와 같은 조선인이 오키나와에도 적지 않게 존재했던 것이다. 식민지지배가 초래한 비극이 아닐 수 없다.[36]

덧붙이자면, '군부'가 아닌 황민화교육의 '성과'라고 할 수 있는 '병사'로 오키나와에 상륙한 조선인도 있었다("상등병 조선인도 있었고, 설영대設營隊와 함께 상당수의 조선인이 들어와 있었다"[신조 신페이新城信平의 증

---

35 위의 책, 192면.
36 이와 관련하여 자마미섬에서는 미군들이 학생모를 쓴 조선인들을 일본군으로 오인하여 체포한 일도 있었다. 그 장면을 목격한 나카무라 하루코中村春子는, 조선인들이 늘 일본인이라고 말하고 다녔고, 조선인이라고 하면 싫어했다고 증언하고 있다(『沖縄戦記録』 2, 752면). 또한, '히라야마ヒラヤマ・다이야마タイヤマ・마쓰바라マツバラ'와 같은 일본식 이름을 사용한 조선인도 있었다고 한다(金武町史編さん委員会編, 『金武町史 第二巻 戦争・証言編』, 金武町教育委員会, 2002, 12면, 미야기 지요코宮城千代子의 증언).

엔).[37] 언어학자 호카마 슈젠外間守善은 오키나와전쟁에 병사로 종군했는데, 그가 방공호 안에서 아시아의 장래, 일본의 장래에 대해 함께 이야기를 나누었던 히노하라 마사토日原正人 중위는 바로 조선인 김종석이었다고 기억했다.[38]

이처럼 조선인 '군부'는 오키나와전쟁에서 미군의 공격만이 아니라 일본군으로부터도 위협 받는 위치에 놓여 있었다. 이것은 반복하지만 그들이 군 내부의 위계질서의 말단에 자리했기 때문이다. 뿐만 아니라 오키나와 주민을 포함한 식민지주의 질서에서도 '군부'들은 하위에 놓여 있었다.

더 나아가 이 식민지주의 질서는 "우마"처럼 노동에 시달렸던 것에서 알 수 있듯이, 인간 / 동물로 구분할 때, '군부'를 자의적으로 동물 쪽에 배치하는 구조를 강화시켰다. 아울러 오키나와전쟁이 격화되어 감에 따라 형식적으로는 군 소속이어도 '군부'들은 미군과 일본군 양쪽으로부터 언제 죽임을 당할지 모르는 위험에 노출되어 있었다. 조선인 '군부'들이 막대한 피해를 입었던 가장 큰 이유는, 그들을 하위에 자리매김하고, 인간 이하의 동물로 취급하는 구조에서 찾을 수 있을 것이다.

거꾸로 조선인을 살해하고 주민을 '집단자결'로 내몰았던 일본인 장교 대다수는 게라마 제도 대장 아카마쓰 요시쓰구赤松嘉次와 구메섬 대장 가야마 다다시鹿山正로 대표되듯 엄숙하게 미군에게 투항하였다. 투항할 때 등 뒤에서 총 맞을 염려 따위는 없었다. 식민지주의 질서의 상위에 존재했기 때문에 장교들은 자신들의 목숨을 보장받을 수 있었던 것이다.

---

37 『報告書』, 32면.

38 外間守善, 『私の沖縄戦記―前田高地・六十年目の証言』, 角川学芸出版, 2012, 264면.

조선인 '위안부'들이 연행되었던 배경

일하지 않고 돈 벌 수 있는 곳이 있어. 가지 않을래? (…중략…) 옷도 필요 없어. 이불도 버리고 가도 돼. 더운 곳이어서 그쪽 사람들은 발가벗고 살거든. 과일도 많아. 파인애플, 바나나. 산에 가서 바나나 나무 아래에서 입 벌리고 자고 있으면 바나나가 떨어져서 입 안으로 굴러들어온다니까.[39]

1975년, '위안부'로 살았던 것을 일본에서 처음으로 밝힌 배봉기 (1914~1991)는 일본인과 조선인 두 명의 남자 '여급 중개인'에게서 가만히 있어도 바나나가 입안으로 굴러들어온다는 둥, 돈을 벌 수 있다는 둥의 꼬임에 빠져 오키나와로 끌려왔다. 그녀와 함께 끌려온 조선인 여성은 51명. 그 가운데 20명은 나하에, 10명은 다이토섬에, 그리고 배봉기를 포함한 21명은 게라마섬으로 보내졌다.[40]

'요시무라 후미코佳村文子'라는 이름으로 불린 조선인 '위안부'도, '가와모토川本'라는 이름의 조선인 남자에게 속아서 미야코섬으로 연행되어 왔다. 미야코섬에 도착하자 하사관으로부터 "너희들은 내일부터 일본군 여자정신대원이다. 군인을 위해 몸을 바쳐 일하는 것이다. 여기에 쓰여 있는 규칙은 반드시 지켜야 한다. 규칙을 위반할 시 바로 엄벌에 처한다"라는 말을 듣고 다음날부터 '위안부'가 되었다.[41]

게다가 조선인 '군부'였던 김원영의 증언에 따르면, "일본에 군복을

39 川田文子, 『赤瓦の家—朝鮮から来た従軍慰安婦』, 筑摩書房, 1987, 39면.
40 川田文子, 『イアンフとよばれた戦場の少女』, 高文研, 2005, 19~20면.
41 「或る女子挺身隊の恨みからんだ事情」, 尹英九編, 『鎮魂』, 韓国人慰霊塔奉安会, 1978, 300면.

만드는 공장이 있다고 하니 재봉도 배울 겸 2년 정도 다녀오면 좋을 거야"라는 말을 듣고 오키나와 아카섬으로 오게 된 여성도 있었다.[42]

'바나나', '재봉틀', '취사', '간호부', '재봉' 등의 감언에 속아 배봉기와 '요시무라 후미코'와 같은 조선인 여성들이 오키나와로 연행되어 왔던 것이다.[43] 그 대부분은 게라마 제도, 사키시마先島 제도, 그리고 오키나와 각지에서 '위안부'로 살아가야 했다.

조선인 여성들이 오키나와 제도, 사키시마 제도, 다이토 제도 각지에 상륙한 것은, 다이토섬이 1941년으로 가장 빨랐고, 1944년 11월 무렵에 가장 많이 왔다. 1944년 10월 10일은 이른바 '10·10대공습'의 날로, 미군의 대공습, 그리고 함포사격이 소나기처럼 오키나와 본섬에 쏟아지던 날이다. 공습으로 인해 모두 불타버린 나하에 조선인 여성들이 상륙한 것이다. '위안부'가 된 조선인 여성은 군 자료에 의하면 1천 명 정도로 추정되나 공식기록은 전무하다. 따라서 얼마만큼의 여성들이 연행되었는지 정확하게 파악하는 것은 '군부'의 경우처럼 쉽지 않다.

---

42 朴壽南編,『アリランのうた―オキナワからの証言』, 青木書店, 1991, 57면.
43 '위안부'로 동원된 조선인 여성들은 배를 이용해 오키나와로 이송되었는데, 이송 도중에도 위험에 노출되었다. 타이완의 기릉항에서 미야코섬으로 이동 중이던 조선인들은 미군기의 공격을 받기도 했다. "위안부들은 손수건을 흔들며 비행기를 올려다보았습니다. 북서 방향으로 접근해 오자, 일본 비행기가 아니다! (…중략…) 첫 총격으로 십수 명의 위안부들이 쓰러졌습니다."(沖縄県教育委員会編,『沖縄戦記録』2, 261면).

図4-1 沖縄の慰安所マップ（黒点で示す）

池間島
大神島
0　10　20km

伊良部島
宮古島
平良市
宮古諸島
下地島

下地町
上城辺町
平間島
上野村

石垣島
石垣市

外離島
八重山諸島
内離島
西表島
竹富町
小浜島
竹富島

伊江島

本部町

島尻郡
座間味島
座間味村
阿嘉島
渡嘉敷村
渡嘉敷島
前島
沖縄諸島

国頭郡

名護市

沖縄本島

読谷村

中頭郡

浦添市

那覇市

玉城村

糸満市

島尻郡

오키나와 본도 중·남부에는 진지 구축을 위해 많은 일본군이 배치되어 있었기 때문에 위안소도 그 지역에 집중되어 있었다.

大東諸島
北大東島
島尻郡
北大東村
南大東島
南大東村
沖大東島
北大東村

1993年12月20日現在

出典)「第5回全国女性史研究交流のつどい報告集」(1994年)所収。

오키나와 '위안소' 지도(점으로 표시)
浦崎成子,「沖縄戦と軍「慰安婦」」,VAWW-NET Japan編,『日本軍性奴隷制を裁く─
二〇〇〇年女性国際戦犯法廷の記録　第三巻　「慰安婦」・戦時性暴力の実体Ⅰ─日
本・台湾・朝鮮編』,緑風出版, 99면.

'위안소'와 일본군 병사들의 인식

오키나와에 '위안소'가 설치된 것은, 조선인 여성들의 오키나와 도착과 마찬가지로 주로 '10·10대공습' 이후의 일이다.[44] 제32군 부대처럼 '위안소'도 계속해서 설치되었는데, '위안소'를 새로 만드는 경우도 있었지만 대부분은 주민의 가옥을 접수했다. 새로운 '위안소'가 완성되기 전에 '위안부'가 도착한 경우는 급하게 민가를 접수하기도 했다.[45]

> 우리 집은 위안소가 될 예정이어서 가족들 모두 다른 곳으로 이사해야 했다.[46]

민가만이 아니라 군이 접거한 방공호를 '위안소'로 할당하는 경우도 있었다. 또 류큐왕국琉球王国 시절 나카구스쿠中城 왕자의 저택이던 나카구스쿠우돈中城御殿이 '위안소'로 사용되기도 했다.[47]

각 부대의 '위안소'는 '군위안소'라는 명칭만이 아니라, '군인 구락부軍人俱楽部', '견청정見晴亭', '남풍장南風荘' 등 여러 다양한 이름이 붙여졌다. '야마토 회관大和会館', '시키시마 회관敷島会館'과 같은 명칭도 있었다. '시키시마'가 '야마토'를 의미하는 용어라고 하면, '야마토 회관'이든 '시키

44　洪允伸,『沖縄戦場の記憶と「慰安所」』, インパクト出版会, 2016, 149면.

45　古賀徳子, 「沖縄戦における日本軍「慰安婦」制度の展開(1)」, 日本の戦争責任資料センター,『季刊戦争責任研究』第60号, 2008, 49면.

46　那覇市企画部市史編集室編,『那覇市史 資料篇 第三巻七 市民の戦時・戦後体験記一(戦時編)』, 那覇市企画部市史編集室, 1981, 209면. 이토카즈 료코糸数良子의 증언.

47　浦添市史編集委員会編集・発行,『浦添市史 第五巻 資料編4 戦争体験記録』, 浦添市教育委員会, 1984, 10면.

시마 회관'이든, 그것은 오키나와에 '야마토'='일본'을 설치하는, 그야 말로 식민지주의를 상징하는 명칭에 다름 아니다. 이와 같이 오키나와 본섬을 비롯하여 미야코섬, 이시가키섬, 이에섬伊江島, 게루마섬慶留間島, 도카시키섬, 다이토섬 등의 이도에도 '위안소'가 설치되어 결과적으로 140여 곳을 상회하게 되었다.

각 부대는 '위안소'를 설치한 후 상세한 이용 규정을 정하였다. 일본군의 '군규軍規'하에 조선인 '위안부', '위안소'가 설치되고, 군의 관리와 감시하에 있게 된 것이다. 예컨대, 통칭 야마부대山部隊가 작성한 「내무규정 야마 제3475부대內務規定 山第三四七五部隊(昭和19年12月)」에는 다음과 같은 기술이 보인다.

> 18. 장교 이하 구락부俱樂部 사용 시간은 다음과 같다
> 병兵 12시부터 17까지
> 하사관 17시부터 20시까지
> 장교 20시부터 24시까지[48]

12시부터 24시까지 12시간이나 조선인 여성들은 병사들을 위해 성性을 강제로 제공하였다. 물론 '사용 시간'은 곳에 따라 달랐다. 진중일기에 따르면, 1941년 가장 빠르게 '위안소'가 설치되었던 미나미다이토섬에서는 조선인 '위안부'가 군과 함께 기상해서 일요일마다 병사를 상대했다고 한다. 또한 '사용 시간' 이외의 시간에도 쉬지 못하고 취사

---

48 読谷村史編集委員会編, 『読谷村史 第五巻 資料編4, 「戦時記録」 上巻』, 読谷村役場, 2002. (https://bit.ly/2tM5eEj[검색일 : 2016.11.2])

와 세탁, 식량 운반, 간호 등의 역할을 수행해야 했다.

위의 『내무규정』에는 다음과 같은 「부칙附則」도 기술되어 있다[49]

(사용자)

일반적으로 영업부 공유 관념을 철저히 하고 점유 관념을 엄격히 할 것

(영업자)

3. 업부業婦는 사용자의 입장을 잘 이해하고 모두에게 공평할 것을 제1로 하고, 사용자로 하여금 최대의 봉공御奉公을 받을 수 있도록 염원하고, 사정 여하를 막론하고 몸을 잘못 간수하여 봉공을 못하는 일이 절대 없도록 만사에 세심히 주의를 기울여 취급할 것

여러 문제의 소지가 있지만, 우선 '위안부'를 "영업부營業婦", "업부"라고 칭하는 대목이 눈에 띈다. 그렇게 부르는 것으로 "영업"을 위해 온 매춘부라는 이미지를 심어주었음을 의미한다. 다음으로 "공유 관념" "점유 관념"인데, 이것은 '위안부' 하나를 두고 병사들 간의 마찰을 방지하기 위한 규정이었다.

셋째, "업부는 사용자의 입장을 잘 이해하고"라는 문구인데, 이것은 병사들이 어떤 상황에 처해 있는지 '업부'들이 잘 간파하고 이해하라는 명령이다. "우리 특공대원은 언젠가 죽을 몸이며, 깨끗하게 산화하고 싶다는 병사와, 죽을 몸이라면 인생의 모든 것을 경험해 보고 싶다는 병사,

---

49   위의 책.

둘로 나뉜다"[50]라고 하는 증언에서 알 수 있듯, '위안부'는 병사들의 전의를 고양하기 위해 온몸을 바쳐 '봉공'할 것을 명받았던 것이다.

그렇다면 '위안소' 주변 풍경은 어땠을까? 실제로 '위안소' 이용권을 지참한 병사들이 줄지어 늘어서서 "어서 하라고! 아직 멀었나!"라며 재촉하는 소리가 민가 밖까지 들렸고, 5분 이상 넘기면 강제로 밖으로 끌어내었다고 한다. "아직 멀었나! 아직 멀었나!"라며 병사들을 흉내 내는 아이들까지 생겨났다고 한다.[51] 군의 성폭력 장치인 '위안소'가 민간인에게도 영향을 미쳤음을 엿볼 수 있는 대목이다.

병사들의 '위안부'에 대한 인식은 일본군으로 오키나와전쟁에 종군하여 훗날 류큐신보사琉球新報社 사장이 되는 이케미야구시쿠 슈이池宮城秀意는 위안부들이 자신들의 성적 욕망의 대상이었음을 다음과 같이 고백하고 있다.

위안부를 욕망하는 체력도 이미 잃어버린 우리들은 단지 "기묘한 생명체"를 구경한다는 마음으로 여자들이 떼 지어 모여 있는 쪽으로 향했다. (…중략…) 그녀들은 좀처럼 구하기 어려운 양초를 밝히고 있었다. 흔들거리는 촛불 때문에 그녀들의 얼굴은 잘 보이지 않았다. 우리는 그녀들이 무슨 말을 하는지 알아듣지 못했다. 아마도 조선어였을 것이다. 전선이 긴박해지면서 그녀들은 이제 '쓰고 버리는 물건'처럼 내버려졌던 것이다.[52]

---

50   竹富町史編集委員会町史編集室編, 『竹富町史 第十二巻 資料編 戦争体験記録』, 竹富町役場, 1997, 263면. 사사키 신지佐々木信治의 증언.

51   古賀徳子, 「沖縄戦における日本軍「慰安婦」制度の展開(3)」, 日本の戦争責任資料センター, 『季刊戦争責任研究』 第62号, 2008, 34면.

52   池宮城秀意, 『沖縄に生きて』, サイマル出版会, 1970, 86～87면.

"기묘한 생명체"라는 표현은 그녀들에 대한 굴절된 시선의 단면을 보여준다. 또한 현저히 떨어진 체력 탓을 하며 '위안소' 출입 사실을 완곡하게 부인하는데, 이것은 거꾸로 말하면 "욕망하는 체력"이 되면 언제든 성적 욕망을 채우겠다는 의미이기도 하다. "기괴한 생명체"라는 표현은 성적인 배출구라는 의미도 포함하고 있다. 기괴한 생명체라든가 배출구라는 표현에서 알 수 있듯 이케미야구시쿠는 "쓰고 버리는 물건" 취급을 한 군과 마찬가지로 그들 역시 '위안부'를 인간으로 인식하지 않았음을 지적한다. 또한, 인간과 비인간을 자의적으로 나눔으로써 식민지주의 질서를 유지·강화하는 결과를 초래하였으며, 이러한 점에서 '군부'와 '위안부'의 입장은 크게 다르지 않아 보인다.

인간 이하의 취급에 관해서는 다음 증언을 통해 더욱 명확하게 드러난다. 요미탄촌에 있는 오야마의원大山医院에서 당시 간호사로 일하던 다마키 스에玉城スエ는 정기적으로 이루어진 '위안부'들의 성병검진에 대해 다음과 같이 증언한다.

> 오야마의원에는 정기적인 성병검진을 위해 조선인 위안부들이 오곤 했다. 한 달에 한 번에서 2주에 한 번 꼴로, 10명에서 15명 정도의 여성들이 헌병에게 강제로 끌려왔다. 그들은 마치 동물을 몰듯 다루었다.[53]

여기에 덧붙여 '위안부'들은 부대가 이동하면 함께 끌려 다니거나 새로 도착한 다른 부대에 '위양委讓'되었다.[54] 그녀들은 군이 자유롭게

53　読谷村史編集委員会編, 『読谷村史 第五巻 資料編4 戦時記録 下巻』, 読谷村役場, 2004, 694면.

양도 가능한 '물건'이기도 했던 것이다. 도망과 정보 유출을 막기 위해 '위안소'를 벗어나 외출도 금지되었던 것으로 미루어 보아 결국 그녀들은 일본군이 마음대로 할 수 있는 '동물', '노예', '물건'에 지나지 않았음을 알 수 있다.

한편, '위안소'의 '규정'을 지키지 않는 병사들도 물론 많았다. 표를 지참하지 않고 성행위를 강요하는 병사들도 있었다. 그것을 거절하면 돌을 던지고 폭력을 일삼는 사건도 심심치 않게 벌어졌다. 통칭 이시부대 회보인 『이시병단회보石兵団会報』 제101호(1944.12.28)에도 그러한 불상사가 재발하지 않도록 훈시하는 기술이 보인다. 그런데 그것은 폭력을 자제시키기보다 오히려 조장하는 것처럼 보인다. 예컨대, "군대 내에 최근 음주 상태로 위안소에서 폭행을 일삼는 자가 있는데 무릇 위안소에서는 재미있게 놀아야 하는 법. "놀 때는 바보가 되어라"라는 옛말도 있듯 말이다"[55]라는 표현이 그러하다. 어찌되었든, 1944년 10·10 대공습 직후에도 매일 밤마다 '위안소'에서 "떠들썩하게 소란을 피우는" 일본군 장교 모습이 목격되기도 하고,[56] 무슨 목적으로 배치된 군인지 모를 모양새가 계속되었다.

이상과 같이 '위안소'와 조선인 '위안부'가 놓인 상황은 '군부'와 마찬가지로 하위에 자리하며, 인간 이하의 취급을 받는 위치에 있었음을 확인할 수 있는데, 시야를 오키나와인과 조선인의 관계로 돌려 보면, '군부'와 '위안부'가 놓인 상황은 한층 더 복잡하였다.

---

54   洪允伸, 『沖縄戦場の記憶と「慰安所」』, インパクト出版会, 2016, 222면.

55   吉見義明編, 『従軍慰安婦資料集』, 大月書店, 1992, 420면.

56   那覇市企画部市史編集室編, 『那覇市史 資料篇 第三巻七 市民の戦時・戦後体験記一(戦時編)』, 那覇市企画部市史編集室, 1981, 459면. 아후소 다케히사安富祖竹久의 증언.

2. 오키나와인과 조선인의 관계

오키나와인들과 조선인 '군부'들

조선인 '군부'가 군 내부에서 인간 이하의 취급을 받았다고 하면, 오키
나와인들은 그들을 어떻게 바라보고 또 어떤 행동을 취했을까. 앞서 언
급한 것처럼 오키나와인들도 식민지주의 질서에 편입되어 있었다. 그 가
운데 오키나와인과 조선인의 관계를 좀 더 구체적으로 살펴보기로 하자.

오키나와인들은 어쩌면 당연할지 모르지만 조선인들을 이질적으로
여기고 거리를 두고 응시하였다.

오키나와 주민들이 조금 떨어진 곳에서 목격한 조선인들의 모습은
마늘을 씹고 있는 모습이었다. 마늘 이외에도 먹는 것과 관련된 증언이
많은 편이다. 피루ピル(마늘), 고레구스コーレーグース(고춧가루), 그리고 병
사들은 먹지 않는 가축의 내장 등을 먹는 모습이 그것이다.

고추를 생으로 먹는 것을 자주 목격했다. 저렇게 매운 걸 잘도 먹는다고
생각했다.[57]

고추도 잘 먹었어. 알고 보니 조선인들이라고 하더라고.[58]

57 金武町史編さん委員会編, 『金武町史 第二巻 戦争·証言編』, 金武町教育委員会, 2002, 12
    면. 기세 미요코喜瀬美代子의 증언.
58 名護市教育委員会文化課 市史編さん係編, 『名護市史叢書16 語りつぐ戦争－市民の戦
    時·戦後体験記録 第2集』, 名護市教育委員会, 2010, 55면. 사키마 야스오崎間康雄의 증언.

> 조선인은 마늘, 구스グース(고춧가루)를 생으로 잘 먹었어요. 군이 (⋯중
> 략⋯) 반 강제로 몰수해 온 가축은 조선인이 도축하도록 했는데, 소를 도축
> 한 조선인이 간을 꺼내어 생으로 먹었어요.[59]

이렇듯 주민과 조선인 사이에는 거리감이 존재했고 더구나 말도 통
하지 않아 직접적인 관계 맺기가 사실상 불가능했다. 그렇기 때문에 자
의적인 해석이 덧붙여지기 마련이었다. 위에서 인용한 "조선인들이라
고 하더라고"라는 발언에서 알 수 있듯, 조선인을 하나로 묶어 이야기
하고, 분명하게 말하지 않는 것, 어떤 규정을 거기에 부여하는 분위기
를 간파할 수 있을 것이다. 이케미야구시쿠 슈이도 마늘을 언급하며 전
장에서 목격한 조선인을 회고한 바 있다.

> [방공호] 안에는 조선에서 징용되어 온 (⋯중략⋯) 무리가 대다수였다.
> 방공호는 정체를 알 수 없는 냄새로 가득했다. 그것은 그들이 즐겨 먹는 마늘
> 탓이었으리라.[60]

조선인이 마늘과 고추를 즐겨 먹는 것은 잘 알려져 있다. 식량 공급
이 제대로 이루어지지 않았던 오키나와전쟁 때에도 고향의 맛을 간직
한 마늘과 고추는 비교적 손쉽게 손에 넣을 수 있는 먹거리였다. 그런
데 이케미야구시쿠는 방공호 안을 엄습한 "정체를 알 수 없는 냄새"를
조선인들이 먹는 "마늘 탓"이라고 단정해 버림으로써 조선인들을 자신

59　沖縄県教育委員会編, 『沖縄戦記録』 2, 138면. 나카하라 세이토쿠仲原清徳의 증언.

60　池宮城秀意, 『沖縄に生きて』, サイマル出版会, 1970, 35면.

과 다른 이질적이고 부정적인 존재로 자리매김한다. 이러한 반응을 보인 이들은 이케미야구시쿠만이 아니다. "알고 보니 조선인들이라고 하더라고"라는 표현에서도 알 수 있듯 오키나와 사람들 거의 대부분이 그러했다.

이러한 이질감은 먹거리에 그친 것이 아니라, "동료들끼리 모여 이상한 말로 말했다. 표준어가 아니었다", "조선 노래를 불렀다", "체격만 봐도 알았다", "조세나 지라チョウセナージラー(조선인 얼굴)야"[61]와 같이 언어, 체격, 얼굴 생김새, 노래 등에서도 감지되었다. 오키나와 사람들은 조선인과 자신을 구별하는 다양한 경계선을 스스로가 구축하고 있었던 것이다.

더 나아가 조선인을 객체화하고 거리를 두는 데에 그치지 않고 "두렵다" 등과 같이, 미야케구시쿠가 언급한 "정체를 알 수 없는"이라는 표현보다 훨씬 더 부정적인 인식을 보일 때도 있었다. 나카하라 마사아키仲原正明의 다음 증언은 그러한 심경이 솔직하게 드러나고 있다.

> 그들의 생활은 좀 달랐다. 우리는 늘 떨어진 곳에서 신기하게 바라봤다. 그들은 소나 말을 도살하고는 그 간을 꺼내어 먹었다. 고추를 아삭아삭 씹어 먹었다. 그들이 하는 대화는 전혀 알아들을 수가 없었다. 그래서 "그들은 우리와는 아주 다른 인간"이라고 느꼈다. 또 두려운 존재이기도 했다.[62]

---

61 南風原町史戦災調査部会編,『南風原町沖縄戦・戦災調査9 照屋が語る沖縄戦』, 南風原町教育委員会, 1994, 11면.

62 竹富町史編集委員会町史編集室編,『竹富町史 第十二巻 資料編 戦争体験記録』, 竹富町役場, 1994, 249면. 나카하라 마사아키仲原正明의 증언.

이질적인 문화와 언어가 오키나와 사람들로 하여금 거리감을 느끼게 하였고, 그로 인해 서로를 "아주 다른 인간"으로 규정하고 있음을 알 수 있다. 더 나아가 "다른 인간"은 곧 "두려운 존재"이기도 했다. 단순히 다를 뿐인 음식문화, 냄새, 그리고 언어 등이 상대방으로 하여금 "두렵다"고 느끼게 하는 "인종주의적 혐오"[63]를 유발시키는 촉진제가 되었던 것이다.

이처럼 데면데면하게 때로는 부정적으로 상대를 객체화시켜 거리를 두려는 행동이 오키나와 사람들과 조선인 사이를 더 멀어지게 했으며, 이에 더하여 식민지주의 사상의 개입으로 주민과 조선인 간에 명확한 위계질서가 형성되었던 것이다. 오키나와 사람들이 조선인에게 '삼등국민'이라는 모멸적인 언사를 구사한 것은 식민주의적 위계질서가 오키나와 사람들에게 깊숙이 내면화되었음을 의미한다.[64] 내면화된 위계질서는 언어로 표출되는 것에 그치지 않고 조선인에게 물리적인 폭력을 행사하는 형태로 나타나기도 했다. 구시켄 히토시其志堅均는 학도병[65]으로 동원되어 조선인 '군부'를 감시하도록 명받는다. 게으름을 피울 경우 몽둥이로 구타해도 좋다는 일본군의 허락이 있었다.

우리들 감각으로는 너무 당연하게 [조선인은] 노예처럼 인식했어요, 삼등국민처럼 말이죠. 일본 통치하에 놓여 있다는 것은, 타이완이나 조선이나

63 エレーヌ・シクスー著・松田充代訳,「語れぬ出来事に遭遇した人々が何を語るのか」,『現代思想』 2000년 11월호, 青土社, 12면 참조.

64 竹富町史編集委員会町史編集室編,『竹富町史 第十二巻 資料編 戦争体験記録』, 竹富町役場, 1994, 290면, 오모리 다케오大盛武夫의 증언.

65 제32군에 동원된 남녀 중등학교 학생들의 총칭. 沖縄大百科事典刊行事務局編,『沖縄大百科事典』, 沖縄タイムス社, 1983.

식민지라는 인식이 있었으니까요. 일본 군대의 잡일을 하는 것이 당연하다는 생각이 있었죠. 그러한 인식 없이는 일을 부릴 수 없으니까요.[66]

조선인을 "노예 같은" 존재, "삼등국민"이라는 열등한 존재로 인식했기 때문에 일본군이 시키는 대로 "게으름을 피"우는 조선인들을 몇 번이고 몽둥이로 구타했을 것이다. 또한, 아무리 군의 명령이 있었다고 해도, 일본군이 없는 곳에서도 중학생이 조선인을 구타했다는 것은 자신들보다 열등하다는 인식이 자리했기 때문이리라.

조선인 '군부'를 "삼등국민"으로 보는 인식이 "당연"하게 공유되고, 그들을 "잡부"라고 노골적으로 기술하는 증언도 보인다.

조선인도 잡부 중 하나였어요. 내가 있던 곳에서는 한 명도 죽이지 않았어요. (…중략…) 일본군은 무턱대고 조선인을 죽이지는 않았을 겁니다. 누가 생각해도 마음대로 부릴 수 있는 자를 죽이지는 않겠죠.[67]

도카시키섬 방위대[68]에 소속되어 있던 오시로 료헤大城良平의 증언에 보이는 "잡부"라는 표현에서 조선인을 "노예"로 인식하고 있음을 알 수

---

66 名護市教育委員会文化課　市史編さん係編, 『名護市史叢書16　語りつぐ戦争－市民の戦時・戦後体験記録 第2集』, 名護市教育委員会, 2010, 35~36면. 구시켄 히토시具堅均의 증언.
67 沖縄県教育委員会編, 『沖縄戦記録』 2, 782면. 오시로 료헤大城良平의 증언.
68 방위대란 방위 소집으로 편성된 오키나와 주민을 중심으로 한 부대를 일컫는다. 애초에는 만17세 이상, 만45세까지의 남자들에게 군인의 자격을 부여하고, 보조병력으로 삼았으나, 훗날 17세 미만, 45세 이상도 소집했다. 장애를 가진 이들도 소집했다(『沖縄大百科事典』 참조).

있다. 게다가 자신을 양심적이라고 생각하고 있는 듯한데, 그것은 식민
지주의에 기댄 '양심'에 지나지 않는다. 더 나아가 오시로는 "조선인과
는 별로 교류가 없었고, 말도 통하지 않아 [죽임을 당하거나 전사하거나 한 조
선인을] 애써서 찾거나 하지 않았던 것 같아요"[69]라고 기술하고 있는데,
이는 그들을 어떻게 부릴 것인지는 관심이 있어도 그들의 생사에는 전
혀 관심을 두지 않았음을 나타낸다. 여기에 하나 더 덧붙이자면, "일본
군은 무턱대고 조선인을 죽이지는 않았"다는 표현은, 오시로가 목격하
지 않았을뿐더러 정확한 증언이 아니다.

조선인을 "삼등국민", "잡부"로 보는 인식은 어른만이 아니었다. 아
이들 사이에서도 "조선인 부대는 전쟁이 일어나면 도망칠 거야"[70]라며
조롱했다고 한다. 나중에 언급하겠지만 조선인 '위안부'를 '조센삐朝鮮
ピー'라든가 '조센삐구와朝鮮ぴぐゎー'라며 멸시하는 호칭을 어른이나
아이나 자연스럽게 사용했던 것도 이러한 인식을 반영한다.

물론 조선인의 처지를 가엽게 여겨 동정하는 오키나와 사람들도 있
었다. 그러나 그러한 동정은 대부분 군의 개입으로 조선인에게 전달되
기 어려웠다.

여자만이 아니라, 조선반도에서 남자들도 끌려왔어요. (…중략…) 그들
의 모습은 자주 볼 수 있었어요. 식사라고는 늘 딱딱하게 군은 아무런 맛도
나지 않는 건빵뿐. 그것을 20~30명이 모여 앉아 먹고 있는 것을 보면, 뭐라

---

69 名護市教育委員会文化課市史編さん係編, 『名護市史叢書16 語りつぐ戦争－市民の戦
時・戦後体験記録 第2集』, 名護市教育委員会, 2010, 782면.

70 南風原町史戦災調査部会編, 『南風原町沖縄戦・戦災調査9 照屋が語る沖縄戦』, 南風原町
教育委員会, 1994, 11면.

도 가져다 주고 싶었지만, 선생님께서 "혼난다"라며 말리셔서 지켜보기만 할 뿐 행동으로 옮기지는 못했어요.[71]

혼을 내는 주체는 일본군이다. 그것은 교사가 학생들을 꾸짖는 정도에 그치는 것이 아니라 엄한 제재를 내포하는 것이었다. 설령 용기를 내어 조선인에게 식량을 가져다 주어도 일본군에게 발각될 경우 폭력이 가해지는 쪽은 식량을 건네준 오키나와 주민이 아니라 그것을 받아든 조선인이었다. 그런 점에서 조선인과 관계를 맺는 일은 폭력의 공포를 유발하는 일이기도 했다. 이렇게 볼 때, "혼난다"라는 선생님의 말은 물리적인 폭력을 떠올리는 데에 그치는 것이 아니라 조선인과 오키나와인 사이에 일종의 경계선을 강화하는 말이기도 했다.

이처럼 오키나와의 조선인들과 오키나와인들은 함께 섞이기 어려운 관계에 있었으며, 앞서 살펴본 것처럼 조선인은 부정적 가치를 껴안은 채 둘 사이를 갈라놓는 경계선 저 너머로 내팽개쳐져 버렸다. 둘 사이에 식민주의와 군이 개입됨으로써 억압을 아래로 이양하는 측과 이양당하는 측의 위계질서로 각각 편입되어 갔다. 오키나와인들도 의식적이든 무의식적이든 그러한 질서를 내면화하고, 그 질서하에서 폭력행위에 가담하는 일까지 벌어지게 되었다.[72] 오키나와인들과 조선인 '군부' 사

---

71 読谷村史編集委員会編, 『読谷村史 第五巻 資料編4 戦時記録 下巻』, 読谷村役場, 2004, 696면. 다마키 스에玉城スエ의 증언.

72 이와 관련하여, 금후 조사해야 할 부분은 "머리에 붉은 표시, 이런 표시가 있어서……. 이 사람이 조선인이라는 걸 금방 알아챘어요"라는 증언에서 보듯, 조선인의 머리에 '붉은 표시'를 했을 가능성이 있다(名護市教育委員会文化課 市史編さん係編, 『名護市史叢書16 語りつぐ戦争-市民の戦時・戦後体験記録 第2集』, 名護市教育委員会, 2010, 54~55면. 사키마 야스오崎間康雄의 증언).

이에도 가해와 피해의 구조가 발생하게 되고, 주민, 군, 조선인의 질서
가 최악의 형태로 구현되는 가운데 구메섬에서 학살사건이 발발했다.

'전후' 자행된 살해 – 구메섬 조선인 학살사건

일본군, 오키나와인, 조선인 사이의 위계질서는 '군부'와 '위안부'에
만 영향을 미친 것이 아니다. 오키나와로 연행되지 않은 조선인에게도
영향을 미쳤고, 더 나아가 일본이 패전한 8월 15일 이후에는 주민이 가
담한 학살사건이 발발하게 된다. 일본군 구메섬 수비대장 가야마 다다
시 조장曹長의 명령으로 조선인을 학살한 사건이 그것이다. 이 사건은
오키나와 내 식민지주의 질서를 선명하게 보여주었다.

오키나와전쟁이 발발하기 전 오키나
와에 거주하던 조선인은 얼마 되지 않
았다. 미군의 조사에 따르면, 1930년
무렵 사키시마 제도에 거주하는 조선인
은 모두 합해 20명 정도였다고 한다.[73]
오키나와 본섬에 살다가 오키나와전쟁
이후 구메섬으로 건너간 구중회具仲会
가족도 그중 하나다.

구중회 씨 일가. 아내 우타, 유아, 차남 쓰구오, 차
녀 아에코 『보고서』에서 발췌

---

73 米軍事戦略局調査分析部, 『琉球列島の沖縄人―日本の少数民族』, 1944(沖縄県立図書館
    史料編集室編, 『沖縄県史 資料編2 琉球列島の沖縄人他 沖縄戦2(和訳編)』, 沖縄県教育委
    員会, 1996, 25면에서 재인용).

다니카와 노보루谷川昇라는 일본이름으로 불리던 이 구 씨 일가는 스파이 혐의와 조선인이라는 이유로 몰살당한다. 구 씨의 아내는 구니가미군国頭郡 구시촌久志村 출신의 오키나와 여성이었다. 아이들은 생후 몇 개월 되지 않은 유아를 포함해 5명이었다.

구중회(일본이름, 다니카와 노보루) 51세

아내, 우타ウタ(본명은 미쓰美津) 36세

장남, 가즈오和夫 10세

장녀, 아야코綾子 8세

차남, 쓰구오次夫 6세

차녀, 야에코八重子 3세

유아(미입적), 생후 수개월

구 씨 일가는 구메섬에서 냄비와 솥을 수리하거나 일용잡화를 팔면서 생계를 꾸렸다. 훗날 '도쿄타워 점거 사건'(1970.7)을 일으킨 도미야마 준이치富山順一는 초등학교 시절 구메섬에 살 때 구 씨와 알고 지냈다고 밝힌 바 있다(제4장 참조).

내가 초등학교 3학년이었을 때 [천황 사진에] 경례를 거부해서 학교에서 쫓겨났어요. 친구도 없이 매일 매일을 무료하게 지내던 중 잡화상을 하던 다니카와 씨를 알게 되었죠. 다니카와 씨 리어카를 밀며 몇 날 며칠을 함께 다닌 적도 있어요. 지금도 가끔씩 다니카와 씨가 건네준 조선사탕 맛이 떠올라요.[74]

일용잡화 행상을 하며 이곳저곳 돌아다닌 것이 '스파이'라는 오인을 받게 된 원인이었다.

오키나와전쟁 당시 일본군은 '오키나와인 총 스파이설沖繩人総スパイ説'[75]이라는 망상을 공유하고 있었으며, 그 때문에 오키나와 전역이 '스파이 공포증'[76]에 휩싸여 있었다. 미군 상륙에 대비한 섬의 요새화에 군민이 총동원되면서 군민이 뒤섞이게 되었고, 군사 기밀이 주민들에게 쉽게 알려지게 된 탓이었다. 적에게 붙잡히면 정보가 새어나갈 것이라는 공포가 주민 모두를 잠재적인 스파이로 간주하게 만든 것이다.[77] 구메섬 부대장 가야마 다다시鹿山正도 "적 '스파이'의 잠입은, 우군처럼

가야마 다다시 병조장
『선데이 마이니치サンデー毎日』, 1972.4.23, 30면

드러내면서 오지 않을 터, 어떤 방법으로, 언제 침입해 올지 모른다. (…후략…)"[78]라는 통달을 부대에 전했다고 한다. 구중회 역시 행상을 가장하여 비밀정보 수집과 전달 역할을 했으리라고 판단한 것이다.

구 씨 일가가 학살당하기 이틀 전, 가야마 부대에 '스파이'의 존재를 '확신'하게 하는 사건이 발생한다. 미군의 포로가 된 구메섬 출신의 나칸다카리 메이유仲村渠明勇가 미군을 구메섬에 상륙하게 하는 역할을 한 것이다. 나칸다카리가 이 역할을 자처하게 된 것은 구메섬에 그의 아내

74   富村順一, 『死後も差別される朝鮮人』, 1973('통한의 悲痛恨之碑' 건설 모금을 위해 도미무라가 작성한 팸플릿).
75   大城将保, 『沖縄戦－民衆の眼でとらえる「戦争」』, 高文研, 1985, 195면.
76   大島幸夫, 『新版 沖縄の日本軍－久米島虐殺の記録』, 新泉社, 1982, 73면.
77   嶋津与志, 『沖縄戦を考える』, ひるぎ社, 1983, 98〜99면.
78   大島幸夫, 『新版 沖縄の日本軍－久米島虐殺の記録』, 新泉社, 1982, 72면.

와 아이, 친척들이 남아 있었기 때문이었다. 그러나 그것은 가야마 부대 입장에서 보자면 명백한 '스파이' 행위였다. 불행하게도 나칸다카리는 가야마 부대에 붙잡혀 참살당한다.

그러나 구 씨 사례는 나칸다카리와 경우가 달랐다. 조선인은 위험하다는 편견과 함께 '스파이'로 일방적으로 내몰린 것에 가깝다. 가야마는 훗날 구 씨를 '스파이'로 간주한 '근거'를 다음과 같이 회고하였다.

> 질문=스파이 혐의로 처형한 것은 어떤 증거를 바탕으로 실행한 건가.
> 답=그 당시 상황은 각 부대라든가 마을이라든가 경방단으로부터 들어온 정보를 종합하여 처형에 처했다. / (…중략…) 섬사람들로부터 이 사람은 어떻다, 저 사람은 어떻다는 식의 정보가 있었으며, 그 정보가 주요했다. 내 마음대로 독단적으로 한 일이 아니다.[79]

놀라운 것은 구 씨를 '스파이'로 지목한 이가 다름 아닌 섬 주민들이라는 사실이다. 구 씨는 '다니카와'라는 일본이름을 사용했지만 그가 조선인이라는 것은 섬사람들 모두가 알고 있었다. 섬 주민 누군가가 구 씨가 미군과 내통하고 있다고 밀고하였고 그것을 전해들은 가야마가 '스파이'로 단정하여 살해 명령을 내린 것이다.[80] 주민들 입장에서는 자신이 살기 위해 정보를 제공했을 것이다. 또 구 씨가 바늘, 실 같은 국가통제품을 취급했기 때문에 이에 대한 질투심도 작용했을 것이다.[81]

---

79 『琉球新報』, 1972.3.28, 조간.
80 大島幸夫, 『新版 沖縄の日本軍-久米島虐殺の記録』, 新泉社, 1982, 112~113면.
81 大田昌秀, 『久米島の「沖縄戦」-空襲・久米島事件・米軍政』, 特定非営利活動法人沖縄国際平和研究所, 2016, 323면.

그러나 무엇보다 주민의 밀고행위에서 엿볼 수 있는 것은, 식민지주의 질서 즉 조선인을 자신들보다 하위에 자리매김하고, 더 나아가 폭력을 정당화하는 구조에 주민들 또한 포획되어 있다는 점이다. 이는 구 씨의 아내 지넨 미쓰(우타)의 어머니도 예외가 아니었다.

> 나는 조선인이 왠지 모르게 불결하고, 더럽고, 게다가 무서운 사람들로 생각했어요. 조선인은 당시 나하에서도, 시골에서도 그런 식으로 비춰졌어요. / 미쓰知花가 조선인과 함께 산다고 해서 나는 얼굴을 들고 살 수가 없었어요.[82]

위의 발언에서 보듯, 조선인은 "불결하고" "무서운" 존재라는 인식이 있었고, 그 위에 일본군에 대한 공포심과 내면화된 위계질서가 복합적으로 작동하여 구 씨를 '스파이'로 지목하는 결과를 낳았던 것이다. 또한 구메섬 주민들이 일본군에게 구중회를 밀고했을 뿐만 아니라 학살에 가담한 오키나와 출신 병사가 있었음을 기술한 기록도 남아 있다.[83] 미키 다케시三木健의 다음과 같은 증언은 구메섬 사건에도 해당될 듯하다.

> 일본군이 한 것으로 귀결되지 않는다는 데에 문제의 복잡성이 있다. 왜냐하면 이들 군부의 행동을 일본군에게 밀고한 것은 대부분 오키나와 현인들이었기 때문이다.[84]

---

82 沖縄県教育委員会編, 『沖縄戦記録』 2, 810면. 지넨 가마도의 증언. 지넨 가마도는 증언하면서 "조선인이 무슨 나쁜 짓이라도 했나요?"라고 말했다고 한다. 위의 책, 812면.

83 富村順一, 『沖縄戦語り歩き－愚童の破天荒旅日記』, 柘植書房, 1995, 30면.

84 三木健, 「元韓国人軍夫来沖がもたらしたもの」, 『週刊レキオ』, 1986.12.5.

아직 분명히 밝혀지지 않은 오키나와전쟁에 대한 이야기는 앞으로 실증이 필요한 부분이다.

사건이 있던 1945년 8월 20일은 마침 장남 가즈오의 생일이었다. 가족들이 둘러 앉아 생일축하를 하던 중 "병사가 죽이러 올 것"이라는 이웃의 전언을 듣고 도피한다. 불행하게도 아내 우타와 어린 아기는 주민으로 변장한 일본군의 칼에 찔려 사망한다. 장남도 일본도에 머리를 가격당해 사망하고, 장녀와 차녀는 집 뒤꼍에 숨어 있다가 일본군에게 발각되어 소나무 숲으로 끌려가 사살되었다. 구 씨와 차남은 지인의 집에 숨어들었지만 발각되었다. 구 씨는 목에 줄을 매달아 해안으로 끌려가던 도중에 목숨을 잃었다. 울부짖으며 아버지에게 매달리는 차남도 일본군의 칼에 난도질당해 절명하였다.

> 11시인가, 12시 무렵 마을 주민으로 변장한 일본군 5, 6명이 [구 씨의] 사체를 버렸어요. 병사들 가운데 하나가 사체에 매달려 울부짖는 아이[차남]에게 칼을 꽂아 몇 번이고 휘저어 갈기갈기 찢어 죽였어요. 무서워서 다리가 후들거렸죠. (…중략…) 그날 달밤의 광경, 그때 아이의 비명소리가 지금도 귓속에 들리는 듯해요.[85]

학살을 명령한 것은 가야마 대장이었지만 직접 실행에 옮긴 것은 아마미奄美 출신 전신장電信長 쓰네쓰네 사다常恒定였다.[86] 명령을 내린 일본군, 실행에 옮긴 아마미 출신 병사, 밀고한 주민, 죽임 당한 조선인과 그

---

85 『報告書』, 39~40면. 이토카즈 시게미糸数重光의 증언.
86 大島幸夫, 『新版 沖縄の日本軍－久米島虐殺の記録』, 新泉社, 1982, 116면.

가족, 이 일그러진 질서가 이 사건의 배후에 자리한다. 특히 주민과 조선인 사이에 자신이 살아남기 위해 타자를 팔아넘기는 관계가 생성된 것은 시사하는 바가 크다. 이는 오키나와에 살면서 주민들과 얼굴을 익힌 사이라 할지라도 조선인은 언제든 밀고의 대상이 될 수 있음을 의미한다.

구메섬 조선인 학살사건은 식민지주의 질서를 선명히 보여준다. 그리고 또 하나는, 이 같은 차별적 관계가 오키나와전쟁으로 갑자기 생겨난 것이 아니라, 오키나와전쟁 이전부터 일상생활에 이미 뿌리내리고 있었음을 보여준다. 앞서 언급한 바와 같이 상위와 하위로 나누는 경계선이 존재하고 조선인들은 하위로 내몰렸다. 그곳에 존재함에도 없는 사람 취급 받는 곳. 구 씨 일가가 내몰린 곳은 바로 그러한 장소였던 것이다.

학살을 명한 가야마는 훗날 이 사건을 이렇게 회고하였다.

> 나는 나쁜 짓을 한 게 없으니 양심에 꺼릴 게 없어요. 일본군으로서 자긍심을 갖고 있습니다.[87]

위의 인용문에서 보듯 가야마는 철저히 황민화된 존재였다. 식민지주의는 '군부 미야타'의 예에서 보듯 피식민자의 가치관을 짓밟아버리는 것은 물론이고 식민자 역시 굴절된 교육의 피해를 입게 한다. 게다가 굴절된 가치관은 전쟁이 끝남과 동시에 원래대로 회복되는 것이 아니라 책임을 회피하려는 가야마의 발언에서 드러나듯 전후에도 계속된다. 그것 또한 식민지주의의 효과이다. 또한, 살해를 담당한 전신장 쓰네쓰

---

87 「沖縄のソンミ事件」, 『サンデー毎日』, 1972.4.2.

네 사다도 "그때는 어쩔 수가 없었어요"[88]라며 스스로를 합리화한다. 이 역시 굴절된 가치관이자 전형적인 회피성 발언에 다름 아니다. 덧붙이자면, "밀고"하거나 "살해"에 가담했을지 모르는 주민의 증언 부재 역시 자발적인 책임 회피라고 볼 수 있다. 그것은 조선인의 불가시화를 가중시키는 일이자 결과적으로 식민지주의를 잔존시키는 일이 될 것이다.

게다가 사건이 발생한 것은 일본이 항복한 후인 **8월 20일**이었다.

살해 명령을 내린 가야마 다다시는 일본군 상관의 설득으로 **9월 7일**에 미군에 투항했다.

조선인 '위안부'와 오키나와인, 그리고 조선인 남성의 관계

다음은 '위안부'와 오키나와 사람들의 관계에 대해 살펴보자. '위안부'를 둘러싼 관계 양상을 살펴봄으로써 오키나와 내 조선인이 놓였던 상황이 상당히 복잡했음을 알 수 있을 것이다.

일본군 부대는 '위안부', '위안소'를 주민들의 눈에 띄지 않도록 주의하였다. 가장 큰 이유는 '위안소'를 주민들로부터 격리하여 '방첩防諜'을 꾀하기 위함이었다.[89] 그럼에도 불구하고 "아직 멀었나, 아직 멀었나"라며 '위안소'에 줄지어 서있는 병사들을 흉내 내는 아이들도 있었음을 상기할 때, '위안소'와 '위안부'는 이미 많은 사람들에게 노출되었던 것으로 보인다.

---

88   大島幸夫, 『新版 沖縄の日本軍－久米島虐殺の記録』, 新泉社, 1982, 220면.
89   洪允伸, 『沖縄戦場の記憶と「慰安所」』, インパクト出版会, 2016, 182면.

오키나와 본섬에서는 슈리首里와 나하那覇만이 아니라, 나고名護, 이토만糸満, 요미탄読谷, 기노완宜野湾, 우라소에浦添, 하에바루南風原, 모토부초本部町, 다마구스쿠玉城 마을 등 여기저기에서 '위안부'와 '위안소'가 목격되었다. "[구시카와其志川시에 있는] 다카에스高江洲 치과와 그 앞에 자리한 관공서 중간쯤에 위안소가 있었어요. 조선인 여자들이 많이들 위문을 위해 와 있었죠(…후략…)", "지금의 라이카무(ライカム, 쇼핑몰 이름−인용자) 입구 오른 편쯤에 우후시ウフシー(큰 바위)가 있었는데, 그 바로 앞에 가야부키(억새로 이은 지붕−인용자) 가옥이 만들어졌고, 거기에 조선인 여자들이 있었어요(…후략…)", "슈리에는 군대가 엄청 많았어요. 그래서 삐야피야−라고 하는 이름의, 본토에서 보내어진 조선인 위안부들을 군이 민가를 빌려서 히라라平良, 아카비라赤平 등지에 살게 했어요"[90]라는 식의 증언들이 이어진다. 언어학자 나카소네 세이젠仲宗根政善 역시 미군 상륙 이전에 우라소에 다쿠시沢岻에 설치된 큰 '위안소'를 목격했다고 한다.[91]

이도 주민들도 '위안소'와 '위안부'를 목격했다. 미야코섬에 거주하던 요나하 도시히로与那覇敏博는 소년 시절 '위안부'와 대화를 나누었다고 한다. 또한 야에야마 제도에도 '위안소'가 설치되었고, 이시가키섬

---

90 첫 번째 인용문은, 其志川市史編さん委員会編, 『其志川市史 第五巻 戦争編 戦時体験』 I, 其志川市史編さん委員会, 2005, 322면. 아자토 료코安里良子의 증언. 다음 인용문은, 北中城村史編纂委員会編, 『北中城村史 第四巻 戦争・証言編一』, 北中城村役場, 2010, 502면. 도쿠무라 세쓰코徳村節子의 증언. 마지막 인용문은, 沖縄県教育委員会編, 『沖縄戦記録』 2, 1081면. 아구니 요시粟国ヨシ의 증언.

91 福地曠昭編著, 『オキナワ戦の女たち−朝鮮人従軍慰安婦』, 海風社, 1992, 144~145면. 나카소네 세이젠은, 히메유리 부대 관련 저서 『오키나와의 비극−히메유리탑을 둘러싼 사람들의 수기沖縄の悲劇−ひめゆりの塔をめぐる人々の手記』(東邦書房, 1974)의 저자이다. 주민들의 입장에서 오키나와전쟁을 재구성한 오키나와타임스사편沖縄タイムス社編 역작 『철의 폭풍鉄の暴風』에서도, 슈리성首里城 부근 제32군사령부에 "희게 분칠한 기름진 얼굴"을 한 "조선인 젊은 여자들 무리"가 있었음을 생생하게 기술하고 있다(89면).

가비라川平에는 '바바 하루ババハル'라고 불리는 여성이 '위안부'로 가비라의 '위안소'에 머물고 있었다는 이야기가 전해진다.[92]

군의 규정에도 불구하고 '위안부'와 '위안소'가 여러 사람들에게 목격되었던 것에는 몇몇 이유가 자리한다. 요컨대, 일반 주민들의 가옥을 접수했던 것, 지역 공공장소 가까이에 '위안소'를 설치했던 것, 호 안에 병사, '위안부', 주민들이 함께 머물렀던 것 등이 그것이다. 주민과 군이 혼재하는 가운데 '위안소'와 오키나와 사람들을 격리하는 것 자체가 무리였고, 또 그만큼 전시 '위안부'와 '위안소'의 존재가 일상화되어 있음을 예증하는 일이기도 하다.

많은 사람들의 눈에 띄게 된 '위안부'들은 다양한 이미지와 인상을 남기게 된다. "불쌍하다", "가엽다" 등의 시선도 있었고, "즐거워 보였다", "어두운 느낌은 없었다" 등의 증언도 남아있다. 그 외에 "덩치가 좋았다", "스마트했다", "젊었다", "아이도 있었다", "예쁜 얼굴" 등의 증언과 함께 경멸의 시선도 적지 않았다.

> 위안부는 대우가 나쁘진 않았나봐, 왜냐하면 복숭아를 얻으러 올 때도 아주 밝았어. 얼굴에 윤기가 도는 것이 말이야.[93]

그러나 이렇게 다양해 보이는 증언을 관통하는 사실은, '위안부'가 놓여 있던 상황을 제대로 파악하지 못한 지극히 자의적인 규정이라는

---

92 원인은 알 수 없으나 그녀가 사망했고, 시신은 가까운 밭에 매장되었다고 한다. 유골은 찾지 못했다고 한다(大田静男, 『復刻版 八重山の戦争』, 南山舎, 2014, 90면).

93 城辺町史編纂委員会編, 『城辺町史 第二巻 戦争体験編』, 城辺町役場, 1997, 358면. 사와다 후미佐和田文의 증언.

것이다. "대우가 나쁘지는 않았나봐"라는 발언은 그 좋은 예이다.

아울러 '위안부'에 대한 주관적인 인상은 일본군에 대한 시선과 연동되어 만들어진 부분이 컸다. 일본군에 대해서는, 미군으로부터 자신들을 보호해줄 '우군'이라는 생각도 없지 않았지만, 그보다는 공포와 분노를 느끼는 사람들이 많았다. 그 때문에 군과 함께 행동하는 '위안부'에 대해서도 같은 감정을 갖는 주민들이 많았고, 그것이 그녀들의 인상에도 영향을 미쳤다.[94] 예컨대, 일본군 소위와 조선인 '위안부'가 함께 '자결'한 일이라든가, 자마미섬 대장이던 우메자와梅沢가 조선인 여성('위안부'는 아니었다)을 '애인'으로 삼았다든가,[95] 각 지역에서 군이 '위안부'를 데리고 다니는 모습이 목격되면서, 오키나와 사람들 사이에 군과 '위안부'를 하나로 보는 시선이 생겨났다.

다음 인용문은 '위안부'와 방공호에서 "시끌벅적하게 소란을 피우는" 병사들을 향한 분노가 조선인 여성들과 무관하지 않음을 보여주는 장면이다.

> 방공호 안에 있던 나이든 사람들은 그들을 보고 역정을 내며 "당신들은 병사씩이나 되면서, 여기는 민간인 방공호요. 여기서 농탕이나 치고 말이야. 우리는 어쩌란 말이오. 지금은 전시란 말이오"라고 말했다. (⋯중략⋯) "병사니까 여기에 숨어 있지 말고 어서 전쟁하러 나가시오"라며 모두가 그들을 내쫓아버렸다.[96]

---

94 또한, 자마미섬에는 '위안소'는 없었다는 이야기도 있지만(富村順一, 『沖縄戦語り歩き』, 柘植書房, 1995, 23~25면), '위안부'들을 우메자와 대장 등이 데리고 다녔던 것은 확실하다.
95 朴壽南編, 『アリランのうた―オキナワからの証言』, 青木書店, 1991, 7면. 우메자와의 증언.
96 読谷村史編集委員会編, 『読谷村史 第五巻 資料編4 戦時記録 下巻』, 読谷村役場, 2004, 514

직접적인 분노는 일본군을 향한 것이었지만 "농탕이나 치고"라는 말 안에는 조선인 '위안부'를 공범자로 보는 시선이 깔려 있다. 주민들의 일본군을 향한 반발이 '위안부'에게도 향하는 사례는 더 있다. 본섬 남부 이토카즈糸数 이하라伊原에도 조선인 여성이 연행되어 왔는데, 그녀들과 '위안소'에 대한 질문에 다마키 데루코玉城照子는 다음과 같이 답하고 있다.

> (사회)이시하라 마사이에石原昌家 : 조선인들이 있었고, [이하라에는] 위안
> 소도 있었다는 것인데요.
> 다마키 데루코玉城照子 : 있었어요. 조선 옷을 입고 진한 화장을 하고. 적이
> 바로 그 앞까지 밀려와서 우리는 도망을 쳤는데, 이 사람들은 왜
> 도망치려 하지 않는 건지 의아했어요.[97]

"진한 화장"이라든가 "도망치려 하지 않는" 것 등, 전시와 걸맞지 않는 행동에 의문을 던지고 있다. 일본군의 보호를 받고 있기 때문에 도망치지 않았을 것이라는, 자칫 부정적으로 들릴 수 있는 어감도 내포되어 있다. 여기에 사회자 이시하라가 끼어들어 "그녀들은 그 후 미군의 포로가 되어 위안부가 되었고, 물자 등을 오키나와 사람들에게도 지급하였다고 합니다"라는 말을 덧붙인 것은 그 때문이다.[98] 그러나 말도 문화도 다른 곳에 끌려온 조선인 여성들 입장에서 보면, 살아남으려면

면. 아라카키 쇼이치新垣正市의 증언.

97 那覇市企画部市史編集室編, 『那覇市史 資料篇 第三巻七 市民の戦時·戦後体験記一(戦時編)』, 那覇市企画部市史編集室, 1981, 362면.

98 위의 책.

군에 의존해야 했던 사정도 자리한다.

그렇긴 하지만 앞서 살펴본 것처럼 일본군과 '위안부'를 하나로 인식하게 된 데에는 '방첩'을 위해 주민과 조선인 여성의 접촉을 금하고, '위안소'가 주민과 조선인 여성 사이를 구분하는 실체적 경계선으로 작동했기 때문이었다. 그런데 이 '위안소'를 설치하는 데에는 소극적이지만 오키나와 사람들의 동의가 있었다. 이렇게 볼 때, 주민들이 '위안부'를 군과 공범 관계로 보는 시선은, 군에 의해 일방적으로 주입되었다기보다 주민들도 그러한 공범 관계를 스스로 받아들였을 때 가능한 것이었다.

오키나와에 '위안소'가 설치된 것은 제32군에 편입된 주력부대(제24사단, 통칭 야마山), 제62사단(통칭 이시石), 제28사단(통칭 도요豊)이 오키나와에 입성한 이래, 중국에서 약탈, 강간, 학살이 빈발했기 때문이다. "젊은 병사들"이 "민가를 찾아 돌며 그 부모를 협박하여 딸을 강간하는"[99] 일이 반복되면서 중국인들의 극심한 증오를 불러일으켰고, 그것은 일본군이 작전을 수행하는 데에 심각한 문제가 되었다. 그 때문에 오키나와에서는 병사들이 제멋대로 행동하여 군의 작전수행에 지장이 없도록 그야말로 말도 되지 않은 이유로 '위안소' 설치를 결정하게 된 것이다.[100] 또한 군사적 기밀이 새어나가지 않도록 방지하고, '위안'을 통한

---

99 名護市戦争記録の会, 名護市編さん委員会(戦争部会), 名護市史編さん室編, 『名護市史叢書1 語りつぐ戦争－市民の戦時・戦後体験記録 第1集』, 名護市役所, 1985, 198면. 스에요시 교메이末吉業明의 증언.

100 이는 제32군 창설 당시 사령관이었던 와타나베 마사오渡辺正夫의 발언에도 드러난다. 와타나베는 "비행장 설정에 있어 군사령관의 요망 사항"으로 "3. 지방 민중에게 횡포한 행동, 특히 강간 약탈 소행은 결코 해서는 안 될 것"을 들고, 또 "6. 피로를 위안하는 방법을 고안할 것"을 요청하였다(1994.4). "위안 방법"을 "고안"하여, 병사들의 "강간"이 만연하지 않도록 한 것이다. 그렇다고 해서 일본 병사들의 주민 폭행이 사라진 것은 아니다(沖縄県教育庁文化財課史料編集班編, 『沖縄県史 資料編23 沖縄戦6 沖縄戦日本軍史料』, 沖縄県教

병사들의 전의 고양, 성병 만연 방지 등의 이유를 들어 '위안소' 설치를 밀어붙였던 것이다.[101]

이렇게 해서 오키나와의 '위안소' 설치가 결정되자 오키나와 내에서 반대의 목소리가 일었다. '본토'에서는 '황토皇土'를 더럽힌다는 이유로 '위안소' 설치가 철회되었는데, 같은 '황토'인 오키나와에 설치하려는 것은 말이 안 된다, 지역 풍기를 문란케 할 것이라는 등의 주장이었다. 그러나 오키나와 사람들은 현지 여성을 일본군의 폭행으로부터 보호하기 위함이라는 일본군 측의 설명을 결국 받아들이게 된다. 한 주민이 자택을 '위안소'로 접수한 것도 "마을 부녀자를 군대로부터 **보호해야 한다**고 해서 어쩔 수 없"었다고 말한다.[102] 이처럼 주민들은 스스로를 설득하는 형태로 '위안소'를 받아들였던 것이다. 이로써 '위안소'라는 실체화된 경계를 통해 오키나와 여성과 조선인 여성이 구분되고, '보호받는 자'와 '보호받지 못하는 자'라는 이중의 경계가 생겨나게 되었다. 그러나 그것은 아무리 "어쩔 수 없"었다고 하더라도 주민들도 성폭력에 가담한 셈이 되며, 식민지주의 질서 형성에 관여한 책임에서 자유롭지 않을 것이다.

오키나와 주민들이 늘 수동적인 형태의 '보호받는' 입장에만 선 것은 아니었다. 지금까지 살펴본 인용문들에 '조센삐'라는 용어가 등장하는 것처럼, 주민들은 조선인 여성을 일컬어 '조센후朝鮮ふ', '매음부',

育委員会, 2012, 777면).

101 浦崎, 「沖縄戦と軍「慰安婦」」, VAWW-NET Japan編, 『日本軍性奴隷制を裁く—二〇〇〇年女性国際戦犯法廷の記録 第三巻 「慰安婦」・戦時性暴力の実体 I—日本・台湾・朝鮮編』, 緑風出版, 96면 참조.

102 洪允伸, 『沖縄戦場の記憶と「慰安所」』, インパクト出版会, 2016, 236면. 강조는 인용자.

'조세나チョウセナー', '조센구와朝鮮ぐわ', '조센후朝鮮婦'라 부르고, '위안소'를 '삐야ピーヤー(屋)', '페타야ペーターヤー'라고 부르는 등, 모멸적인 호칭을 아무렇지 않게 사용하였다. 이는 자각적이든 아니든 주민들 스스로가 서열화를 긍정하는 데 앞장서고, 그 경계선을 더욱 강화해 간 것에 다름 아니다.

> 조센'후─'가 6명 정도 함께 있었어요.
> ─조선 '군부' 말씀인가요?
> 조센'후─'요. 조센삐朝鮮ビー인가요……[103]

실제 대화에서는 '후'를 작은따옴표 안에 넣어 사용하지 않았다. 다른 증언에서도 모멸적인 어감의 '조센후'가 자연스럽게 사용되고 있는 것에서 내면화된 식민지주의를 엿볼 수 있다.

미야코섬은 '위안소'가 섬 전체에 분포되어 있었고, 또 들고 나는 사람이 적은 섬이었기에 '위안부'들은 주민들 눈에 띄기 쉬웠다. 이곳에서도 조선인 여성은 '조센삐'로 통했다.

> 세어 본 적은 없지만 [조선인] 여성들이 상당히 많았어요. 언뜻 보더라도 20명은 있었던 것 같아요. 나이는 20세 전후였어요. 주위 사람들도 모두 '조센삐'라는 걸 보면 바로 알았어요. 직감적으로 무슨 일을 하는지 알았죠.[104]

---

103 朴壽南編, 『アリランのうた─オキナワからの証言』, 青木書店, 1991, 154면.
104 洪允伸編, 『戦場の宮古島と「慰安所」』, なんよう文庫, 2009, 86면.

'위안소'가 어떤 곳인지 "직감적으로 알았"다고 하는 것은 위화감을 자아내는 표현이다. 그도 그럴 것이 '조센삐'라는 경멸의 용어 안에 이미 그녀들이 어떤 이들인지를 규정하는 이미지가 내포되어 있기 때문이다. 오히려 '조센삐'라는 성적 차별 용어가 그들로 하여금 "직감"이 가능케 했다는 표현이 옳을 것이다.

> 지금 생각해 보면 제일 불쌍했던 것이 조선인이에요. 우리는 조센삐라고 불렀어요. (…중략…) 그들이 지나가면 조센삐, 조센삐라고 부르며 몇 번이고 그들 뒤를 쫓았죠.[105]

이 하마모토의 증언처럼, '조센삐'라는 말을 아무렇지 않게 던질 수 있었던 것은, 자신은 그들과 다른 존재이며, 서열상으로 위쪽에 자리함을 확인하는 행위이기도 했다. 따라서 훗날 불쌍하다는 표현 이면에는 조선인에 대한 모멸적 인식이 자리하고 있다고 할 수 있다. 아울러 "그들あれたち"이라는 용어는 섬말 '앗타라あったら(あいつら)ー'를 에둘러 표현한 것으로,[106] 형용하기 어려운 이질적인 존재와 거리감을 두려는 것으로 읽을 수 있다. "그들"이라는 용어로 그녀들을 경계 저편으로 내몰고, 불쌍하다는 표현으로 서열화를 꾀하는, 그러한 의식의 흐름이 증언을 통해 드러난다.

---

105 北谷町史編集事務局編, 『北谷町民の戦時体験記録集(第一集) 沖縄戦ー語ていいかな何時ぬ世までいん』, 北谷町役場, 1985, 38면. 하마모토 도요浜元トヨ의 증언.

106 '아이쓰라', '앗타라'에 관해서는 류큐어 연구자 가리마타 시게히사狩俣繁久 교수와 오키나와 민속학자 아카미네 마사노부赤嶺政信 교수의 도움을 받았다. 지면을 빌려서 감사를 전한다.

때로는 조선인 여성을 일본식 이름으로 부르는 경우도 있었다. 게라마 제도에 속한 자마미섬에도 조선인 '위안부'가 7명 끌려와 있었는데 주민들은 다음과 같이 회고하고 있다.

> 아아, [자마미섬에 '위안부'는] 7명. 도미요가 포주. 우리가 어떻게 알았
> 냐면 재봉을 할 줄 알았어. 장남 안사람이 말이오. 그리고 이 '조센삐' 도미
> 요 씨. 포주였어요. 아주 미인이었지.[107]

조선인 여성들은 '도미요' 등과 같이 일본식 이름으로 불리었다. 자마미섬 대장 우메자와 유타카梅沢裕도 이 7명의 조선인 '위안부'를 에이코エイコ, 이치마루イチマル, 사나에サナエ, 미치요ミチコ, 고나미コナミ 등과 같이 일본이름으로 기억하고 있다.[108] 그러나 "'조센삐' 도미요 씨"라는 표현에서, '도미요 씨'에서 '삐'라는 호칭으로 바꿔 부르고 있음을 확인할수 있다. '삐'든, 일본식 이름 '도미요'든, 거기에는 타자에 대한 존중은 찾아보기 어려우며, 밑바닥 깊은 곳에 모멸적 인식이 깔려 있었다.[109]

그리고 이러한 모멸적 인식은 일본군과도 공유되었다. 예컨대 우메

---

107 朴壽南 編, 『アリランのうた―オキナワからの証言』, 青木書店, 1991, 70~71면.
108 위의 책, 5면. 그 가운데 한 명은 미군의 폭격으로 사망하였다(『報告書』, 24면).
109 또한, 오키나와 주민들이 자신들을 비하하자, 조선인 '위안부'가 "조센삐에게도 천황은 오직 하나……"라고 응수하기도 하였다고 한다. 나하시 가키노하나쵸垣花町에 있던 '위안소'에서, "서툰 일본어로", "시간, 시간, 빨리 나가!", "조센, 조센이라고 바보 취급하지 마!"라는 소리가 새어나오기도 했다고 한다(古賀徳子, 「沖縄戦における日本軍「慰安婦」制度の展開(3)」, 日本の戦争責任資料センター, 『季刊戦争責任研究』, 2008, 28면, 하마가와 쇼야濱川昌也의 증언). 인간적 모멸감을 표출하기 위해 표현이 자유롭지 않은 언어, 제국 일본이 교육한 일본어를 사용할 수밖에 없었던 동시대의 사정이 잘 드러나 있다. 실제 당시 오키나와에서는 주민의 '스파이 행위'를 막는다는 구실로 '표준어' 이외의 말은 일체 허용하지 않았다.

자와 유타카는 조선인 '위안부'와 '군부'에 대해 "우리들은 그런 부류의 사람들을 보고, 비하하기보다 불쌍히 여겼다고 할까"라며 '전후'에 들어 회고하고 있다[110] "불쌍히 여겼다"고 하는 시선 역시 "비하하기보다"라는 우메자와 자신의 말에 위배되는 것으로, 상대와 자신을 구분하고 그 아래에 상대방을 자리매김하는 인식이 바탕에 깔려 있다. 앞서 하마모토의 불쌍하다는 표현이나, 우메자와의 가엾다는 표현은 모두 같은 맥락의 발언이라고 할 수 있을 것이다.

거기다 모멸적 인식은 '조센삐'라고 부르며 경멸하는 것에 그치지 않고, 돌을 던지거나 하는 직접적인 폭력을 유발하기도 했다. 나아가 미야코섬에서는 조선인 '위안부'와 "육체적 관계도 있었"다고 하는 남성 주민의 증언[111]에서 보듯 강간당한 사례까지 보인다. 오키나와인들은 '보호받는 자' / '보호받지 못하는 자'라는 경계선을 수동적으로 받아들이기만 한 것이 아니라, 조선인 여성에 대한 호칭이나 실제 폭력행사를 통해 적극적으로 경계를 그어 간 것으로 볼 수 있다. 그것은 군이 '위안소'를 설치하면서 그어놓은 경계선을 주민들이 능동적으로 보강해간 것에 다름 아니다.

조선인 여성뿐만이 아니라 오키나와 여성들도 성폭력에 노출되어 있기는 마찬가지였다. '주리ジュリ'라고 불리던 유곽 여성들도 일본군 '위안부'로 끌려갔고,[112] 일본군에 의한 '사적 위안부 사냥私的慰安婦狩り'(다카자토 스즈요高里鈴代)이 오키나와에도 빈발했다. 다음 증언은, 오키나와 여성들도

---

110 朴壽南編, 『アリランのうた－オキナワからの証言』, 青木書店, 1991, 26면.

111 洪允伸編, 『戦場の宮古島と「慰安所」』, なんよう文庫, 2009, 160면.

112 오키나와의 쓰치유곽辻遊郭 여성이 '위안부'가 되는 내용의 소설로 후나코시 기쇼船越義彰의 「위안소의 소녀慰安所の少女」(『新沖縄文学』第31号, 1976)가 있다.

강간과 '위안부'의 공포로부터 결코 자유롭지 않았음을 잘 보여준다.

> 지요チョ 언니가 "우리도 조센삐처럼 되는 게 아닐까"라고 말하자, 모두 큰일이라고 걱정하며, (…중략…) 나도 그때부터 두려워지기 시작해서 (…후략…)[113]

'위안부'가 된다는 것 자체가 여성들에게는 공포였을 터다. 이에 더하여 정신적인 이상을 보이거나, 머리를 산발하고 "아리랑, 아리랑, 아라리요"를 노래하는 조선인 '위안부'가 있었다는 증언도 있는데, 이러한 광경을 목격한 주민은 더욱 강한 공포감을 느꼈을 것이다.[114] 미군에게 잡혀간 여성은 강간당하고 살해될 것이라는 일본군의 위협적인 말들도 공포감을 증폭시켰다. 이처럼 오키나와 여성도 '위안부'와 강간의 공포로부터 멀리 떨어져 있지 않았다. 그렇다고 해서 "조센삐처럼 되는 게 아닐까"라는 발언에서 보듯, 불안감이 고조되는 가운데에서도 여전히 주민들은 자신들보다 하위에 조선인 '위안부'를 자리매김하고 있음을 간파할 수 있다. 이와 관련하여 '위안부'로 동원된 조선인을 "병사들을 대접하는"[115] 사람으로 여기거나, 조선인 여성들이 자진해서 매춘하는 것으로 보는 시선이 존재하였는데, 이것은 달리 말하면 자신들

---

113 浦添市史編集委員會編, 『浦添市史 第五卷 資料編4 戰爭體驗記錄』, 浦添市教育委員會, 1984, 132~133면.
114 城辺町史編纂委員會編, 『城辺町史 第二卷 戰爭體驗編』, 城辺町役場, 1997, 459면. 가비라 후지川平フジ의 증언.
115 読谷村史編集委員會編, 『読谷村史 第五卷 資料編4 戰時記錄 下卷』, 読谷村役場, 2004, 632면. 후쿠치 기미코福地喜美子의 증언.

이 '보호받는' 쪽임을 확인하는 일이기도 하였다. 조선인 '위안부'들에 대한 주민들의 자의적인 규정은 수동적 · 능동적 환경 속에서 만들어진 것이다.

지금까지 오키나와인과 '위안부'의 관계를 살펴보았다. 정리하자면, 강제연행 되어 죽음의 위기에 노출되었던 그녀들의 처지를 이해하지 못하고 오로지 '일본군'이라는 필터를 통해서만 주민들에게 전달되었던 것, 그리고 '보호받는 여성' / '보호받지 못하는 여성'이라는 경계선이 조선인 여성과 오키나와 여성 사이에 그어져 있었던 것, 또 오키나와 사람들이 그 선을 긋는 데에 능동적으로 가담한 정황 등을 지적하였다. 여기서 주목해야 할 것은, 군=가해자, 주민=피해자라는 단순한 이항대립구도가 더 이상 성립하지 않는다는 사실이다. 그것은 남성에게만 성폭력 가해책임을 물을 것이 아니라 오키나와 여성에게도 물어야 함을 의미한다. 군의 존재가 근본적인 문제라고 하더라도 군과 주민 사이에 암묵적인 합의가 있었고, 그 결과 주민들이 '보호받지 못하는' 조선인 여성들을 성폭력이라는 사태로 몰고 가는, 식민주의적 위계질서 관계가 조선인과 오키나와인들 사이에 성립하게 된 것이다.

여기에 더하여 남겨진 증언들을 신뢰한다면, 좀 더 복잡한 관계가 성립한다. 1945년 5월 초, 제32군 제6갱도 입구에 '우에하라 도미上原トミ'라는 여성이 '스파이' 혐의로 연행되어 왔다. 방공호 안에는 병사, 오키나와 주민, 그리고 조선인 '위안부'가 있었다. 헌병이 "스파이를 지금부터 처형하겠다"라고 선고한 후, 우에하라를 전신주에 묶었다. 이때 총검을 쥔 자는 조선인 '위안부'였다.

위안부가 헌병의 "다음" "다음"하는 명령에 맞춰 순서를 바꿔가며 총검을 도미 씨에게 찔렀다. 헌병은 이어서 끈을 자르고 도미 씨를 앉혔다. 소위인가 중위였다. "나는 총검은 별로야"라고 말하며 일본도를 빼냈다. 그 군인은 도미 씨의 등 뒤에 서서 검을 상단부터 내리꽂았다. 두 번째에 목이 떨어져 나갔다. 그때였다. 주위에서 지켜보던 병사와 철혈근황대鉄血勤皇隊 몇 명인가가 모여들어 흙덩이와 돌을 도미 씨에게 던졌다. 더 이상 인간이 아니었다. 전쟁의 소용돌이가 절정에 달했을 때, 벗을 잃은 자들이 "너 때문이야"라며 도미 씨의 사체를 덮쳐왔던 것이다.[116]

위의 증언에 대해서는 검증이 필요할 것이다. 그런데 이것이 실제 일어난 일이라면, 전쟁이 인간의 정신을 어디까지 파괴할 수 있는지, 또 위계질서 말단에 자리한 피해자를 어떻게 부리는지 생생하게 전달해 준다. 차별을 아래로 전가하는 식민지주의 구조는 말단에도 가해를 강요하는 장치가 장착되어 있었던 것이다.

마지막으로 '위안부'가 '군부'보다 더 가혹한 위치에 놓여 있었다는 사실도 지적할 필요가 있다. 조선인 '군부'도 '위안소'를 드나들었을 가능성이 있기 때문이다. '군부'였던 김원영은 오키나와 본섬 북부 나고에서 조선인 '위안부'인 '사다코貞子'와 만나게 된다. 김 씨는 그녀와 대화를 나누던 중 그녀의 신상에 대해 알게 되고 호감을 느껴 자신의 '여동생'이 되어 달라고 부탁했다고 한다.[117] 김 씨는 외출허가가 있는 날

116 玉城村史編集委員会編, 『玉城村史 第六巻 戦時記録編』, 玉城村役場, 2004, 760~761면. 가와사키 세이고川﨑正剛의 증언.

117 金元栄・岩橋春美訳, 『或る韓国人の沖縄生存手記』, 『アリランのうた』製作委員会, 1991, 52~53면.

은 '군부'에게도 '돌격일번'이라고 하는 콘돔이 지급되었다는 것도 기술하고 있다. '군부'도 위안소 출입이 허가되었음을 의미한다.[118] 일본의 식민지지배가 근본문제겠지만, 조선인 남성도 성차별, 성폭력에 가담하고, 가해의 위치에 서게 되는 것이다. 김원영은 콘돔을 "풍선을 불어 날려버렸다"고 한다.[119] 그러나 그것으로 그의 가해성이 사라지는 것이 아니며, 식민지주의 질서가 바뀌는 것도 아니다. 식민지지배, 식민지주의, 오키나와 차별, 민족 차별, 남녀 차별이 모두 합쳐진 것이 오키나와의 '위안소'이며, 조선인 '위안부'인 것이다. 그런 점에서 식민지주의 위계질서는 민족과 인종을 선명하게 구분하는 것이 아니다. 서로 복잡하게 뒤엉켜있으면서 좀 더 하위에 자리하는 이들을 계속해서 만들어가는 시스템이라고 해야 할 것이다.

이처럼 군 / 주민, 일본인 / 오키나와인 / 조선인, 남 / 녀, 보호받는 / 보호받지 못하는, 가해 / 피해가 복잡하게 얽힌 관계 속에서 '위안부'의 존재가 규정되어 갔다. 병사와 '군부', 그리고 때에 따라서는 일반 주민의 '위안'을 위해 그리고 오키나와 여성의 '강간 방지'를 위해 연행되어 온 조선인 여성들은 아는 사람 하나 없어 '주리'처럼 폐창 서류廃娼届け를 제출하지도 못하였다. 그런 점에서 그녀들은 가장 종속적인 위치에 놓여 있었다고 할 수 있다. 결과적으로 '위안부'로 끌려온 여성들은 그 어

---

118 '위안소'가 있던 장소에 대해서는 일본 병사만이 아니라, 조선인 '군부'도 오키나와인 인부도 이용 가능했음은 고가 도쿠코古賀德子도 기술하고 있다(古賀德子,「沖繩戰における日本軍「慰安婦」制度の展開(2)」, 日本の戰爭責任資料センター, 『季刊戰爭責任硏究』 제61호, 2008, 67면).

119 金元榮・岩橋春美訳, 『或る韓国人の沖繩生存手記』, 『アリランのうた』製作委員会, 1991, 54면. 또 훗날 가필한 1992년판 『朝鮮人軍夫の沖繩日記』(三一書房)에는 콘돔을 처리하는 '사다코貞子' 이야기가 등장한다.

떤 경계선에서도 갈 곳을 찾지 못한, 근원적으로는 '보호받지 못하는' 사람들이었던 것이다. 그리고 어디에도 소속되지 못하고 거기에 존재함에도 존재하지 않는 사람으로, 즉 불가시화 된 존재로 간주되었던 것이다.

3. 조선인과 오키나와인들의 위계질서를 넘어선 관계

마지막으로 식민지주의 위계질서로부터 일탈한, 사지에 있으면서 오키나와 주민과 조선인이 나누었던 교류에 대해 살펴보고자 한다. 예컨대 기아에 허덕이던 조선인이 오키나와인에게 아버지의 유물인 손목시계와 주먹밥을 교환하자고 제안하자, 시계는 받지 않고 주먹밥을 건넨 이도 있었다. 물론 그 오키나와인도 굶주리긴 마찬가지였다. 그러한 광경이 오키나와 제도 각지에서 펼쳐졌다.

> 우리는 돼지를 키우고 있었기 때문에 먹이로 고구마를 냄비 가득 넣고 끓이고 있었다. 이것을 본 (조선인) 군부들이 "먹어도 될까요?"라고 묻기에 "드세요"라며 나눠주었다.[120]

이 '군부'는 바지와 상의 주머니 한가득 고구마를 채워 넣고 또 입안

---

120 名護市教育委員会文化課市史編さん係編, 『名護市史叢書17 語りつぐ戦争 第3集―市民の戦時・戦後体験記録』, 名護市教育委員会, 2012, 67면. 나가미네 마사키長嶺将巳의 증언.

에 한가득 머금고 자리를 떴다. 급한 대로 굶주림은 면했을 것이다. 군에는 비밀리에 이루어졌던 오키나와 주민과 조선인의 목숨을 건 교류였다.

또한 아이러니하지만, 식민지 종주국 언어인 일본어가 가능했기에 조선인만이 아니라 오키나와 사람들도 구제받을 수 있었다. 물론 일본어를 말하지 못하는 조선인도 있었고, 말한다고 하더라도 수준 차이가 있었다. 실력이 뛰어나지 않더라도 일본어를 구사할 줄 알면 공복을 채울 수도 살아남을 수도 있었던 것이다.

아카섬에서는 간접적으로나마 조선인 '군부'가 주민의 '집단자결'을 짧은 일본어 대화로 멈추게 한 일도 있었다. 나카치仲地 일가가 '집단자결'을 결행하기로 한 어느 날, 딸 나카치 가즈코仲地和子는 목이 너무 말라 죽기 전에 물을 마시러 수돗가로 향했다. 거기서 조선인 '군부'와 마주쳤다.

> 나는 너무 목이 말라 [숨어있던 산] 아래 쪽으로 물을 마시러 내려갔어요. 거기에 마침 조선인 군부가 있기에 마을 사람들은 어떻게 하고 있는지 물어보았어요. 그랬더니 모두 살아있다는 거예요. 우리는 거기서 희망을 찾았어요. 죽는 건 바보 같은 일이라는 생각이 들어 (…후략…)[121]

일본어가 통했던 것이 나카치 일가에게 살아야 한다는 '희망'을 주었고 목숨을 건지게 한 것이다. 그야말로 극한 상황, 생사의 기로에서

---

121 沖縄県教育委員会編, 『沖縄戦記録』 2, 721면. 나카치 가즈코仲地和子의 증언.

나눈 대화였다. 그 후 나카치 일가는 마을 사람들과 합류하여 전쟁에서 살아남았다(그러나 이들 조선인은 그 후 어떻게 되었는지 모른다).

조선인과 마주친 오키나와 사람들 중에는 식량을 건네거나 짧은 대화에 머물지 않고 친분을 나눈 사람도 있었다. 다케토미섬竹富島에 사는 나카하라 마사아키仲原正明의 아버지는 조선인과 깊은 교류를 나누었다고 한다.

> 그 조선인 중에는 아버지와 매우 깊은 교류를 나누었던 사람도 있었다. 아버지는 그를 박 씨라고 불렀다. 박 씨는 일본어도 잘했다. (…중략…) 가족 모두가 말라리아에 걸렸을 때 박 씨가 집에 와서 식사를 챙겨주며 간병해주었다. 또 방공호를 팔 때 사용하는 다이너마이트로 잡은 물고기를 가져와 함께 요리해 먹기도 했다.[122]

말라리아 환자를 간호하는 일은 용기가 필요한 일이었고, 다이너마이트로 물고기를 잡는 일 또한 위험을 감수하는 일이었다. 그러나 '박씨'는 일본어에 능통했기 때문에 위험을 감수하면서까지 나카하라 일가와 두터운 관계를 맺을 수 있었던 것이다.

나카하라 일가 외에도 조선인 '군부'와 친분을 맺었던 이는 또 있다.

> 고하마小浜에 와있던 조선인은 모두 훌륭한 사람들이었다. 또 쌀이나 콩을 수확하는 일을 도와주었다. 우리 집에는 5, 6명의 조선인이 자주 드나들었다.

---

122 竹富町史編集委員会町史編集室編, 『竹富町史 第十二巻 資料編 戦争体験記録』, 竹富町役場, 1994, 250면. 나카하라 마사아키仲原正明의 증언.

물론 먹을 것이 필요해서였을 테지만 특히 박 씨랑 김 씨와 친하게 지냈다.[123]

'박 씨'와 '김 씨'는 고하마섬이라는 사키시마 제도의 작은 섬에서 군 작업에 종사하면서 나카하라 일가의 쌀과 콩 수확 일도 도왔던 모양이다. 잠시나마 전시와 동떨어진 평화로운 풍경이 시선을 끈다. "먹을 것이 필요해서였을" 것이라는 냉철한 시선에서 알 수 있듯, 조선인 '군부'와 오키나와 사람들 사이에는 뛰어넘기 힘든 벽이 존재한 것은 사실이다. '박 씨' 그리고 또 다른 '박 씨'와 '김 씨'는 다케토미섬과 고하마섬과 같은 작은 섬에 배속되었기 때문에 지역 주민과의 교류가 가능했을 것이다. 그 후 '박 씨' 등은 "여러모로 감사했습니다"라는 인사를 남기고 소속 부대와 함께 타이완으로 이동해 갔다.[124] 1944년 11월에 타이완으로 옮겨간 제9연대 소속이었을지 모른다.[125] 이처럼 양측의 교류가 오키나와 제도에 얼마나 있었는지는 좀 더 조사를 해야겠지만 아마도 각지에 있었을 것으로 추정된다.

또한 오키나와전쟁이 한참이던 때, 조선인 '위안부'의 고통을 자신의 일처럼 느꼈던 오키나와인도 포착된다.

---

123 沖繩縣敎育委員會編, 『沖繩戰記錄』 2, 138면. 나카하라 세이토쿠仲原淸德의 증언.

124 위의 책.

125 이와 관련하여 덧붙이면, 조선인을 도운 일본 병사도 있었다. '소네曽根 일등병'은 그중 하나였다. '소네 일등병'은 오구라 부락 출신으로, 일본에서 마이너리티에 속한다. 또, 이미 퇴각하는 상황에서 조선인들에게 살아남는 법을 전수한 일본인 오장伍長(하사관)도 있었다. "반도 사람들은 미군에게 붙잡히면 "아이, 코리아"라고 말하면 살려줄 것이다. 그렇게 말하도록"이라고 이 말에 조선인들도 함께 도망갈 수 있는 곳까지 협력하자고 했다고 한다(海野福壽·權丙卓, 『恨－朝鮮人軍夫の沖繩戰』, 河出書房新社, 1987, 203면). 오장의 조언을 잘 새겨들은 조선인들은 미군의 포로수용소시설에서 살아남았다. 그런데 이것을 미담으로 여길 수만은 없을 것이다. 조선인이 연행되지 않았다면 이러한 에피소드 자체가 없었을 것이기 때문이다.

더 이상 못 참겠어. 병사가 [위안소에] 줄지어 서 있는 모습을 보자니, 너무 싫어 견딜 수가 없어. 나 좀 구해줘! 라고 외치고 싶은 기분이었다.[126]

구가이 요시코久具吉子는, '위안소'에 줄지어 서 있는 병사들의 모습에서 참기 힘든 고통을 느끼는 데에 그치지 않고, '위안부'와 자신을 온전히 동일시하고 있다. '보호받지 못하는' 불안감에서 한 발 더 나아가, '위안부'의 고통을 깊이 이해하고, 그것을 자신의 아픔으로 승화시킨 보기 드문 사례라고 하겠다. 구가이의 다음 증언은 이 책의 관점을 선명히 하는 데에 도움을 준다.

오키나와 여자들은 피해자라고 말하는데 가해자라고 생각해요. 민족차별. 일본인이라는 이름으로 식민지에서 연행되어 온 사람들에게 말이에요. 부끄러운 일이죠. 나는 전쟁에 참가한 것이나 마찬가지라고 봅니다. 그리고 군 안에서도 차별하는 것을 보았고, 그녀들이 나를 대신했다는 자책감도 갖고 있어요.[127]

물론 오키나와 여성들에게만 가해책임을 물을 수는 없다. 그러나 자신의 책임을 솔직하게 인정한 것은 인상적이다. "나 좀 구해줘!"라는 외침은 자신도 전쟁에 대한 책임이 있음을 자각한 외침이기도 하다. "나 좀 구해줘!"라는 외침은 분명 구가이와 그녀가 목격한 '위안부'를 겹쳐 볼 때 가능한 것이며, 질서의 말단에 스스로를 자리매김할 경우에

---

126 洪允伸編, 『戰場の宮古島と「慰安所」』, なんよう文庫, 2009, 152면.
127 위의 책, 153면.

가능한 외침이기도 하다. 그것은 이향異鄕과 오키나와의 경계선을 넘어 식민지주의의 질서를 흔드는 가능성을 내포한 것이기도 하다.

지금까지 오키나와전쟁 당시의 조선인, 즉 '군부'와 '위안부', 그리고 오키나와전쟁이 발발하기 이전부터 생활해 온 조선인에 대해 살펴보았다. '조선인'이라는 존재를 생각할 때, 오키나와전쟁에서 미군 / 일본군 / 오키나와 주민이라는 관계만 존재했던 것은 아니다. 오키나와 주민 역시 피해자의 위치에만 놓여 있었던 것은 아니다. 좀 더 직접적인 피해를 입은 위치에 놓였던 조선인, 거기에는 일본군만이 아니라 오키나와 주민도 가해자로 가담하게 되었던 정황들이 존재한다. 그것은 그야말로 식민지주의가 오키나와에도 영향을 미쳤음을 예증하는 것이다. 그리고 조선인 '군부'든, 조선인 '위안부'든, 그리고 전쟁 이전부터 거주하던 조선인이든, 오키나와 사람들 이상으로 죽음 앞으로 내몰렸던 원인은 바로 그 식민지주의에 기반을 둔 서열에 다름 아니다.

더 나아가 조선인을 향한 병사와 오키나와 사람들의 시선, 그리고 실제 어떻게 대하였는지를 살펴보면, 군대 내, 오키나와 사회 내에서 조선인이 놓인 위치가 제각기 달랐음을 알 수 있다. 조선인이 모두 같은 처지에 놓였던 것은 아니었고, 그 가운데에서도 좀 더 심각한 피해를 입은 자가 있었다는 것이다. 특히 조선인 여성은 미군, 일본군, 오키나와 사람들, 그리고 조선인 남성들로부터 피해를 입을 수밖에 없는 위치로 내몰렸다. 그것은 군과 주민 사이에 경계선이 있고, 또 조선인과 오키나와 사람들 사이에도, 여성들 사이에도, 그뿐만이 아니라 남성과 여성 사이에도 경계선이 그어졌기 때문이다. 그 결과, 가해와 피해의 구조가 복잡하게 뒤엉켜, 조선인이라고 하더라도 피해자에서 때로는 가해자가 되는, 차별과 폭력이 하부로 이양되어 가는 상황이 오키나와에 발생하게 된 것이다. 그리고 이 피해자를 가해자를 뒤바꿔버리는 구도로 인해 조선인 여성에게 더욱 심각한 피해가 가해지게 된다. 따라서 이 복잡한 구조를 단순하게 가해 / 피해라는 틀로 회수해 버릴 때, 그 복잡함 속에 놓인 조선인들이 보이지 않게 된다.

또 다른 한편에서는, 식민지주의 질서가 가로놓인 상황 속에서도 조선인과 오키나와 사람들 간의 교류가 이루어지고 있었다. 위계질서가 존재했기 때문에 끊어지기 쉽고, 견고하지 못했을지언정 경계선을 넘어 식민지주의 질서에 균열을 일으키는 존재가 있었던 것이다. 이러한 연대가 만들어내는 질서를 교란시키는 틈은, 제32군이 가는 곳마다 파 놓은 호壕와 지하통로와는 다른, 조선인과 오키나와 사람들이 공유하는 비밀통로였다. 그리고 이 틈새를 비집고 나와 은폐되었던 기억들을 분출시키는 것은 1960년대 중반 이후의 일이다. 오키나와전쟁 당시 존재했던 가늘고 얇은 연대의 끈이 20년이라는 세월을 거쳐 발견되고, 오키나와전쟁에 대한 물음들이 제기되는 가운데 나타나게 되는 것이다. 이러한 것을 언급하기에 앞서 다음 장에서는 오키나와전쟁 이후 1950년대에 조선인들이 어떠한 상황에 놓이게 되는지 살펴보도록 하자.

2장

조선인들의 '전후'

수용 · 귀향 · 잔류

제32군사령관 우시지마 미쓰루牛島満가 자결하는 6월 23일은, 일본군의 조직적인 저항이 종결된 날로 오키나와에서는 '위령의 날'로 기념하고 있다. 그런데 실제로 6월 23일 이후에도 일본군 패잔병과 미군 사이에서 산발적인 총격전이 오키나와 각지에서 벌어졌다. 또한 8월 15일 '옥음玉音 방송' 역시 치열한 전투가 계속되었기 때문에 오키나와에서는 일부 사람만 정보를 들을 수 있었다. '6월 23일'이든 '8월 15일'이든 오키나와전쟁은 종결되지 못하였던 것이다. 오키나와 땅에서 미일 간의 항복조인식이 이루어진 것은 '9월 7일'이었다.

오키나와의 경우, '전시'에서 '전후'로의 전환이 단번에 이루어진 것이 아니라, '전시' 공간 안에 '전후'가 서서히 찾아왔다. 완전한 전쟁 종결이 이루어지기 이전부터 미군이 설치한 수용소가 '전시'이면서 '전후'로 기능했기 때문이었다. "오키나와의 전후는 수용소에서 시작되었다"라고 일컬어지는 것은 그 때문이다.

이처럼 뒤얽힌 '전시'와 '전후'는, 8월 15일을 기점으로 '전후'로 규정하는 일본 '본토' 중심 시야에 의문을 던지고, 또 다른 '전후'가 있음을 상기시킨다. 그러나 이 장에서 주목하고 싶은 것은 오키나와의 '전후' 밑바닥에 은밀하게 가라앉아 있는 조선인들의 '전후'에 대한 이야기다. 그것은 오키나와 안에서 조차 망각되어지고 불가시화된 '전후'이기도 하다.

이 장에서는 오키나와전쟁 종결 이후, 주로 1950년대 오키나와를 살아간 조선인의 '전후'에 대해 살펴보고자 한다.[1] 미리 언급해 두자면, 살아남은 조선인들 대부분은 오키나와인과 마찬가지로 미군 수용소에 수용되었다가 고향으로 돌아가게 된다. 그러나 오키나와에 그대로 남은 조선인도 많지는 않지만 존재했다. 오키나와에 남은 이들은 미군 통치하의 불합리한 법제도로 인해 존재 자체가 보이지 않게 되고, 결과적으로 이야기하지 못하는 '전후'를 살아가야 했다.

---

1 이 시기 오키나와인들의 정치적 동향과 오키나와전쟁 직후의 민주화 운동에 대해서는 와카바야시 지요若林千代의 『지프와 모래먼지 ― 미 점령하 오키나와의 정치사회와 동아시아 냉전 1945~1950ジープと砂塵―米軍占領下沖縄の政治社会と東アジア冷戦 1945~1950』(有志社, 2015)을 참고 바람.

1. 미군의 점령정책 속 조선인들

미국을 주축으로 한 연합군의 오키나와전쟁 작전명은 '아이스버그작전Operation Iceberg'이라고 명명되었다. 오키나와를 일본 '본토'로 침략하기 위한 거점으로 삼아 이른바 빙산Iceberg의 일각으로 간주했던 것이다.

게라마 제도 상륙 후인 1945년 3월 31일, 미태평양함대사령관 겸 난세이 제도 군정부 장관인 니밋 체스터 해군 원사元帥는 '니밋 포고'라고 불리는 해군군정포고海軍軍政布告 제1호를 발령한다.

> 일본 제국의 침략주의와 미국을 향한 공격 탓에 미국은 일본과의 전쟁 수행이 불가피해졌다. 더욱이 이들 제도의 군사 점령 및 군정의 시행은 우리가 군 전략戰略을 수행하는 데에도 또 일본의 침략력侵略力을 파괴하고 일본 제국을 통치하는 군벌을 파멸하는 데 필요한 사안이다. 치안유지 및 미군, 그리고 거주민의 안녕복지의 확보 상 점령하의 난세이 제도 가운데 오키나와 본섬 및 다른 섬, 그 근해에 군 정부를 설립할 필요가 있다.[2]

총 세 가지 사안이 피력되고 있다. 즉 '일본 제국'과 전쟁을 하는 이유, "일본의 침략력"과 "군벌"을 파괴하기 위해서는 오키나와를 포함한 난세이 제도를 점령할 필요가 있다는 것, 그리고 오키나와 제도의 "치안유지"와 미군과 도민의 "안녕복지 확보"를 위해 "군 정부"를 설립할 것이 그것

---

2   沖縄県文化振興会公文書館管理部史料編集室, 『沖縄県史 資料編一四 琉球列島の軍政一九四五－一九五〇 現代二(和訳編)』, 沖縄県教育委員会, 2002, 79면.

이다. 이와 같은 포고가 내려짐으로써 오키나와에 대한 일본의 시정권은 정지되고, 대신 미군에 의한 점령행정이 펼쳐지게 된다. 오키나와 각지에 설치된 수용소 역시 군벌과 동시에 점령을 추진하는 '교전 중 군사점령'(『허그육전법규』조약부속서 제3관款)이라는 이 포고를 근거로 한 것이었다.

수용되는 조선인들

미군은 상륙 후, 오키나와 제도를 십수 개의 구역으로 나누어 오키나와 본섬과 이도 각지에 포로수용소 40여 곳을 설치하였다. 오키나와 본섬에는 다이라田井等, 지넨知念, 고자コザ, 마에바라前原, 이시카와石川, 세타카瀬高, 간나漢那, 기노자宜野座, 고치야古知屋, 오우라사키大浦崎, 헨토나辺土名, 헤이안자平安座 등지에 수용소가 세워졌다. 사이판과 테니안, 마리아나 제도에도 수용소가 설치되었다. 그 때문에 조선인 '군부'나 '위안부', 그리고 대부분의 오키나와인과 일본군이 그러했듯 수용소에서 '전후'를 맞이하게 된다.

수용소라고 하면 일반적으로 높은 철망에 둘러싸인 시설을 상상하기 쉽지만 그렇지 않았다. 낮은 말뚝과 철조망으로 드넓은 들판을 둘러치고 그 안에 텐트를 촘촘하게 세워 넣었다. 참고로 말론 브란도, 교 마치코京マチ子가 주연으로 등장하는 영화〈8월 15일 밤의 찻집八月十五夜の茶屋〉은 바로 이 오키나와 수용소를 무대로 한 것이다.[3]

---

3   원작 소설은 일본어로 번역되었다. ヴァーン・スナイダー著・梓澤登訳,『八月十五夜の茶屋—沖縄占領統治1945』, 彩流社, 2012.

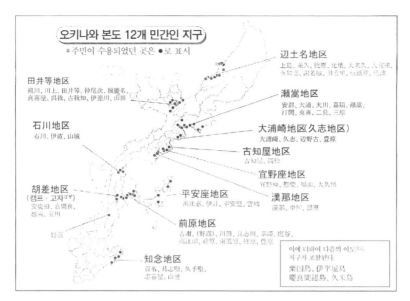

오키나와 각지에 설치된 수용소
読谷村史編集委員会編, 『読谷村市史 戦時記録(下巻)』, 読谷村(沖縄県), 2004, 275면

야카屋嘉(石川) 수용소 모습
沖縄タイムス社編, 『庶民がつづる沖縄戦後生活史』, 沖縄タイムス社, 1998, 13면

영화 〈8월 15일 밤의 찻집〉 팸플릿

수용소는 미군 헌병Military Police이 상시 감시를 하고, 출입이 엄격히 규제되었다. 낮에도 통행이 제한되었다.[4] 다른 한편에서는, 수용소에서 연극이나 스모, 야구, 배구 등 각종 스포츠대회를 개최하고 신문(『沖縄新聞』)[5]을 만들기도 했다. 수용소 내에서만 발행되던 『오키나와신문沖縄新聞』은 『우루마신보うるま新報』(훗날 『류큐신보琉球新報』)로 이어지는데, '전후' 두 번째로 창간된 신문이다.

수용소에 따라서는 '메이어Mayor'라고 불리는, 미군과 주민을 이어주는 역할을 담당하는 자가 상주하였고, 수용된 오키나와 주민 가운데 선발했다. 그 외에도 '한초(반장)'와 이른바 '씨피CP=Civilian Police', 즉 '민정경찰'을 오키나와 주민 가운데 선출하였다.[6] 수용소는 어떤 면에서는 '마을' 기능을 겸하는 것이기도 했다.

다음 인용문에서 수용소 내 생활을 들여다 볼 수 있다.

> 수용소 생활은 남성의 경우 미군의 작업보조는 물론 난민이 거주할 장방형 공동주택의 건설, 사체 매장과 화장실 건설이 주된 일이었고, 여성의 경우는 부족한 식량을 보충하기 위해 미군 헌병의 보호 아래 대열을 이루어 근처 마을과 밭으로 먹을 것을 찾아다니는 일이 많았다.[7]

---

4   그런데 극심한 식량 부족으로 미군의 외출금지령을 무시하고 식량을 구하러 밖으로 나가는 이들이 속출했다(鳥山淳, 『沖縄/基地社会の起源と相克 1945~1956』, 勁草書房, 2013, 26면). 아울러 낮 동안 자유통행이 부분적으로 허가되는 것은 1946년 5월부터다.
5   『오키나와신문』은 제7호까지 야카 수용소에서, 제8호부터 가데나 수용소에서 간행되었다.
6   沖縄タイムス社編, 『沖縄の証言―激動の25年誌 上巻』, 沖縄タイムス社, 1971, 79면.
7   沖縄タイムス社編, 『庶民がつづる 沖縄戦後生活史』, 沖縄タイムス社, 1998, 22면.

가데나 수용소에서 발행된 『오키나와신문』
1946년 10월 18일자, 제25호

그 외에도 미군의 명령을 받아 물자를 실어 나르고, 수도를 건설하고, 도로를 개척하고, 일본군의 무기와 포탄을 바다에 투기하는 일 등을 수행하였다.[8] 그런 작업을 수행하는 한편, 배급받은 물자로 생활을 이어갔다.

오키나와로 연행되어 온 조선인들에게로 시선을 옮겨보자. 그/그녀들은 야케나屋慶名와 자마미座間味섬 등의 수용소에 우선 수용되었고, 이후 본섬 북부에 있는 야카屋嘉(石川) 수용소에 집결되었다. 공식적인 기록은 찾을 수 없지만, 야카 수용소에 수용되었던 조선인 수가 100~3,000명 정도라며, 커다란 차이를 뭉뚱그려 추산한 증언이 보인다.[9] 예컨대 조선인들이 만든 〈아카섬의 비극阿嘉島の悲劇〉이라는 제목의 연극이 수용소에서 상연된 적이 있는데, 여기에 천여 명 정도의 '동포'가 몰렸다는 증언도 있다.[10]

조선인들이 다수 수용되었던 야카 수용소를 회상한 증언도 남아 있다. '옥쇄' 작전을 입안한 제32군의 3인자 야하라 히로미치八原博道는 '난민'으로 분장하여 도주했는데, 결국 미군에게 발각되어 야카 수용소에 수용되었다. 야하라는 야카 수용소와 그 안에 있던 조선인들에 대해 다음과 같이 기술하고 있다.

---

8   鳥山淳, 『沖縄／基地社会の起源と相克 1945~1956』, 勁草書房, 2013, 18면 참조.

9   예컨대, 『報告書』, 11면과 沖縄兵站記録会編, 『沖縄兵站本部の記録』, 25면; 金武町史編さん委員会編, 『戰後五〇周年金武町平和推進事業報告書』, 『戰後五〇周年金武町平和推進事業報告書－屋嘉捕虜収容所を通して考える平和と沖縄戦・世界の収容所と難民』, 金武町役場, 1996, 44・59면.

10   이것은 김원영의 1992년판 『조선인 군부의 오키나와 일기朝鮮人軍夫の沖縄日記』(三一書房, 1992, 183면)에 추가된 내용이다.

수용소는 장교 캠프 1개소, 인원 약 5백. 하사관 캠프 1개소, 인원 약 1천 5백. (…중략…) 오키나와 병사 캠프 2개소, 인원 약 2천. 조선 병사 캠프 1개소, 인원 1천 명 등 총 1만 명이 입소해 있었다. (…중략…) 장교와 하사관과 병사, 일본인과 오키나와 출신 및 조선인 병사 사이에 약간의 트러블이 발생하기도 했지만 대체로 평온한 나날이었다. (…중략…) 10월 무렵, 오키나와 출신자는 고쿠바国場 수용소로 이동하고, 또 조선인 병사도 어느 틈엔가 모습을 감추어 (…후략…)[11]

또한 조선인 '군부'였던 김원영은 야카 수용소를 다음과 같이 묘사하고 있다.

[야카] 수용소에는 조선인, 일본인, 오키나와인 등, 민족별로 수용되었다. 3종류의 철조망으로 둘러싸인 수용소는 수십 개의 망루가 있었는데, 거기에는 중기관총이 놓여 있었다. 공포를 자아내는 분위기에 휩싸여 있었다.[12]

야하라와 김원영의 수용소 내 대우는 달랐겠지만, 야카 수용소의 경우 일본인 병사, 오키나와 병사, 조선인들을 구분해서 수용했다는 증언은 일치했다. 이것은 야카 수용소 개략도에서도 확인할 수 있다.

각기 다른 동으로 구분되어 있었지만 수용소 내의 질서는 이전의 그

---

11   八原博道, 『沖縄決戦—高級参謀の手記』, 読売新聞社, 1972, 430면. 야하라 자신은 아직 작전 중이라고 믿으며 포로가 된 것을 부정했다. 참고로 야하라는 빈곤한 노후를 보냈다고 한다.

12   金元栄・岩橋春美訳, 『或る韓国人の沖縄生存手記』, 『アリランのうた』製作委員会, 1991, 92면.

것과 크게 달라지지 않았다. 수용된 일본인과 오키나와인의 증언에 따르면 미군은 조선인을 가장 우대했고, 다음은 오키나와인, 그리고 일본인은 적군으로 취급했다고 한다. 그 때문인지 조선인에게는 "맛있는 음식이 지급되었고 작업은 거의 하지" 않았다는 질투어린 증언도 남아 있다.[13] 수용소 안은 식민지주의 위계질서의 변화로 인한 초조함과 질투심이 흘러넘쳤다.[14]

조선인 중에는 수용된 후 '일본인 병사'라는 이름표를 떼고, '조선인'으로 되돌아간 이도 있었다. 야카 수용소에 수용된 일본인 병사 기도 다모쓰儀同保는 같은 부대 동료였던 '유무라金村'가 "환호성을 지르며" 자기 옆자리를 벗어나 조선인 무리로 끼어들어가는 모습을 복잡한 심경으로 바라봐야 했다고 한다. '유무라'는 '유金'라는 성을 가진 조선인이었던 것이다.[16] 수용소 안에서 비로소 자신을 찾게 된 것이다.

더 나아가 수용소에서는 '집단 구타' 사건이 빈발했다. 일본군 옛 부하들이 상관을 구타하기도 했고, 주민이 전시하 군인에게 울분을 토하거나 조선인의 보복성 구타도 있었다. 이 또한 입장이 변하면서 생긴 현상이었다.

---

13 위의 책, 15면. 마사오카 마사유키政岡政幸의 증언.

14 마타요시 에이키又吉栄喜의 「긴네무 집ギンネム屋敷」(『ギンネム屋敷』, 集英社, 1981)은 오키나와 여성을 성폭행한 죄를 조선인에게 뒤집어씌우는 오키나와 남성이 등장하는데, 수용소 체험으로도 읽을 수 있다.

15 金武町役場企画課編, 『戦後五〇周年金武町平和推進事業報告書ー屋嘉捕虜収容所を通して考える平和と沖縄戦・世界の収容所と難民』, 金武町役場, 1996, 20면.

16 儀同保, 『ある沖縄戦ー慶良間戦記』, 日本図書センター, 1992, 212면. 박수남의 인터뷰에 응한 기도는, '유무라'라고 하는 '유'라는 이름의 조선인 병사가 '동료' 중에 있었다고 기술하고 있다(『アリランのうたーオキナワからの証言』, 青木書店, 1991, 43면). '유무라金村'를 가리키는 것으로 보인다.

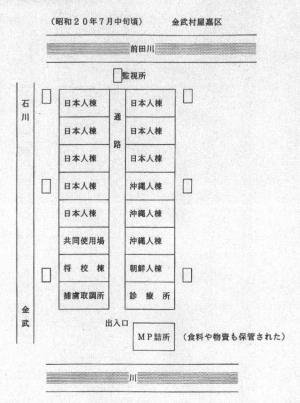

屋嘉捕虜収容所概略図

(昭和20年7月中旬頃)　　金武村屋嘉区

前田川

監視所

石川

日本人棟	日本人棟
日本人棟	日本人棟
日本人棟	日本人棟
日本人棟	沖縄人棟
日本人棟	沖縄人棟
共同使用場	沖縄人棟
将校棟	朝鮮人棟
捕虜取調所	診療所

通路

金武

出入口

MP詰所　（食料や物資も保管された）

川

文　（嘉芸小学校）

収容所の回りは二重の有刺鉄線で囲み、その間には有刺鉄線がらせん状に置かれていた。柵への出入口は北側寄りに一カ所で、中央でMPが検問していた。通路は約10メートルの幅で、その両側を8カ所区切り、計16区あった。診療所では平良進歯科医が捕虜の面倒を見ていた。共同使用場は主に炊事に使用していた。随分経ってから奥の突き当たりに給水塔ができ、水浴場が設けられた。

야카 포로수용소 개략도[15]

수용소 주위는 이중의 유자철선으로 둘러싸여 있고, 그 사이에는 유자철선이 나선 모양으로 설치되었다. 울타리로 들어가는 출입구는 북측에 한 곳이 있었고, 중앙에 MP가 검문했다. 통로는 약 10미터 폭이고, 그 양측을 8개로 구획하여 총 16구역이 자리했다. 진료소에서는 다이라 스스무平良進 치과의사가 포로를 진료했다. 공동 공간은 주로 취사장으로 사용되었다. 수용소 안쪽 끝에 급수대와 세면시설이 갖춰지는 것은 한참 지난 후였다.

전쟁 중 K섬 수비였던 이 병조장兵曹長은 섬사람을 멸시, 박해를 받았던 섬사람이 이를 갈던 차에 전쟁이 끝나고 운 나쁘게 K섬 젊은이의 눈에 띄어 이 지경[수용소 내 폭행]이 되었다. 이 사건은 한국인에게서 시작해 오키나와 쪽으로 전파되었고, 나아가 일본군 병사도 옛 상관을 폭행하거나 머리를 쓰다듬기도 했다. 한국인 캠프에서는 날마다 불러내 집단폭행을 하며 쌓이고 쌓인 울분을 풀었다고 한다.[17]

　'K섬'은 아마도 구메섬일 테고, 그곳의 '병조장'이라 함은 가야마 다다시일 것이다. 대장과 부하, 병사와 군속 관계가 무너지면서 "머리를 쓰다듬"는 행위가 수용소 여기저기서 벌어졌다. 또한 이케미야구시쿠 슈이는 수용소 안에서 '우메무라梅村 소좌少佐'라는 이가 조선인들에게 폭행을 당했다는 일화를 들려주었다.[18] 그런데 '우메무라 소좌'라는 발언은 자마미섬 대장 우메자와 유타카를 잘못 들었거나 헛소문일 가능성이 있다. 당시 우메자와는 하와이 수용소에 수용되어 있었기 때문이다. 조선인들의 보복 행위가 실제로 있었겠지만 이야기가 부풀려져 확대된 측면도 있는 듯하다.

　그런데 조선인들의 '전후'는 단순한 '해방'이 아니었다. 일본군으로부터 해방된 조선인들은 이번에는 미군의 명령으로 사체 처리라든가 비행장 건설 등에 동원되었기 때문이다.[19] 당시 수용소 내 남성 노동력 부족으로 조선인, 오키나와인, 일본인을 가리지 말고 동원하라는 명령

17　沖縄タイムス社編, 『庶民がつづる沖縄戦後生活史』, 沖縄タイムス社, 1998, 17~18면. 마쓰도 곤도松堂権助의 증언.

18　池宮城秀意, 『沖縄に生きて』, サイマル出版会, 1970, 173~174면.

19　『報告書』, 11면.

이 내려졌다고 한다. 다른 한편으로는 연합군최고사령부(GHQ)의 조선인 대책이 오키나와에도 반영된 정황을 확인할 수 있다.

1945년 6월, 중앙정보국CIA=Central Intelligence Agency의 전신인 전략국戰略局, OSS=Office of Strategic Services은, 『민정 가이드─재일 외국인Aliens in Japan』을 미국정부에 제출한다. 거기에는 조선인의 고용을 보장하고 연합군에도 필요하므로 그들을 탄광 등에서 중노동에 동원하는 것이 "바람직하다"고 기술되어 있다. 조선인은 "과중한 육체노동에 계속해서 단련되어 있기 때문"이라는 것이 이유 중 하나였다. 이와 함께 조선인을 '해방 국민'인 동시에 '적국인'으로 간주하는 내용을 담은 「일본 점령 및 관리를 위한 연합국 최고사령관에 대한 항복 이후의 초기 기본 지령日本占領及び管理のための連合国最高司令官に対する降伏後における初期の基本指令」,[20] 그리고 부족한 노동력을 일본군 포로로 메우려는 목적으로, 1946년 7월로 예정된 오키나와 포로송환을 돌연 연기[21]한 것은, 미군 역시 일본군의 강제사역을 답습하고 있었음을 의미한다. 실제로 귀향하기까지 대다수의 조선인들이 중노동에 차출되었다.

---

20 「日本占領及び管理のための連合国最高司令官に対する降伏後における初期の基本的指令」, 外務省編, 『日本占領重要文書』 第一巻 基本篇, 日本図書センター, 1989. 미국무・육군・해군성 조정위원회米国務・陸軍・海軍省調整委員会, SWNCC=State-War-Navy Coordinating Committee로부터 연합국 최고사령관SCAP=The Supreme Commander for the Allied Powers(맥아더를 가리킴)에게 발포된 이 지령에는, 타이완인, 조선인을 다음과 같이 규정하고 있다. "귀관貴官은 중국인인 타이완 및 조선인을 군사상의 안전이 허락하는 한 해방 국민으로 취급한다. 그들은 이 지령에서 사용하는 '일본인'이라는 용어에 포함되지 않지만, 그들은 일본 국민이었고, 필요한 경우에는 귀관으로 하여금 적국인으로 취급하는 것도 가능하다." 조선인은 "해방 국민"이 되기는 했지만, "일본인"에는 포함되지 않으면서도 "일본 국민"이었다는 이유로 "적국인"으로 간주했음을 알 수 있다. 조선인은 "해방 국민"이기도 하고 "적국인"이기도 한 회색지대에 자의적으로 자리매김되었던 것이다.

21 鳥山淳, 『沖縄/基地社会の起源と相克 1945〜1956』, 勁草書房, 2013, 47면.

야카 수용소에는 조선인 옛 '위안부'도 수용되어 있었다. 이 책의 「들어가며」에서 언급한 것처럼 야카 수용소에는 아카섬에 배속되었던 기도 다모쓰儀同保를 비롯해 현 한신 타이거스의 전신인 오사카 타이거스에 입단한 마쓰키 겐지로松木謙治郎도 수용되어 있었는데, 자신들이 목격한 '위안부'에 대해 다음과 같이 증언하고 있다.

> 10월 말 무렵, 수용소 내에 "조선인 위안부가 한 명 왔다"라는 소문이 돌아, 2, 3명의 동료들과 함께 구경하러 간 적이 있다. (…중략…) 소문대로 거기서 생활하고 있었다. (…중략…) 아무리 그래도 70명 가운데 살아남은 이가 이 한 명뿐이라니.[22]

"70명"이라는 것은, 전쟁 중 나하행 선박 '마레마루マレー丸'에 기도 등과 함께 승선했던 조선인 여성들을 가리킨다. 기도가 수용소에서 목격한 여성은 그가 배 안에서 본 여성과 동일 인물일 가능성이 높다. 참고로 야카 수용소에는 '위안부'로 동원된 사실을 일본에서 처음으로 '커밍아웃'한 배봉기도 수용되어 있었으니, '가즈코カズコ' "한 명뿐"은 아니었다.

수용소 안 조선인 여성들은 전쟁은 끝났지만 가혹한 상황에서 해방된 것은 아니었다. 영어를 할 줄 아는 조선인 남성이 옛 '위안부'를 미군 병사들에게 알선했기 때문이다.[23] 또 자마미섬 대장 우메자와 유타카의 '애인'이던 조선인 '도미요'도 야카 수용소에 수용되어 있었는데, '후쿠다福田'

---

22   儀同保, 『ある沖縄戦－慶良間戦記』, 日本図書センター, 1992, 245면.
23   海野福寿・権丙卓, 『恨－朝鮮人軍夫の沖縄戦』, 河出書房新社, 1987, 224면.

라고 하는 조선 출신 '군부'가 그녀를 흑인 병사에게 넘겨 '노리개'로 삼게 하였다.[24] 그녀가 우메자와에게 미군이 상륙하면 조선인 '군부'는 "방해"가 될 뿐이니 살해해야 한다고 말한 데에 원한을 품었기 때문이다. 이유야 어떻든 수용소 안에서도 피해와 가해가 복잡하게 얽혀 있었다.

그뿐만이 아니라 그녀들은 미군의 '위안부'로도 동원되었다. 미군은 그녀들을 바로 귀국시키지 않고 간호사로 투입하거나 미군 전용 바bar로 유인했다.[25] 일본계 2세가 관리하는 매춘업소로 흘러들어간 조선인 여성도 있었다. 그녀들은 전시에는 주로 일본군에게, 그리고 오키나와 전쟁 이후에는 미군에게, 그리고 오키나와 남성, 조선인 남성도 합세한 성폭력의 피해를 계속해서 입었던 것이다.[26] 오키나와전쟁 당시의 식민지주의 위계질서가 형태를 바꿔 수용소 안에서 반복되었음을 의미한다.

이처럼 수용소 안에는 '해방'의 기쁨을 만끽하는 조선인들, 일본의 패전을 애석해 하는 일본군, 기쁘기도 하고 슬프기도 한 오키나와 사람들이 뒤섞인 채, 기쁨, 원통함, 질투, 공포감, 안도감 등의 감정이 분출했고, 보복 행위도 끊이지 않았다. 다른 한편에서는 가혹한 노동을 강제당하고, 조선인 여성은 미군뿐만 아니라 조선인 남성에게도 직간접적으로 성폭력을 당하는 등 '전시'의 질서가 되풀이되었다. 조선인들은 일본군이나 오키나와인들과 다른 '전후'를 맞이했지만 그것은 어디까지나 식]

---

24 朴壽南編, 『アリランのうた-オキナワからの証言』, 青木書店, 1991, 260면.

25 『報告書』, 13면.

26 말할 것도 없이 조선인 여성만이 아니라, 오키나와 여성도 미군의 성폭력 피해를 입었다. 메도루마 슌의 『기억의 숲眼の奥の森』(影書房, 2009)에는 미군 병사에게 강간당한 오키나와 여성이 등장하는데, 이는 작가 자신의 어머니에게서 들은 이야기를 모티프로 한 것이다.

민지주의의 연장선에서의 일이었다. 수용소라는 같은 공간에서 다양한 '전후'가 뒤엉키고, 불가시화되고, 여기에 더하여 '전시'가 지속되는 상황이 존재했다.

2. 수용 후 두 갈래의 길

-귀향하는 조선인과 오키나와에 잔류하는 조선인

귀향하는 조선인

패전 직후의 일본 '본토'로 시선을 옮겨 보면, 조선인들은 일본 각지에서 출현하여 해방을 기뻐했고, 그리고 많은 사람들이 조국으로 돌아가고자 했다. 작가 김달수는 소설 「8·15 이후」에 당시 분위기를 이렇게 묘사하고 있다.

> 사람들이 들고 일어났다. 긴 세월을 보수도 없이, 경멸당하고, 학대당하며 밑바닥부터 부지런히 쌓아온 생활을 마치 꿈결처럼 던져 버리고, 조국으로, 독립 조선으로 한꺼번에 밀어닥쳤다. 사람들은 하룻밤에 수 년, 혹은 수십 년의 생활을 한 필의 삼노끈과 보자기에 둘둘 말아 앞을 다퉈 떠났다. 일본 역 앞에는 이들의 군집, 지금은 희망에 찬, 환호하는 군중의 무리로, 시모노세키下関, 하카타博多 등의 항구는 하룻밤 사이에 이들 군중으로 점거되었다.[27]

소설에 묘사된 것처럼 대부분의 조선인들이 귀향을 시도했고, 일본 '본토'의 점령 행정을 담당한 GHQ / SCAP[28] 역시 모국으로의 송환을 기본방침으로 삼았다. 귀향 업무는 전후 처리의 주요 사안 중 하나였다.[29]

오키나와에서도 오키나와 안에서 밖으로, 그리고 거꾸로 일본 '본토'와 해외로부터 오키나와로의 귀향 업무가 추진되었다. 이때의 주체는 GHQ / SCAP가 아니라 오키나와의 미 점령군이었다.

일본 '본토'에서 오키나와로 귀향한 이들은 18만 명, 타이완과 조선 등지에서 귀향한 이들은 25만 명 정도로 추정된다.[30] 조선에서 패전을 맞이한 요나시로 이사무與那城勇는 조선의 당시 상황을 이렇게 증언한다.

---

27 金達寿, 「八・一五以後」, 『金達寿小説全集一』, 筑摩書房, 1980, 144면.

28 1945년 10월에 설치된 연합국 최고사령관 총사령부GHQ / SCAP=General Headquarters, the Supreme Commander for the Allied Powers의 사령관으로 임명된 이는 더글러스 맥아더다. 또, 미국 태평양 육군은, 1947년 1월, 오키나와와 한국도 시야에 넣은 미국 극동군FEC=Far East Command으로 재편된다. 이 사령관CINCFE=Comander-in-chief, Far East Command 자리에도 맥아더가 임명된다.

29 조선인의 초기 귀환 작업은, 본인의 의사에 의할 것, 자발적으로 남기로 한 선택도 어느 정도 인정되었다. 또한 계획 송환을 효율적으로 수행하기 위해 인구조사, 귀환 희망자 등록 등을 일본정부에 명하였다. 그런데 귀국한 이들 가운데, 국가 수립 이전의 '남한'의 높은 물가와 콜레라의 유행으로 인한 생활고에 직면해, 다시 일본으로 '밀항'하는 자가 1946년 봄 이후부터 급증하게 된다. 이와 함께 조국에서 생활하기 힘들다는 소문이 귀국 의지를 한층 둔화시켰던 요인이 되었다. 아울러 통화통제로 인해 귀국 시 1천 엔(당시 한 가정의 한 달 생활비에 해당)밖에 가져갈 수 없었던 것도 귀국을 포기하게 하는 요인이 되었다. 결과적으로 GHQ / SCAP의 송환 계획은 1946년에 좌절에 부딪힌다.

30 沖縄県総務部知事公室国際交流課旅券センター, 「復帰前の沖縄における外国人登録について(前編)」, 外国人登録事務協議会全国連合会編, 『外国人登録』第447号, 1996.5, 447면. 1940년대 말은 일본 '본토'에서 오키나와로 밀항하여 귀향하려는 이들이 끊이지 않았다. 단속법이 정비되지 않았을 무렵에는 엄격하게 규제하지 않았다. 1950년에 들어서 점차 법이 정비되었고, 제한과 벌칙이 강화되었다(『沖縄新民報』, 1950.7.25). 거꾸로 오키나와에서 '본토'로의 밀항도 빈번하였다.

경성에 재주(在住)하는 오키나와 출신자들은 당시 용산중학교 교사이던 오나가 도시오(翁長俊郎) 씨를 대표로 내세워 맥아더 더글러스 사령부에 오키나와 직행 청원운동을 시작했다. 다행히 맥아더 사령관이 이를 받아들여, 오키나와 출신자들은 귀향선이 마련되는 대로 인천항에서 직행하도록 허가하였다. 우리들은 어둠 속에서 빛을 발견하기라도 한 것처럼 용기를 얻어 귀향 준비에 착수했다.[31]

오키나와의 조선인들도 수용소를 나온 후 대부분 한반도의 고향으로 귀향하게 된다. 그 때문에 오키나와에서는 파도가 휩쓸고 지나간 것처럼 그 / 그녀들이 보이지 않게 된다.

오키나와의 수용소에 있던 조선인들이 언제, 어느만큼 고향으로 귀환했는지 파악할 만한 자료는 충분치 않다. 그렇지만 몇몇 자료와 증언을 통해 추론해 볼 수 있다. 아라사키 모리테루(新崎盛暉)는 오키나와전쟁에서 살아남은 조선인 생존자들의 증언을 토대로, 야카 수용소에 있던 조선인들은 오키나와 본섬 북부의 야게나(屋慶名) 수용소로 이동한 후 1,630명이 조선으로 귀향한 것으로 보았다.[32] 참고로 앞장에서 언급한 '군부' 출신 김원영은 1946년 2월 24일에 귀향했다.[33]

'위안부'에 관해서는 미국 측 자료 와킨스 문서 『오키나와 전후 초기

31 與那城勇,「南朝鮮での終戦」那覇市企画部市史編集室編,『沖縄の慟哭－市民の戦時・戦後体験記2(戦後・海外篇)那覇市史資料篇第三巻8特装版』, 那覇市企画部市史編集室, 1981, 553면.

32 新崎盛暉,「韓国で沖縄を考える－元軍夫慰霊碑除幕式に参列して」,『沖縄同時代史 第三巻 小国主義の立場で 1983～1987』, 凱風社, 1992, 113면.

33 金元栄・岩橋春美訳,『或る韓国人の沖縄生存手記』,『アリランのうた』製作委員会, 1991, 183면.

점령자료沖縄戦後初期占領資料』 제11권에 얼마간의 정보가 남아있다.

조선인 '위안부' : 또 하나의 공안문제는 일본군이 오키나와에 잔류한 조
선인 '위안부'와 관련된 일이다. 이들 위안부는 각지에서 늘 문제 발생의 원
인이 되고 있다. 군은 류큐 제도에 잔류하는 이들 모든 위안부를 조선으로
송환하기 위해, 그녀들을 오키나와 본섬에 모이도록 하는 취지를 보고해왔
다. 송환하기까지 군정부가 그녀들의 수용 및 급식을 돌봐주었으면 하는 요
청이 있었다. 오키나와 본섬 이외의 류큐 제도에서 온 위안부 11명과 본섬
각지에서 모인 40명이 합류하여 조선으로 출항하는 날을 기다리고 있다.[34]

출항을 기다리던 이들이 송환되었다는 기록도 보인다. 또 1945년
10월·11월 미군보고서 「오키나와에서 송환된 조선인 명부沖縄から送還
朝鮮人名簿」에도 관련 정보가 기재되어 있다. 다카자토 스즈요高里鈴代는
이 명부에 기록된 1,584명 가운데 97명은 여성일 것으로 추정했다.[35]

1947년 11월 30일 자『난세이신보南西新報』(미야코·야에야마·아마미 제
도에서 발행된 신문)에 「일본국적 사람 곧 본토로 송환되나日籍民 近く 本土送還
か」라는 제목의 기사가 실렸다. 사키시마 제도에 거주하는 일본국적 보
유자의 이름과 연령, 사키시마로 건너온 시기 등을 조사하고, 남부 류
큐 군정부가 송환을 지시했다는 내용의 기사였다. 기사 속 "일본국적"
에는 조선인도 포함되었을 가능성이 있다. 식민지기에 강제로 부여된

---

34 『沖縄戦後初期占領資料』第11巻, 90면. 일본어 역은 吉見義明編, 『従軍慰安婦資料集』, 大
月書店, 1992, 581~582면에서 인용.

35 高里鈴代, 「強制従軍「慰安婦」」, 那覇市総務部女性室那覇女性史編集委員会編, 『なは·
女のあしあと一那覇女性史(近代編)』, ドメス出版, 1998, 461면.

일본국적은 1952년까지 효력이 있었기 때문이다.

또한 미야코에서 발행되던 『미야코신보みゃこ新報』에는 1948년 9월에 일본, 타이완, 조선에서 건너온 외국인의 본적, 현주소, 이름, 연령, 그리고 귀화하여 영주永住 의사를 파악한 기사가 1948년 9월 13일 자 조간에 실렸다. 1948년 9월 시점까지 아직 조선인이 머물고 있었다는 것이 된다. 아울러 미야코섬에서 '위안부'가 된 '요시무라 후미코佳村文子'는 정확한 시기는 모르나, 미야코섬에 진주한 미군에 의해 가고시마로 보내졌다가 거기에서 한반도로 건너갔다고 증언하고 있다.[36]

이처럼 오키나와에서도 '본토'의 귀환사업과 보조라도 맞추듯 조선인의 귀환을 추진해 갔다. 그러나 거듭 말하지만 연행된 숫자조차 확실치 않아 어느 만큼의 조선인이 귀향했는지는 명확하지 않다.[37] 앞으로 선박 승선자 명부 등 남아 있는 자료를 조사·발굴하여 명확하게 밝히는 작업이 수반되어야 할 것이다.

---

36 「或る女子挺身隊の恨みからんだ事情」, 尹英九編, 『鎮魂』, 韓国人慰霊塔奉安会, 1978, 302면.

37 GHQ / SCAP에 의한 계획 유송이 시작될 무렵, 도호쿠東北 지방에 징용되었던 조선인을 귀국시키기 위해, 재일조선인연맹(在日本朝鮮人連盟[朝連])과 무관하게 일본이 준비한 배가 있었다. 우키시마마루浮島丸가 그것이다. 그런데 우키시마마루는 아오모리현青森県 오시마항大湊港에서 부산으로 직행해야 하는데, 예정에도 없던 마이즈루항舞鶴港에 들렀다, 거기서 의문의 폭파가 일어나 침몰한다. 폭파로 인해 대부분의 승선자들이 사망했다. 1945년 8월 22일에 발생한 이른바 '우키시마마루 사건'이다. 우키시마마루는 오키나와와 깊은 관련이 있는 배로, 오사카와 나하 사이를 운항하던 민간선박이었다. '우키시마'라는 이름은, 본래 나하시는 오키나와 본섬과 떨어져 있었는데, 이 시절의 나하시를 일컬어 '우키시마'라고 불렀던 데에서 유래하였다. 나하 시내 국제거리国際通り 부근에 '우키시마거리浮島通り'라는 이름의 길이 있다.

오키나와에 남은 조선인

다른 한편, 수용소에서 나온 후 오키나와에 남은 조선인도 많은 수는
아니지만 존재했다. 오키나와에 남은 조선인들을 목격한 이들의 증언
을 따라가 보자. 피난민을 받아들였던 다마구스쿠촌玉城村 나칸다카리仲
村渠에 '위안부' 출신 조선인 여성 두 명이 살았다고 한다. 그녀들은 미
군 소속의 일본계 2세가 운영하는 '위안소'에서 미군 병사를 상대해야
했다고 한다.[38]

1957년 무렵, 오키나와 본섬의 아사토安里 부근에서 한 오키나와 남
성이 '위안부' 출신의 조선인 몇 명과 뜻하지 않게 마주쳤다. 그런데 둘
다 일본어를 하지 못했기 때문에 '우치나구치ウチナグチ'로 이야기를 나
누었다는 증언도 있다.[39]

현, 나고시 북서쪽에 위치한 하네지羽地 마을에서는 조선인 여성이
고아원 직원으로 일한 경우도 있었다.[40] 모든 조선인 여성이 오키나와
전쟁에서 '위안부'로 동원되었던 것은 아니다. 소수이긴 하지만 '위안
부'가 아닌 '고아원' 직원이라는 삶의 형태도 있었다. 1945년 6월 23
일, 오키나와 본섬 북부 다이라田井等에 위치한 고아원에 수용되었던 자
바 리쓰코座覇律子는 "서툰 일본어로" 아이들을 돌보고 있는 조선인 여성
5, 6명을 봤다고 증언했다.[41]

38 朴壽南編, 『アリランのうた―オキナワからの証言』, 青木書店, 1991, 269면.
39 洪允伸編, 『戦場の宮古島と「慰安所」』, なんよう文庫, 2009, 180면.
40 七尾和晃, 『沖縄戦と民間人収容所―失われる記憶のルポルタージュ』, 原書房, 2010, 15면.
41 古賀徳子, 「沖縄戦における日本軍「慰安婦」制度の展開(4)」, 日本の戦争責任資料センター,
    『季刊戦争責任研究』第63号, 2009, 64면.

1945년 8월 무렵, 본섬 모토부쵸本部町 나카오지仲尾次에 자리한 야마카와山川병원에서 4, 5명의 '위안부' 출신이 목격되기도 했다. 귀향 전일 수 있겠지만 그대로 머물렀을 가능성도 있다.

오키나와 본섬 중북부 기노자宜野座에 위치한 미군야전병원에서도 간호부로 일하던 조선인 여성들이 있었다고 한다.[42] 그 가운데 하나가 배봉기였다. 참고로 그녀와 함께 수용되었던 '가즈코'는 조선인 남성과 살림을 꾸렸다고 한다.

하마가와 쇼야濱川昌也는, 전후 오키나와에서 작은 술집을 경영하는 나이든 조선인 여성과 알고 지냈다. 그녀도 속아서 '위안부'가 되었고, 중국 대륙으로 끌려갔다가 오키나와로 연행된 후 그대로 눌러 앉게 된 조선인 여성이다.[43] 술집을 경영하던 옛 조선인 '위안부'가 등장하는 김정한의 단편소설 「오끼나와에서 온 편지」를 상기시키는 증언이다. 미나미다이토섬에서 일요일마다 병사를 상대해야 했던 조선인 '위안부' 중에는 오키나와전쟁 이후에도 미나미다이토섬에 머물며 민간인을 상대로 해서 먹고 살거나, 나하로 옮겨간 이들도 있었다고 한다.

전쟁 당시였는지 전후였는지 확실치 않지만, '다케오タケオ'라고 불리는 조선인 소년이 미야코섬에 살았다는 증언도 있다. 모친은 구마모토에서 건너온 조선인이고, 미야코 출신 남자와 재혼해서 가정을 이루었는데, '다케오'는 의붓아버지의 심한 학대를 받으며 자라다 소년공이 되어 오사카로 건너갔다고 한다.[44]

---

42 濱川昌也, 『私の沖縄戦記―第三二軍司令部秘話』, 那覇出版社, 1990, 64~65면.

43 古賀徳子, 「沖縄戦における日本軍「慰安婦」制度の展開(4)」, 日本の戦争責任資料センター, 『季刊戦争責任研究』第63号, 2009, 66면.

44 洪允伸編, 『戦場の宮古島と「慰安所」』, なんよう文庫, 2009, 138면. 오로쿠 게이료小禄恵良

야에야마 제도 지역신문에는, 조선인을 비롯한 '외국인'이 계속해서 거주할 경우, 신고를 해야 한다는 기사가 실려 있다(「외국인 거주 신고제外国人に居住申告制」, 『가이난시보海南時報』, 1948.7.11). 야에야마 제도 어딘가에 조선인이 거주했을 가능성이 있다.

이처럼 단편적인 정보이긴 하나 오키나와에 잔류한 조선인도 있었음을 알 수 있다. 그러나 그들 대부분이 어떤 상황에 놓여 있었는지, 또 그 후에는 어떻게 되었는지 알려진 바가 없다. 그 / 그녀들의 존재가 보이지 않게 되었던 데에는 두 가지 이유가 있다. 하나는, 조선인들 스스로가 차별을 두려워해 오키나와 식 이름을 사용하는 등 자신의 출신을 숨겼기 때문이며, 또 다른 하나는, 다음 절에서 자세히 다루겠지만, 오키나와의 조선인이 법적으로는 '조선인'에서 '류큐주민'으로, 그리고 '류큐주민'에서 '무국적자'로 규정해 가는 과정에서 보이지 않게 되었던 요인도 자리한다.[45]

의 증언.

45 참고로, 『난세이신보』(1949.9.24)에는 「나하로 몰려드는 무적자 무리ナハに集まる無籍者の群」라는 기사가 게재되었다. "무적자"가 나하에 많았음을 알 수 있다. 이 "무적자"들의 상당수는 아마미오시마奄美大島 출신자였던 것으로 보이는데, 그 가운데 조선인이 있었을 가능성이 있다. 이와 관련하여 1950년 전후부터 오키나와 본섬에서 '무적자 사냥無籍狩'이라고 하여 경찰이 '무無(국国·호戸)적자'를 검거하기도 하였다(e.g.『우루마신보』, 1950.5.19, 조간). '무적자'는 '사회의 암', '범죄자'와 동일한 기호로 인식되었다. 참고로, 오키나와전쟁 이후 오키나와로 건너온 조선인 남성이 일본인 아내에게 '외국인'을 상대로 '밀매음密淫'하게 한 사건도 있었다(『うるま新報』, 1950.8.10, 조간).

3. 일본 '본토'와 오키나와의 입국(역) 관리체제

―무국적자가 된 오키나와의 조선인

1952년 대일평화조약(샌프란시스코강화조약)이 발효됨에 따라 일본은 GHQ / SCAP의 점령통치로부터 독립하였고, 오키나와는 일본으로부터 분리되어 1950년에 설립된 '류큐 열도 미국 민정부琉球列島米国民政府, US-CAR＝U.S.Civil Administration of the Ryukyu Islands'(이하, 미국 민정부라고 약칭)의 통치하에 놓이게 된다. 미국 민정부米民政府의 통치는 오키나와의 시정권이 반환되는 1972년 5월까지 계속된다.

이 절에서는 1952년 샌프란시스코조약 발효로 오키나와와 일본 '본토'는 서로 다른 통치 형태에 놓이게 되었지만, 재일조선인이나 오키나와 내 조선인의 존재를 규정하는 법제도에 있어서는 동일한 형태를 띠고 있음을 지적하고자 한다. 이때의 법제도라는 것은, 주로 '출입국(역)관리령出入国(域)管理令'과 '외국인 등록령外国人登録令'을 가리킨다.

'출입국관리령(법)'이라는 것은, 거칠게 말하면, 나라 밖으로 나가거나 들어오는 사람들을 관리하는 법을 말한다. 일본에서도 일본국적 보유자이거나 외국국적이거나 출국과 입국 시에는 이 법의 적용을 받는다. 국제공항의 출입국 심사대를 상기하면 이 법의 기능을 이해할 수 있을 것이다.[46]

46　미국 민정부 통치하에 놓였던 오키나와의 경우, 외국적外国籍 안에 일본국적 보유자도 포함되어 있었고, 외국인으로 관리되었다. 그리고 미군 통치하에 있었기 때문에 출입'국国' 관리가 아닌 출입'역域' 관리라는 용어가 사용되었다.

한편, 「외국인등록령(법)」은, 한 나라에 입국한 외국 국적자가 어떤 이유로 왔는지를 명확히 하고, 체류 자격을 부여하는 하는 일(유학, 취업, 관광 등), 또 체류 중에 법을 어겼을 경우, 사건의 내용에 따라 처벌하는 목적을 띠고 있기도 하다. 따라서 「외국인등록령(법)」의 주된 대상은 외국국적자라고 할 수 있다. 오키나와나 일본 '본토'나 이 두 개의 법이 입국관리체제의 중요한 축을 이루고 있다.

이 두 개의 법은 단순히 출입국과 외국인 관리를 수행하는 것처럼 보이나, '국민'이란 누구이며, '외국인'이란 누구인가를 규정하는 역할 또한 맡고 있다. 실제로 조문條文에는 '외국인'과 '국민'(오키나와에서는 '류큐주민' / '비非류큐인')에 대한 규정이 실려 있다. 그러나 '국민'과 '외국인'의 규정이 법 제정 과정에서 자의적으로 설정될 경우, '국민'과 '외국인' 사이에 차별적인 관계가 형성될 수 있다. 실제로 일본 '본토'에서는 그러한 사례가 있고, 결과적으로 법이 차별을 조장하게 되었다.[47] 더 나아가 오키나와에서 발생한 심각한 문제는, '외국인'('비류큐인')에서도 누락되어 버리는 사람들이 **법에 의해 생겨나게 되었다는** 것이다. 그 사람들이 바로 오키나와의 조선인들이었다. 이어지는 글에서는 일본과 오키나와의 제도를 대비시켜 살펴보고, 오키나와의 조선인들이 놓인 상황에 좀 더 가깝게 다가가 보도록 하겠다.

---

47   大沼保昭, 「出入国管理法制の成立過程」, 『新版 単一民族社会の神話を超えて―在日韓国・朝鮮人と出入国管理体制』, 東信堂, 1993 참조.

일본 '본토'의 입국관리체제

패전 직후의 일본 입국관리체제는, 동아시아의 정세가 긴박해짐에 따라 GHQ / SCAP와 일본정부가 서로 협력하는 형태로 정비되었다. 그때 입국관리체제의 축이 되는 '외국인등록령'과 '출입국관리법'이 어떠한 배경하에서 만들어졌는지 살펴볼 필요가 있다.

우선 '외국인등록령'의 경우를 보면, 앞서 언급한 바와 같이 GHQ / SCAP의 점령 초기의 재일조선인 방침은, 그들이 고향으로 귀환하도록 장려하는 것이었다. 그때까지만 해도 특별히 정해진 방침은 없었으나, 고국으로 귀환한 조선인들이 불안한 시국과 콜레라의 유행 등으로 대거 일본으로 되돌아오는 상황이 벌어지면서, 1946년 봄부터 그 수가 급격히 줄게 된다. 이후 GHQ / SCAP의 귀환 방침은 강경하게 바뀐다.

GHQ / SCAP가 출입국 관리체제를 서서히 엄격히 규제하기 시작하는데, 일본정부는 이에 편승하여 조선인을 '외국인'으로 취급하는 방안을 모색한다. 그도 그럴 것이 식민지시기를 거치며 조선민족에게도 일본국적이 부여되었고, 국적 상으로는 '일본인'이었기 때문이다.

1947년 당시, 타이완인이나 조선인이 일본국적을 유지하고 있음은 내무성 조사국이 명언한 바 있으며, 일본정부도 그것을 답습하고 있었다. GHQ / SCAP 역시 이보다 앞선 1946년 11월, 한반도에 정식으로 정부가 수립되고 재일조선인이 조선국민으로 승인될 때까지 일본국적을 유지한다는 성명(「귀국하지않은 조선인은 일본국적」)을 발표한 바 있다. 재일조선인들이 일본국적을 상실하게 되는 것은 정확히 1952년 샌프란시스코강화조약이 발효되면서다. 그럼에도 불구하고 일본정부가 샌프란시스코 강화조약 발효 이전에 재일조선인을 '외국인'으로 규정하는 방법을 모색한 것은, 일본국적을 유지한 상태로 그/그녀들을 국외로 추방할 수 있는 길을 열기 위함이었다. 그것은 '외국인등록령' 작성에 관여한 내무성에서 이 '외국인등록령'에 '대조선인치안입법对朝鮮人治安立法'이라는 성격을 부여했기 때문이다.[48] 즉, 조선인을 규제하여 배제하려던 국가의 의지가 '외국인등록령' 작성의 원동력이 되었던 것이다.

조선인을 '외국인'으로 간주하는 데에 GHQ/SCAP가 나서서 반대하지 않은 것에 힘입어, 일본국 헌법이 시행되기 전날인 1947년 5월 2일, 「외국인등록령이」 천황의 마지막 칙령으로 발령된다(칙령 207호). 일본국 헌법의 공포로 '상징' 천황이 되기 직전 막차를 타듯 발령된 천황의 마지막 명령이 바로 일본국적을 보유한 조선인을 강제로 '외국인으로 간주한다'는 '외국인등록령'이었다.[49]

천황 아키히토裕仁(쇼와천황)의 어새御璽가 찍혀진 이 칙령 제1조에, "외국인의 입국에 관한 조치를 적절히 실시하고, 또 외국인에 대한 제반 취급의 적정성을 기하도록 하는 것을 목적으로 한다"라는 조항이 명기되어 있다. 그러나 이 시기 "외국인"의 대부분을 차지하는 것이 조선인이었음을 상기할 때(대략 9할), 주요 "취급" 대상은 다름 아닌 조선인이었다. 이어지는 제2조, 제11조가 '외국인'이란 누구인가를 규정하는 항목이다.

---

48 大沼保昭, 『新版 単一民族社会の神話を超えて』, 東信堂, 1993, 54~55면.

49 참고로, 쇼와천황은 1947년 9월, GHQ/SCAP의 정치 고문인 시버트 앞으로 메시지를 보냈다(천황 메시지). 그 안에는 일본의 잠재주권을 유지하면서 오키나와를 미국에 장기조차長期租借하는 취지의 내용이 담겨 있다. 즉, 1947년에 천황은 재일조선인과 오키나와, 두 개의 문제에 깊이 관여하고 있었던 것이다.

제2조 이 칙령에서 외국인은 일본국적을 갖지 않는 자 가운데 다음의 각 호 1에 해당하는 자 이외의 자를 말한다.

1. 연합국군의 장병 및 연합국군에 부속하거나 또는 수반하는 자 및 이들의 가족
2. 연합국 최고사령관이 임명 또는 승인한 사절단 구성원 및 사용인과 이들 가족
3. 외국 정부의 공무를 띠고 일본에 주재하는 자 및 이들에 수종隨従하는 자 및 이들의 가족

제11조 타인완인 가운데 내무대신이 정하는 자 및 조선인은, 이 칙령의 적용에 있어 당분간 외국인으로 간주한다.[50]

제2조에서는, 우선 누가 '외국인'에서 **제외되는가**를 규정하고 있다. "일본의 국적을 갖지 않는 자" 가운데, 주로 "연합국군의 장병" 등과 그들의 "가족" 및 "사용인" 등, 연합국 관계자가 '외국인'에서 제외되게 된다. 이들이 '외국인'이라는 범주에서 제외되는 것은, '외국인등록령'의 규제를 적용받지 않도록 하기 위해서였다. 따라서 일본국적을 갖지 않는 자, 법적으로는 '외국인'이 아닌 자들이 존재했음을 알 수 있다.

그리고 외국인이란 누구인가를 명확하게 규정한 조항이 제11조였다. 매우 명료하게 제시되어 있는 바, '외국인'으로 "간주"되는 자는

---

50   https://ja.wikisource.org/wiki/外国人登録令[검색일 : 2017.3.28]

"타이완인"과 "조선인"이었다. 제11조는 언뜻 보면 자연스럽게 보이는 규정일지 모른다. 그러나 이 규정은 일본국적을 보유한 그 / 그녀들을 강제로 "외국인"으로 "간주"하겠다는 매우 부자연스러운 문구에 다름 아니다(이른바 「간주」 규정). 즉 일본국적을 보유한 것의 유무가 '외국인'을 규정하는 조건이 아니게 되면서(제2조), 일본국적을 갖지 않아도 '외국인'이 아니며, 일본국적을 갖고 있어도 '외국인'이 되는 뒤틀림을 이 칙령은 보여주고 있는 것이다. 말할 것도 없이 이 뒤틀림의 원인은 "간주한다"는 자의적 판단을 내리는 동사에 있다. 즉 '외국인등록령'은 이 동사로 인해 일본국적 보유자인 타이완인과 조선인을 '외국인'의 범주에 던져 넣음으로써 등록령 관리하에 두는 것을 가능케 한 것이다. 이렇게 해서 패전 직후의 일본에 '외국인'이 탄생하게 되었다.

또한, '외국인등록령'은 등록 및 등록증 상시휴대를 의무화하고, 이를 위반할 때 강제퇴거는 물론 엄벌에 처하도록 하였다. 바꿔 말하면 '외국인등록령'은 일본국적 보유 유무와 관계없이 등록령 위반 여하에 따라 '외국인'의 국외퇴거가 가능하게 되었던 것이다.

이 국외퇴거를 법적으로 지탱하는 것이 '출입국관리령(법)'이었다. 일본의 출입국 관리의 틀 역시 동아시아의 격동과 냉전구도가 격화되는 가운데 만들어졌으며, 그 영향으로 입관령(법) 역시 '외국인등록령'과 마찬가지로 '외국인', '파괴분자'를 배제＝퇴거시키는 것을 주요 골자로 삼았다.

앞서 GHQ / SCAP의 귀환 방침이 서서히 강화되었음을 언급하였는데, 그 배경에는 동아시아의 냉전이 시작된 것도 영향을 미쳤다. 1945년 8월, 식민지배로부터 해방된 후, 정치적으로 매우 혼란한 가운데 우선 1948년 8월에 대한민국 정부가 수립된다. 이는 한반도 남부지역에서만 제헌국회의원 선거를 하는 것은 부당하다고 반대하는 제주도민을 학살(1948년 제주4·3사건)하는 등 수많은 피를 담보로 수립되었다. 이어서 같은 해 9월에는 조선민주주의인민공화국이 건국되었다. 이로써 한반도 북부는 소련이, 남부는 미국이라는 냉전체제에 편입되면서, 하나의 반도에 두 개의 국가가 탄생하게 되었다. 그 직후 1949년에는 중화인민공화국이 수립되고, 그리고 1950년 6월에는 한국전쟁이 발발한다. '출입국관리령' 제정 배경에는 이와 같은 한반도를 포함한 동아시아의 격동의 역사가 자리한다.

그뿐만이 아니라 일본 국내의 정치적인 문제 역시 입관령 제정의 배경이 되었다. 패전 직후 일본에서는 재일조선인에 의한 재일조선인연맹(이하, 조련)이 결성되고, 각지에 민족학교를 세우고 민족교육을 추진하는 등 활동을 개시하였다.[51] 격동하는 동아시아의 정세 속에서 일본 국내에 공산주의가 확산되는 것을 막고 싶었던 GHQ / SCAP는, 조련이 운영하는 민족학교를 공산주의 교육기관으로 간주하고, 일본의 교육기본법·학교기본법에 따르도록 하는 지령을 내렸다(1947.10). GHQ / SCAP는 조련을 일본의 좌익세력(일본공산당)과 제휴해 사회질서를 어지럽히는 불온한 세력, 즉 '파괴활동분자'로 보았던 것이다. 이에 편승하여 일본정부가 민족학교의 폐쇄를 명하였고(1948.1), 조련 측은 민족교육을 사수하기 위한 투쟁을 개시하였다. 특히 고베에서는 한때 계엄령이 내려질 정도로 운동이 격화되었다. 1948년 4월에 '한신교육투쟁阪神教育闘争'의 발발로 이어

---

51 조련朝連은 일본 전국에 지방 지부를 설립했는데, 오키나와에는 지부가 없었던 듯하다(呉圭祥, 『ドキュメント在日本朝鮮人連盟 1945~1949』, 岩波書店, 2009년 참조).

지게 된다. 결과적으로 민족학교는 폐쇄되고, 조련은 GHQ / SCAP에 의해 '폭력주의 단체'로 규정하고 해산을 강제하게 된다. 이처럼 귀환사업의 좌절, 격동하는 동아시아 정세, 재일조선인을 '파괴활동분자'로 보는 편향된 인식 등이, GHQ / SCAP로 하여금 출입국관리를 엄격하고 배타적으로 제정하게 하는 기반을 제공하였다.

이와 연동해 일본정부도 재일조선인을 "환영할 수 없는 자", "트러블 메이커"로 보았다.[52] 일본정부의 이 같은 시선은 조련 해산 한 달 전인 1949년 8월에 요시다 시게루가 맥아더 앞으로 보낸 서간에 여실히 드러난다.

> 총 수백만 명, 그 대부분을 차지하는 불법입국자인 재일조선인 문제에 대해 우리는 조기 해결이 시급한 상황입니다. 나는 이들 모든 조선인을 그들이 태어난 나라(生国)인 조선반도로 송환하기를 희망합니다. 그 이유는 다음과 같습니다. (…중략…) 이들 조선인은 범죄를 일으킬 확률이 매우 높습니다. 그들은 우리나라의 경제법규를 파괴하는 상습범입니다. 상당수가 공산주의자이거나 그 동조자로 매우 악질적인 정치적 범죄를 일으키기 쉽습니다. 원칙적으로 조선인은 모두 송환하고, 그 비용은 일본정부가 부담하도록 하겠습니다.[53]

이 서간은 맥아더에게 받아들여지지 않았지만, 일본정부가 조선인

---

52 大沼保昭, 「出入国管理法制の成立過程」, 『新版 単一民族社会の神話を超えて-在日韓国・朝鮮人と出入国管理体制』, 東信堂, 1993, 30~31면.

53 요시다의 서간은, 다나카 히로시田中宏의 「전후 일본과 포스트 식민지 문제戦後日本とポスト植民地問題」(『思想』, 岩波書店, 1985년 8월호), 44면에서 재인용.

을 규제의 대상으로 간주하고 있으며, GHQ / SCAP의 인식과 궤를 같이 하고 있음을 여실히 보여준다.

더 나아가 미국과 일본만이 아니라, 한국 대표단 역시 '폭력주의적'인 재일조선인을 한국으로 강제송환토록 GHQ / SCAP에 요청하고 있다(1950.5).[54] 이때의 '폭력주의적'인 재일조선인이라 함은, 조선민주주의인민공화국(이하, '북조선' 혹은'북'으로 약칭함)을 지지하는 사람들을 가리킨다. 한국의 요청은 북조선을 지지하는 그 / 그녀들을 일본정부로부터 인도 받아 한국 땅에서 처벌하고자 하는 국가의 의지를 나타낸 것임에 다름 아니다. 이와 관련해 한국전쟁이 발발한 해인 1950년에 일본정부는 위법을 저지른 '외국인'을 수용하는 오무라大村 수용소를 나가사키현長崎県에 설치한다. 여기에 수용된 조선인을 한국으로 송환하기로 함에 따라 이 수용소 설치에 한국이 협력하게 된다. 단, 한국의 요청으로 비밀리에 진행되었다. 요컨대, 일본 패전 후의 재일한국인은 미국만이 아니라, 일본, 한국으로부터도 위험시되는 존재였던 것이다. 그리고 이것이 입관령 제정의 배경이 되었다.

이처럼 일본 국내 정세와 동아시아의 정치 상황이 급격히 냉전체제로 변화해 가는 가운데 출입국관리법이 제정되었다. 그 틀은 1951년에 일본을 방문한 미국인 니콜라스 D. 콜레아에 의해 만들어졌다. 콜레아는 '파괴활동' 염려가 있는 '위험인물'을 우선적으로 단속해야 한다는 생각을 가진 인물이었다. 그는 일본의 출입국관리법 설계 단계부터 신속하게 퇴거강제 집행 권한을 정부에 부여하는 것으로, '위험인물'에

---

54   ロバート・リケット, 「朝鮮戦争前後におけるGHQの在日朝鮮人政策」, 大沼久夫編, 『朝鮮戦争と日本』, 新幹社, 2006, 225면.

의한 파괴활동을 사전에 철저히 저지하고자 했다. 전형적인 냉전사상을 기반으로 한 법 설계자였던 것이다.[55]

콜레아에게 있어 재일조선인이란, 공산주의 사상에 물든, 단속해야 할 '파괴활동분자'에 다름 아니었다.

> 1951년 3월을 기해 '외국인'으로 등록된 이들은 467,588명의 북조선과 82,913명의 한국인들 상당수인데, 일본 당국자에 의해 파악된 등록하지 않은 20만 명을 상회하는 외국인들이 공산주의의 선동자 혹은 파괴활동조직의 일반 구성원이다.[56]

명확한 오해부터 지적하면 외국인등록을 마친 대부분의 재일조선인 '국적'은 '조선'이었지만, 그것은 일본정부 입장에서 보면, '용어의 문제'(법무성민사국장法務省民事局長 통달 554호), 즉 '한반도 출신자'라는 의미이지, '조선민주주의인민공화국' 국적을 의미하는 것은 아니었다. 이는 '외국인등록령'이 발령되자, 조선인들을 한꺼번에 '외국인'으로 등록했기 때문에 빚어진 사태였다. 즉 일본정부는 '외국인'으로 간주한 조선인 하나하나의 국적을 명확히 하고, 일본에 체류하기 위한 자격을 개별적으로 부여할 필요가 있었는데, 그것이 곤란했던 탓에 '조선반도에서 온 자'라는 의미로 일괄적으로 '조선'적籍을 부여한 것이다. '조선'적의 대부분은 그러한 의미에서의 조선인이었다. 그런데 위의 콜레아

55　テッサ・モーリス＝スズキ, 「冷戦と戦後入管体制の形成」, 『季刊 前夜』 第1期3号, 2005年春, 影書房, 70면.

56　위의 책, 69면.

의 발언은, 모든 '조선'적을 가진 이들을 공화국적보유자 혹은 '파괴활동분자'로 간주하고, 충분히 고려되어야 할 '외국인등록령' 성립배경은 간과한 채 공산주의에 대한 적개심을 드러내는 데에 그치고 있다.

이와 같이 콜레아의 사상을 바탕으로 1952년에 성립된 출입국관리법은, 강제퇴거를 주요 골자로 하여 국외퇴거 등의 결정 권한(재량권)을 법무대신法務大臣에게 부여하도록 하였다. 재량권裁量権을 법무대신에게 부여함으로써 재판을 거치지 않고 대신의 판단으로 국외퇴거 등을 결정할 수 있도록 한 것이다. 현 출입국관리 및 난민인정법 역시 재량권은 법무대신에게 주어지며(출입국관리 및 난민인정법 제24조), 콜레아 사상의 연장선에 있다고 하겠다.

결과적으로 보면, '외국인등록령'(1952년부터 외국인등록'법')으로 '외국인'을 자의적으로 추출해내고, 행정처분으로 국외퇴거를 가능케 하는 출입국관리법으로 '외국인'을 배제하는, 그러한 체제가 1950년대 전반에 일본 '본토'에 만들어지게 된 것이다. 거기에 혈통주의를 채용한 1950년 7월 시행된 신국적법新国籍法[57]을 포함하면, 이 3개의 법은, 국민／외국인의 구별을 반강제적으로 확립하고, 이와 동시에 외국인을 관리, 배제하도록 기능하였다. 일본 '본토'에서의 외국인관리체제는 그렇게 정비되어 간 것이다. 그리고 국제정세에 비추어 보면, 이 3개의 법은 1949년의 중화인민공화국 수립과 1950년에 발발한 한국전쟁을 배경으로 만들어진 냉전의 산물이기도 하다.

---

[57] 1950년에 제정된 국적법은 부계 우선 혈통주의를 채택하였다. 일본국적을 보유한 부계 쪽 자식만 일본국적을 취득할 수 있었다. 일본인／외국인이라는 구분을 더욱 강화하는 제도였다.

오키나와의 출입역出入域 관리체제

그렇다면 같은 시기 오키나와의 상황은 어떠했을까. 미리 언급해 두자면, 오키나와에서도 유사한 법이 제정되었다. 특히 오키나와에서의 '출입역관리령'은, '류큐주민'과 '비非류큐인'의 구별을 법제도로 만들고, 그리고 개정을 거쳐 '류큐주민 / 비류큐인 / 무국적자'라는 구별을 생성해 간다. 거의 대부분의 조선인은 최종적으로 무국적자로 분류되었고, 그들의 지위는 법적인 보호나 보장을 전혀 받지 못하였다. 이것은 '류큐주민 / 비류큐인'이라는 구별 아래로 조선인들이 침잠하게 되었음을 의미한다. 그것은 오키나와전쟁 이후 조선인들이 보이지 않게 된 이유이기도 하다.

오키나와의 '출입역관리령'은 오키나와전쟁으로 인해 대부분 소실된 호적부의 복원과 연동하듯 책정되었다. 따라서 우선 호적의 재정비 과정에 대해 살펴볼 필요가 있다.

오키나와의 호적은 오키나와전쟁으로 인해 미야코·야에야마 제도, 구메섬의 것을 제외한 거의 대부분이 소실되었다. 1945년 7월 15일 사이에 2시市 3정町 43촌村의 12만 928건이 소실되었다는 보고도 있다.[58] 호적이 소실되었다는 것은, 사람의 신원만이 아니라 토지의 소유자도 모르게 되었음을 의미하는데, 그런 가운데 오키나와는 미군의 점령하에 놓이게 되었던 것이다.

1946년 9월부터 임시호적 정비가 시작되었는데, 주로 지역 사람들의 증언과 혈연집단(문중제도門中制度)을 중심으로 작성했다.[59] 만물박사로

---

58 沖縄タイムス社編, 『沖縄年鑑·一九七〇年版』, 沖縄タイムス社, 1970, 437~438면.

59 西原諄, 「戸籍法制の変遷と問題点」, 宮里政玄編, 『戦後沖縄の政治と法—一九四五-七二

「사투리 때문에 발각―밀항자 조선인, 군 재판에」
『류큐신보』, 1956.4.24, 석간

알려져 있는 공무원의 기억에 기대어 작성한 지역도 있다. 어찌되었든 불안정한 상황 속에서의 재정비였다.

　중요한 것은 외국인, 무국적자, 오키나와 군도 내 호적이 없는 일본 인에게도 임시호적을 부여했다는 것이다. 왜냐하면 생존자 확인, 물자 배급, 그리고 미군에게 노동력 제공을 위해 인원파악이 우선적으로 이 루어져야 했기 때문이다.[60]

　당연하겠지만, 호적의 재정비 과정에서 많은 혼란이 발생했다. 재정

　年』, 東京大学出版会, 1975, 607~608면.

60　遠藤正敬, 『戸籍と国籍の近現代史―民族・血統・日本人』, 明石書店, 2013, 265면. 임시 호적 제작은, 미국해군정부가 류큐 열도의 출입역을 전면적으로 금지한 것과도 관련이 있다. 미국의 주요 업무 가운데 하나는, 류큐 제도로부터의 귀환 및 류큐 제도로의 귀환 이었다. 그 때문에 엄격한 인구이동 관리가 필요했는데, 임시호적은 인구이동 관리에도 기여하였다. 참고로 허가 없이 오키나와 제도에 입역하는 자에게는 벌금이나 징역(1만 엔 이하 혹은 1년 이하)에 처해졌다.

沖繩人に化けて十年
世を欺いた朝鮮人23名
戸籍異聞

「오키나와인으로 속여 살아온 10년—세상을 속인 조선인 23명」
『류큐신보』, 1955.6.18, 석간

비 자체가 곤란했던 것도 있고, 임시호적 작성 시에 개성改姓, 개명改名이 비교적 쉽게 이루어졌기 때문에 변경하는 이들도 많아 혼란이 가중되었다.

이처럼 혼란한 상황 속에 조선인들도 놓여 있었다. 조선인 가운데는 차별이 두려워, 또 생활상의 편의를 위해, '긴조金城'라든가 '고야吳屋' 등의 이름을 사용하여 '류큐인'으로 임시호적을 만드는 이들도 있었다고 한다. 쇼와 22년(1947) 7월 25일 자『오키나와신민보沖繩新民報』에는, "이상하게도 조선 출신자가 호적을 신고하지 않는 경우도 있는데, 오키나와 방언 테스트를 통해 사전에 부정신고를 막고 있습니다"라는 호적 사무원의 이야기가 게재되어 있다. 신분을 숨기고 오키나와에서 호적을 만들려

던 조선인이 있었음을 보여주는 기사다.[61]

부정한 방법으로 호적을 만드는 사례는, 조금 더 이른 시기에 후쿠오카福岡에서 발각된 바 있다. 1955년 6월 18일 자 『류큐신보』 석간에, 「오키나와인으로 속여 살아온 10년-세상을 속인 조선인 23명」이라는 제목으로, 호적상실과 임시호적 재제작이라는 제도상의 "결함"을 이용하여 "오키나와 현인"으로 "속여 살아온" 조선인이 있었음을 전하는 기사가 실려 있다.

기사는 조선인들의 행위를 비판적으로 다루고 있는데, 설령 이 조선인들이 오키나와로 연행되어 왔더라도, 오키나와전쟁 직후인 10년 전 (1945~1946년 무렵)에 호적을 취득했다면, 그것은 단순히 "세상을 속인" 것만은 아닐 터다.

오키나와의 호적은 위에서 살펴본 것처럼 '혼란'한 가운데 정비되었다. 그 와중에 1953년 1월 미국 민정부는 포령 93호 '류큐 열도 출입관

---

61 오키나와로 밀항해 온 조선인들 역시 '테스트'가 기다리고 있었다. 1956년에는 아마미오 시마 출신이라고 속여 재류등록을 시도한 조선인이 말투에 사투리가 섞여 있던 탓에 발각되어 군사재판에 회부되는 사건이 벌어지기도 했다. 이 '오키나와 방언'을 구사할 수 있느냐의 여부로 정체를 파악하는 '테스트'는 관동대지진関東大震災 당시에도 있었다. 조선인을 색출해 내기 위해 "주고엔 고짓센五円五十銭"이라는 발음을 시켰던 것도 주의를 요한다. 1923년 관동대지진 때 조선인이 우물에 독을 넣었다는 등의 괴담이 유포되어 수많은 조선인의 목숨이 일본인 민간인들에 의해 빼앗겼다. 괴담에 휩쓸린 많은 사람들이 일본인인지 조선인인지를 식별하기 위해 "주고엔 고짓센" 발음을 '테스트'한 것이다. 조선어 발음 구조상 첫 글자 탁음 발음이 불가능하다. 즉, 이 '테스트'는 많은 조선인이 "주고엔じゅうごえん"을 "추고엔ちゅうごえん"으로 발음하는 것을 이용한 민족식별법이었다. '부정'한 호적 신청을 막는다는 것이 오키나와에서 인권침해를 반복하는 뜻밖의 결과가 되고 말았다. 덧붙이자면, 관동대지진 당시, 오키나와인들도 이 '테스트'를 받았다. 이때 히가 슌쵸比嘉春潮는 조선인으로 오인받았다가 겨우 벗어난 경험을 다음과 같이 남겼다. '우리들은 자경 단自警団의 갑작스러운 방문에 잠을 자다가 일어나야 했다. (…후략…) / "조선인이지." / "아니요." / "말투가 좀 이상하잖아." / "그건 당연하오. 나는 오키나와 출신이니 당신들 도쿄어와 다를 수밖에 없잖소"'(比嘉春潮, 『沖縄の歳月』, 中公新書, 1969, 109면). 히가는 자신이 오키나와 출신이라는 것을 증명해 준 지인 덕에 경찰의 보호를 받을 수 있었다.

리령琉球列島出入管理令'(이하, 구 입관령으로 약칭)을 공포한다. 그 제1조에, "류큐 열도 주류駐留 군요원軍要員 이외의 비류큐인의 류큐 열도 출입에 관한 관리 및 수속, 등록을 제정하는 것을 목적으로 한다"고 규정하고 있다.[62] '비류큐인'을 추출하기 위해 본 포령에서는 '재류 군요원'과 '류큐 열도 거주자(류큐인)'를 규정하고 있다. 또한 출입역을 위한 수속 및 불법입역을 했을 때의 처벌, 그리고 「외국인재류등록外国人在留録」(이하, 외국인등록으로 약칭) 취급 등도 다룬 중요한 포령이었다. 그 때문에 일본 '본토'에서 제정된 외국인등록법과 출입국관리법을 합쳐놓은 모양새가 되었다. 실제로 이 포령의 최종안은 1952년 12월에 만들어졌는데, 그것이 신문에 보도되자, 이 포령은 일본 '본토'에서 시행되었던 외국인 등록법과 같은 내용으로 간주되었다.[63] 외국인 등록법을 참조한 형태로 오키나와에 도입된 것이다.

이 포령이 처음 실시된 외국인등록에서 "류큐 열도 거주자(류큐인)"와 미군·군속을 **제외한** '비류큐적자非琉球籍者' 모두가 1953년 2월 1일부터 2월 28일까지 등록하도록 했다. 또한 새로 입역한 자는 상륙 후 72시간 이내에 외국인등록증명서 교부 신청을 의무화하였다(1953년 12월 당시 등록자는 14,599명). 그리고 미군 관계자 이외의 '비류큐인'들은 재류등록 시에 지문을 채취할 것(이것은 등록증에 프린트되었다), 또 불법으로 입역한 경우 강제송환 대상이 되었다. 일본 '본토'의 외국인등록법과 동일

---

62   月刊沖縄社編,『アメリカの沖縄統治関係法規総覧』II, 月刊沖縄社, 1983, 409면.

63   土井智義,「米国統治期「琉球列島」における「非琉球人」管理体制成立過程の研究－奄美返還直後までの「本土籍者」に対する強制送還を主軸として」, 오사카대 박사논문, 2017, 182면.

64   土井智義,「米軍統治下の沖縄における出入管理制度と「非琉球人」」, 冨山一郎他編著,『現

한 규정과 벌칙을 제정하여 '비류큐인'에게 적
용했음을 알 수 있다. 이렇게 해서 포령 93호
는 '재류 군요원', '류큐주민', '비류큐인'이라
는 구분을 법적으로 제도화해 가게 된다.

　문제는 '류큐주민'과 '비류큐인'은 누구인가
하는 것이다. 이에 관해 주목해야 할 것은, 구
입관령이 재류(在留)등록이 불필요한 '제4조 류큐
열도 거주자(류큐인)'를 다음과 같이 규정하고
있는 점이다.[65]

오키나와 재류허가증[64]

　　1945년 9월 2일 이전부터 계속해서 북위(北緯) 29도 이남의 류큐 열도에
　　거주한 자 및 호적상 주소가 류큐 열도 내에 있으며, 또한 1945년 9월 2일
　　이후 영주를 목적으로 하여 류큐 열도에 들어온 사실을 민정 부장관(副長官)에
　　게 허가받은 자 또는 허가받는 자를 류큐 열도 거주자(류큐인)[residents
　　of the Ryukyus(Ryukyuans)]로 간주한다.[66]

　국적 여부를 불문하고 호적 혹은 거주이력에 역점을 두고 '류큐주민'
을 규정했음을 알 수 있다. 바꿔 말하면, 오키나와 내에 호적을 갖거나

　　代沖縄の歴史経験—希望, あるいは未決性について』, 青弓社, 2010, 134면.
65　다음 논의는, 도이의「미군점령기의 '국민' / '외국인'이라는 주체편성과 식민지 통치—다
　　이토 제도의 계보를 통해米軍占領期における「国民」/「外国人」という主体編成と植民地統治—大東諸島の系譜か
　　ら」(『沖縄文化研究』제38호, 2012.3, 法政大学沖縄文化研究所)를 참고하였다.
66　月刊沖縄社編,『アメリカの沖縄統治関係法規総覧』II, 月刊沖縄社, 1983, 409면. 영문은 저
　　자가 보충하였음.

혹은 1945년 9월 2일 이전부터 섬에 거주한 사실이 확인되면 '류큐주민'으로 간주한 것이다. 그 때문에 1945년 9월 2일 이전부터 오키나와에 거주해온, 그리고 이 구 입관령 공포 시에 오키나와에 거주하던 타이완인이나 조선인도 호적을 갖지 않아도 '류큐주민'이라는 범주에 포함되게 된 것이다. 호적 재정비의 성과를 반영하면서도, 결과적으로 보면 불안정한 호적 재정비를 어느 정도 배려한 법 규정이었다고 할 수 있다.

한편, 미국 민정부는 구민 입관령보다 조금 앞선 1952년 4월 1일에, 포고 13호 「류큐정부의 설립」, 포령 68호 「류큐정부장전琉球政府章典」을 시행한다. 이에 따라 류큐주민 가운데 행정주석을 선출하여 미국 민정부가 임명하는 오키나와 주민의 통치기구가 만들어지게 된다.

이 포령·포고와 포령 93호(구 입관령)의 '류큐주민' 규정에서 주목해야 할 것은, 구 입관령과 「류큐정부장전」이 같은 시기의 포령임에도 '류큐주민'을 규정하는 데에 차이가 존재한다는 점이다. 「류큐정부장전」에서는 '류큐주민'의 개념을 다음과 같이 규정하고 있다.

제3조 류큐주민이란, 류큐의 호적에 그 출생 및 성명이 기재된 자연인을 말한다. 다만 류큐로 호적을 옮기기 위해서는 민정 부장관의 허가를 필요로 하며, 또한 일본국 이외의 외국 국적을 가진 자 혹은 무국적자는, 법령의 규정에 의한 경우 외에, 류큐의 호적에 이를 기재할 수 없다.[67]

---

67   月刊沖縄社編, 『アメリカの沖縄統治関係法規総覧』 I, 月刊沖縄社, 1983, 53면.

「류큐장전」에는, ‘류큐주민’이란 류큐의 호적에 기재된 자를 가리키며, 거주이력에 따른 규정은 따로 없었다. 거주이력도 중시한 구 입관령과는 큰 차이가 있는 규정이었다. 당시 오키나와에 거주한 조선인들은 신분을 증명할 만한 서류를 갖고 있는 않은 경우가 대부분이었다. 또한 샌프란시스코강화조약의 발효로 일본국적마저 상실했기 때문에 새로운 호적등록이 불가능한 상황이었다. 따라서 「류큐장전」에 의거하게 되면, 일본국적 보유자도 외국적 보유자도 아닌, ‘무국적자’가 될 수밖에 없는 것이 오키나와의 조선인들이었던 것이었다. 「류큐장전」에 의거한 ‘무국적자’라는 범주가 — 명문화되지 않고 — 부상하게 되었던 것이다. 이와 관련하여 「류큐장전」에 ‘비류큐인’에 대한 조문条文이 있을 리 만무함에도, ‘류큐주민’, ‘무국적자’의 구별이 생겨났고, ‘다른 나라의 국적을 가진 자’라는 큰 틀 또한 암묵적으로 주어지게 되었다.

구 입관령과 「류큐정부장전」 사이의 이러한 차이는 좀 더 엄밀한 호적 정비, 관리를 목적으로 하여 1953년 11월에 공포된 ‘호적정비법戸籍整備法’(1954년 3월 시행)과 1954년 2월에 공포된 포령 제125호 ‘류큐 열도 출입관리령琉球列島出入管理令’(이하, 신新 입관령)에 입각하여, 「류큐장전」을 잇는 형태로 해소되어 간다. 특히 중요한 것은 신 입관령 ‘제3조 류큐 열도 거주자’에 대한 규정이다.

　　류큐 열도에 본적을 갖고, 또한 현재 류큐 열도에 거주하는 자[68]

68　月刊沖縄社編, 『アメリカの沖縄統治関係法規総覧』 III, 月刊沖縄社, 1983, 7면.

언뜻 봐도 알 수 있는 것처럼, '류큐 열도 거주자'가 되려면, 본적과 거주력이라는 두 가지 요소를 충족해야 한다. 구 입관령과는 큰 차이가 있는 규정이었다. 즉 1953년 1월의 포고 93호(구 입관령)에서 1954년 2월의 포령 125호(신 입관령)로 갈아타게 되면서 '류큐주민'과 '비류큐주민'을 구분하는 선은, 호적 혹은 거주력이 있는 자에서 호적과 거주력 양쪽을 충족시키는 자를 기준으로 다시 나뉘게 되었다. 그 결과, '류큐주민'의 범주에 포함되었던 이들 중에 호적을 갖지 않은 사람은 '류큐주민'이라는 틀에서 배제되게 되었다. 이로써 국적, 호적을 갖지 않은 조선인은 '류큐주민'에서 '비류큐주민'으로 내던져졌다. 여기에 그치지 않고 다른 나라의 국적도 갖고 있지 않았으므로 '무국적자'로 전락하게 되었다. 그 결과, '류큐적琉球籍' 보유자에게 일시적으로 부여되었던 시민권도 박탈되어 혼인신고나 아이들 취학도 불가능해졌다. 더 심각한 것은, '무국적자'는 국적 확인이 불가능했기에 외국인등록조차 하지 못하게 되었다는 점이다. 그것은 곧 언제든 강제송환 대상이 될 수 있음을 의미한다. 그렇게 신 입관령은 전쟁 전부터 계속 거주해 왔지만 호적을 갖지 못한 비류큐인과 1945년 9월 2일 이후 입역해 거주해 온 비류큐인을 하나로 묶어 외국인등록 대상자로 삼음으로써 오키나와에 거주하는 조선인들에게 심각한 영향을 초래하게 되었다.

신 입관령 공포 이후, 외국적자(일본국적자도 포함) 및 무국적자는 오키나와에 거주할 시에 재류허가를 취득하도록 하였다. 그러나 조선인들 대부분은 재류허가 신청을 하지 않았다. 재류허가에 필요한 신원을 증명할 자료를 하나도 갖고 있지 않았기 때문이다. 그 때문에 '비류큐인' 거기다 '무국적자'가 된 조선인들은 불법체류자가 될 수밖에 없었고,

'전후' 오키나와에서 법적으로 불가시화된 영역으로 전락하게 되었다.

또한, 이 시기 '비류큐인'이 '류큐주민'으로 '전적轉籍'하는 제도도 마련되었다. 1954년 7월 23일에 시행된 미국 민정부 지령 제6호 「류큐열도로의 전적」이 그것이다. 이때의 '전적'이라고 함은 일본 본토에 있는 호적을 오키나와로 옮기는 것을 의미한다.

'류큐적'으로 전적하기 위해서는 두 가지 조건을 충족해야 한다. (a)미국 민정 부장관副長官의 영주허가증을 받아 전적허가를 취득할 것, (b)일본 본토 본적지의 시정촌市町村이 발급하는 호적등본을 취득할 것, 이 두 가지다. 이들 요건을 갖추어 전적신고서를 미국 민정부 부장관에게 제출한 후 허가를 받아야 비로소 '류큐적'으로 전적할 수 있게 된다.

조선인에 한정해서 말하면, 품행방정, 재산과 직업에 대한 증명이 필요한 (a)를 취득하는 것은 물론이거니와, 이보다 더 엄격한 것은 (b)의 호적등본 취득이었다. '호적'을 갖지 못한 오키나와 거주 조선인이 '전적'을 하려면 다음과 같은 과정을 거쳐야 했다. 미국 민정부의 허가를 받아 일본으로 건너가서, 거기서 귀화하여 일본국적을 취득한다. 일본국적을 취득한 후, '본토'의 어딘가에 호적을 둔다. 그리하여 호적등본을 취득한다. 그 수속을 밟은 후, 오키나와로 돌아와서 '영주허가증'을 취득한다. 그 다음 일련의 서류를 제출하여 미국 민정부 부장관의 전적허가를 받는다. 이러한 번잡하고 힘든 수속을 거친 후에 비로소 '류큐적'으로 '전적'이 가능해지게 되는 것이다. 그러나 무국적자 신분으로 일본으로 도항할 수 있는지의 여부, 일본으로의 호적 취득이 인정될지의 여부, 인정된다고 하더라도 시간이 얼마나 걸릴지, 그리고 다시 오키나와로 돌아와 '류큐적'으로 전적이 허가가 될지의 여부 등등, 너무도 불투명한 부분이 많은 수속과정이라고 하지 않을 수 없다. '전적'을 위한 이러한 조건들은 오히려 무국적자를 무국적자인 상태로 방치하게 하는, 넘을 수 없는 벽을 만들었으며, '류큐주민'과 '무국적자' 사이의 경계선을 강화시킨 셈이 되었다.

아래의 기사는 오키나와의 입관체제 구축 과정을 가늠케 하는 중요한 사건을 보도하고 있다. 아마미오시마奄美大島가 일본으로 반환되기 반년 전인 1953년 6월, 아마미오시마 조선인회 회장 히라야마 시게平山茂는 류큐 재주在住 조선인 신분에 대해 류큐정부에 다음과 같이 질문한다.

> 問 = 류큐에 거주하는 한국인(원문 그대로—인용자주)이 류큐에 본적을 두는 것이 가능한가.
> 答 = 조선인은 강화 발효 이후부터 외국인이므로, 본적을 류큐로 옮기는 데에는 귀화의 수순이 필요하다. 류큐에서는 [귀화는] 부장관의 허가를 요한다.[69]

위의 문답이 이루어진 시기는 일본이 GHQ / SCAP로부터 독립한 이후의 일이며, 일본에 거주하는 식민지 출신자의 일본국적 또한 이미 박탈된 상태다. 요컨대 샌프란시스코강화조약이 발효됨에 따라 조선인은 일본국적을 박탈당해 다시 '외국인' 신분이 되었는데, 그것이 동일하게 오키나와에 거주하는 조선인에게도 적용된다는 내용이다. 바꿔 말하

---

69   『琉球新報』, 1953.6.24.

면, 샌프란시스코조약으로 일본으로부터 분리되었음에도 불구하고 조약의 영향이 오키나와의 조선인에게도 미치게 되었음을 의미한다. 또한 "귀화의 수순이 필요하다"는 부분도, 오키나와의 조선인의 경우, 일본국적을 상실했을 뿐만 아니라, 신분을 증명할 어떤 것도 남아 있지 않은 상황임을 전혀 고려하지 않은 답변이다.

이보다 더 문제는, 위의 답변이 오간 시점이 신 입관령이 발령되기 전, 즉 구 입관령이 유효한 시기라는 점이다. 즉, 오키나와의 조선인은 위의 문답이 이루어진 시점에는 법제도적으로 아직 '류큐주민' 범주 안에 있었다. 오키나와의 조선인이 '류큐주민'의 범주에 포함된다는 사실을 아마미오시마 조선인회가 거듭 확인함으로써, 그 / 그녀들이 무국적 상태로 전락하는 것을 막으려 한 것으로 보인다. 형식적으로 일관하는 류큐정부와 실제 법적인 피해를 입고 있는 자들의 온도차를 확인할 수 있다. 또한 앞서 언급한 류큐정부의 답변은 조선인을 일방적으로 '외국인'으로 간주하는 일본 '본토'의 외국인등록령을 거의 그대로 따른 것에 불과하다. 도이 도모요시土井智義는 오키나와의 출입관리체제 구축에 일본정부가 관여했을 가능성을 지적한 바 있는데,[70] 만약 그렇다면 양쪽 출입관리체제는 서로 직접적인 영향을 주고받은 것이 된다.[71]

---

70 "류큐정부 출입관리 당국은 '기술원조의 일환'으로, '비류큐인'을 관리하는 데에 일본정부가 '재일조선인'을 대상으로 구축한 기술을 상당부분 도입했다. (…중략…) / 일본정부는 미국의 '류큐 열도' 통치에 협력적이었는데 '기술원조' 등을 통해 '류큐 열도'의 '비류큐인' 관리에도 깊이 관여했다."(土井智義, 「米統治下の在沖奄美住民(下) 日米琉が作った管理制度 / 「技術援助」通じ深く関与」, 『沖縄タイムス』, 2013.12.19) 일본의 경우, 출입국관리령, 외국인등록령(법), 국적법이 각각 독립적으로 만들어졌는데, 오키나와의 경우는 3개가 세트로 제정·시행되었다. 그리고 도이가 언급한 바와 같이 일본은 '기술원조계획'이라는 형태로 '비류큐인'을 관리하는 기술을 오키나와에 전수한 것으로 보인다.

71 물론 이것을 논증할 자료가 없기 때문에 어디까지나 가설이다. 또 한국전쟁이라는 동아

앞서 언급한 제도의 변천을 거쳐 오키나와의 조선인들은 '비류큐인'이면서 '무국적자'가 되었다. 이들은 선거권, 공무원 채용, 토지 소유, 혼인 신고 등과 같은 권리를 상실하고, 아무런 보장도 받지 못하는 상황으로 내몰렸다.[72] 이로써 '류큐주민'의 하위에 '무국적자'라는 소수자가 만들어지게 되고, 소수자로 자리매김 된 오키나와 거주 조선인들은 제도의 밑바닥에 가라앉게 된다. 이후 한국에서 오키나와로 새로 유입된 노동자와 군 관계자를 제외하면, 조선인은 오키나와 내부의 외부인으로 살아가게 된다. 그것은 다시 말하면 그/그녀들의 '전후'가 오키나와의 전후사 흐름 속에 매몰되어 보이지 않게 되었음을 의미한다. 요컨대 '전후' 오키나와의 조선인들은 존재하는 자를 불가시화하는 법적구조의 포위망 안에 놓이게 된다. 그것은 오키나와전쟁 당시의 식민지주의 위계질서가 이른바 법제도화된 구조에 다름 아니다.

1950년대 전반에 보이지 않게 된 오키나와의 조선인들이 다시 출현하는 것은, 1960년대 중반 이후부터다. 그 사이, 미군 통치에 대한 저항이 오키나와 사회에 불거졌고, 그것이 직간접적으로 조선인들의 가시화에 기여하게 된다.

시아의 커다란 문맥이, 일본 '본토'와 오키나와에 유사한 제도를 우발적으로 낳게 했을 가능성도 있다. 이 부분은 양 지역의 자료 발굴, 각각의 제도가 목적으로 한 것, 그리고 실제 영향 관계 등을 섬세하게 비교분석할 필요가 있을 것이다. 그런데 양 제도는 커다란 국제 정치적 문맥을 공유하는 가운데 구축되었던 탓에 겹쳐지는 부분도 있다.

72 오키나와인들도 미군정 아래에서 인권이 극도로 제한되어 있었다. 다른 한편으로는 오키나와인들이 일본국적을 보유한 것을 샌프란시스코강화조약이 부정하지는 않았다. 그 때문에 '류큐주민'이 '본토'로 건너가면 선거권을 포함한 '일본국민'으로서의 권리는 회복되었다(新崎盛暉, 『沖縄現代史』, 岩波書店, 1996, 10~11면).

3장

'오키나와'를 둘러싸고

국제적 동향과 내부의 저항운동

이 장에서는, 1950년대부터 1960년대에 걸친 미국을 중심으로 한 동아시아 정세 속 한반도와 오키나와의 관계, 그리고 미군통치에 대한 저항의 일환으로 발휘된 오키나와 문인들의 문학적 상상력(『류다이분가쿠琉大文学』)과 그 저항의 구체적 실천으로서의 복귀운동에 대해 살펴보고자 한다. 이 시기의 오키나와를 둘러싼 동향으로는, 한편에서는 냉전을 배경으로 하여 오키나와를 반공체제로 편입시켜가려는 미국과 한국의 움직임이 있었고, 또 다른 한편에서는, 1950년대 『류다이분가쿠』가 자신들의 가해성을 직시하고 이를 극복하는 방법을 제기해 나간다. 아울러 토지투쟁과 합류하여 1960년부터 본격화된 복귀운동이 반미·반전·반기지운동 형태로 전개되는 복잡한 구도가 자리 잡는다. 특히 복귀운동의 전개는, 마찬가지로 반미, 반전, 반식민지주의, 반제국주의를 주장하는, 이른바 '제3세계'와의 관계를 구축해 가게 된다. 제3세계와의 관계 구축은 반공체제로 편입해 가는 것을 오키나와 스스로가 비판적으로 극복하려는 움직임과도 연결되었다. 이것은 또 오키나와 자체가 짊어진 내부의 식민지주의로 시선을 향하게 하는 일이기도 했다. 이 책에서 중시하는 것은 바로 그러한 탈식민지주의적인 동향이 오키나와의 조선인을 가시화하는 토양이 되고 있음을 직시하는 일이다.

1. 미국의 군사전략 속 오키나와와 한국

오키나와와 한국의 관계를 살펴보기에 앞서 제2차 세계대전 이후의 한반도의 정세로 시선을 돌려보면, 1945년 8월 해방 이후, 한반도는 격동기를 맞게 된다. 조선인들의 정치운동이 활발해지고, 1945년 9월에는 정치적 리더인 여운형의 '조선인민공화국' 수립을 알리는 선언도 있었다.

그러나 정치를 주도해 간 것은 어디까지나 미국이었다. 1945년 12월 모스크바 3국 외상회담에서 북위 38도선을 경계로 하여 한반도 북쪽은 소비에트가, 남쪽은 미국이, 5년간 신탁통치하는 것으로 일단락된다. 그러나 한반도 남쪽에서 신탁통치에 반발하는 분위기가 고조되고, 또 미소 양국의 신탁통치를 둘러싼 대립이 불거지면서 양국의 교섭은 최종적으로 결렬된다.

교섭이 결렬된 후 미국은 유엔결의 체재를 취하면서 한반도 남쪽에서만 총선거와 대통령 선거를 강행한다. 선거 결과 이승만이 초대 대한

민국 대통령으로 선출되어, 1948년 8월 15일에 대한민국이 수립된다. 뒤를 잇듯 한반도 북쪽에서도 남측 각 지역의 대표를 불러 선거를 실시해 수상으로 김일성을 선출하여 같은 해 9월 9일에 조선민주주의인민공화국 수립을 선언한다. 미소냉전체제에 편입되는 형태로 하나의 반도에 두 개의 국가가 탄생한 것이다.

한국과 북한이 각각 국가수립을 선언한 직후인 1950년 6월, 냉전冷戰이 열전熱戰으로 전화転化하듯, 3년에 걸친 전쟁의 포문이 남북을 사이에 두고 시작되었다. 한국전쟁이다. 한국전쟁은 '아코디언 전쟁'이라고 일컬어지기도 하는데, 북쪽 인민군과 연합군·한국군이 한반도를 오르내리며 격렬한 전투를 전개했다.[1]

동족 간의 격전 끝에, 400만 명이라는 사망자를 낳고, 1953년 7월, 미국을 중심으로 한 연합군과 북한 인민군이 휴전협정을 체결한다. 이로써 전투는 일단락되었다. 두말할 것도 없이 '휴전'은 전쟁을 일시 정지한다는 의미로, 지금 현재까지 남북은 휴전상태다.[2] 그렇게 하여 휴전선을 경계로 하여 남북분단이 고착되었다.

---

1 일본 국내에서도 한국전쟁 반대투쟁이 각지에서 일었다. 1952년에는 오사카부大阪府 스이타吹田·히라카타枚方에서 대규모 대모 행진과 구 육군공창매방제조소陸軍工廠枚方製造所에 시한폭탄설치 사건이 벌어지는 등 반대운동이 끊이지 않았다. 당시 오키나와에서도 반대운동이 일었다. 1950년대 전반에는 미군기지 확장 공사 등을 위해 일본 본토 건설업자가 다수 오키나와로 건너왔는데, 임금 등에서 오키나와인들을 차별하였고 이로 인해 항쟁이 빈발했다. 그 항쟁 때 한국전쟁 반대도 함께 주장하였다. 일본도로日本道路와의 쟁의에 관여한 하야시 요시미林義巳는, "그 일본도로 스트라이크라는 것은 본래 조선에 대한 폭격을 어떻게 스톱시킬 것인가가 최종적인, 그 스트라이크의 목표였으니까요"라고, 1975년에 기술한 바 있다(森宣雄, 『地のなかの革命—沖縄戰後史における存在の解放』, 現代企画室, 2010, 282~283면). 쟁의는 단순한 대우 개선이 아니라 반전평화운동이기도 했다.
2 그러나 2018년 4월 말, 남북 수뇌의 판문점 회담에서 휴전을 종전으로 전환할 것을 확인하였다.

한편, 오키나와전쟁 직후의 오키나와는 미국『타임스』지 기자의 '잊혀진 섬'이라는 표현대로 1940년대 말까지 미국이나 일본이나 관심을 두지 않는 섬이었다. 그러던 것이 1948년 2월, 맥아더가 군사전략적인 중요성을 강조하고, 같은 해 10월에 트루먼 대통령이 오키나와의 장기 보유를 승인하는 등, 미군기지 건설·확장이 오키나와에서 대규모로 진행되기 시작했다. 그 중요한 계기가 된 것이 바로 한국전쟁이었다.

한반도 정세와 오키나와의 관련성을 생각할 때 중요한 것은, 한국전쟁을 계기로 오키나와 내에 미군기지가 건설되었다는 것과 한국정부가 휴전협정에 동의하는 조건으로 미국에 한미상호방위조약 체결을 요구한 것이다. 즉 이것은 한국이 자진해서 오키나와를 중심에 둔 미국의 동아시아 전략에 편입되어 갔음을 의미한다.

한미상호방위조약은 휴전협정 이후 3개월이 지난, 1953년 10월에 체결되었는데(발효는 1954년 11월), 그것은 미국이 일본, 필리핀, 중화민국 등과 맺은 조약의 일환이었다. 1965년 한일조약을 포함하여 1950년 초부터 체결·발효된 조약은 다음과 같다.

> 1952년 4월 발효　대일평화조약(샌프란시스코강화조약)과 미일안보조약
> 1952년 4월 발효　태평양안전보장조약(ANZUS조약)
> 1952년 8월 발효　미합중국과 필리핀공화국 간의 상호방위조약(米比条約)
> 1952년 4월 발효　일본과 중화민국 간의 평화조약(日台条約)
> 1954년 11월 발효　미합중국과 대한민국 간의 상호방위조약(한미조약)
> 1955년 3월 발효　미합중국과 중화민국 간의 상호방위조약(米台条約)
> 1965년 12월 비준·발효 한일조약

오키나와를 일본으로부터 분리하여 미군정하에 두도록 한 샌프란시스코조약과 미일안보조약을 필두로 하여, 이들 여러 조약을 지리적으로 보면, 오키나와를 중심으로 그 주위에 뉴질랜드, 오스트리아, 타이완, 필리핀, 한국 등과의 조약이 배치되어 있음을 알 수 있다. 다시 말하면, 오키나와를 중심축으로 하여 미국의 군사전략이 구체화되고 있는 것이다.[3] 그 결과, 오키나와는 '잊혀진 섬'에서 '태평양의 요석要石'으로 그 위치가 변화하게 된다.

이로써 오키나와는 각 조약 체결국을 아우르는 중심추로 기능하게 되었다. 예컨대 한미상호방위조약 제3조에는 다음과 같은 기술이 보인다.

> 각 체결국은, 현재 각각의 행정적 관리하에 있는 영역 또는 그 어느 한쪽의 체결국이 다른 체결국의 행정적 관리하에 적법하게 놓여있는 것과 금후

---

[3] 오키나와를 요충지로 삼기로 한 샌프란시스코강화조약(일본국과의 평화조약, 1952년 발효)은, 제1조에서 연합국과 일본 사이의 전쟁 상황 종료와 일본의 주권회복을 승인하고, 제2조에서 일본이 식민지로 삼았던 지역을 방기할 것을 명기하였다. 이어서 제3조에서는 일본 '본토'와 오키나와를 다음과 같이 규정하였다.
제3조 일본국은 북위 29도 이남의 난세이 제도南西諸島(류큐 제도 및 다이토 제도를 포함), 소후암孀婦岩 남쪽에 자리한 남방 제도南方諸島(오가사와라 군도小笠原群島, 니시노시마西之島 및 화산 열도火山列島를 포함), 그리고 먼 바다 도리시마鳥島와 미나미도리시마南鳥島를 합중국을 유일한 시정권자로 하는 신탁통치제도하에 두려는 국제연합에 대한 합중국의 어떠한 제안에도 동의한다. 이 제안이 수행되고 또 가결되기까지 합중국은 영수領水를 포함한 이들 제도의 영역 및 주민에 대해 행정, 입법 및 사법상의 권력 일체 및 일부를 행사하는 권리를 갖는 것으로 한다.
다소 이해하기 어렵지만, 요컨대 오키나와의 신탁통치 제안을 '합중국'이 유엔에 상정하기까지, 오키나와의 시정권(시정권, 입법권, 사법권)은 미국이 갖는다는 내용이다. 제안은 했지만, 미국은 27년간 오키나와를 점령통치했다. 이처럼 샌프란시스코강화조약은 일본의 독립을 승인하고, 그것과 맞바꾸기라도 하듯 오키나와를 잘라내어 미국의 통치하에 두기로 결정한 조약이었다. 다른 관점에서 보자면, 패전 후의 일본 '본토'의 '독립', '평화', '민주화'는 오키나와를 미국에 바치는 것으로 승인된 것이었다.

인정하는 영역에서 어느 체결국에 대한 태평양지역에서 무력공격이 자국의 평화 및 안전을 위해한다고 인정하고, 자국의 헌법상의 수속에 따라 공통의 위험에 대처하도록 행동할 것을 선언한다.[4]

이 같은 문구는 한미상호방위조약뿐만 아니라, 미국이 체결한 다른 조약에도 동일한 문구가 포함되어 있다. 여기서 말하는 "각각의 행정적 관리하에 있는 영역"에는 오키나와가 포함된다. 오키나와를 미군의 관리하에 둘 것을 선언하고, 그뿐만이 아니라 유사시 미국과 함께 군사행동을 전개할 것을 선언하고 있다.[5] 이렇게 하여 오키나와는 미국의 동아시아 전략의 중심에 놓이게 되었다. 그것은 오키나와가 냉전에 편입되는 일이기도 했다. 그와 동시에 오키나와와 한국은 미국의 군사전략에 편입됨으로써 간접적 관계성이 생겨나게 된다. 이것이 훗날 오키나와의 조선인에게 영향을 미치게 된다.

오키나와와 한국 — 아시아민족반공연맹(APACL)

한편, 한국은 오키나와와 직접적인 관계 구축도 모색한다. 철저한 반공주의자였던 이승만 대통령은 1950년 2월, 일본 방문 기념 기자회견에서 "동양에 공산주의의 위험이 있는 한, 한일 양국은 과거를 잊고 긴

---

4   한미상호방위조약의 원문과 그 일본어 역은 각각 아래의 사이트를 참고하였다.
    https://bit.ly/2MgSkto[검색일:2017.10.21]; https://bit.ly/2SeBtq8[검색일: 2017.10.21]
5   이 부분은 마키세 쓰네지牧瀬恒二의『오키나와반환운동─그 역사와 과제沖縄返還運動─その歴史と課題』(労働旬報社, 1967, 48〜52면)를 참조하였다.

밀하게 협력해야 한다"라고 언급하였다.[6] 식민지지배에 대한 사죄와 보상보다 반공을 통한 '협력'을 우선시한 것이다. 그 후 이승만은 오키나와를 둘러싼 아시아의 반공집단안전보장기구의 창설을 모색하게 된다.[7] 이 조직을 통해 오키나와와 직접적인 관계를 맺게 된다.

이 반공기구는 한국전쟁 휴전협정이 체결된 이듬 해(1954) 6월, 한국과 중화민국이 중심이 된 '아시아민족반공연맹(The Asian People Anti-communist League : APACL)'이 결성됨으로써 일보 전진한다. 결성대회는 한국의 진해에서 개최되었다. 참가국·지역은 한국, 중화민국, 베트남, 필리핀, 마카오·홍콩, 타이 그리고 류큐였다.

이승만은 주최자 측 인사에서, "태평양의 아시아 각국이 반공을 위해 결속해야 할 시기가 왔다", "[참가국·지역은] 공산주의에 대응하는 십자군이 되어야 한다"라고 발언하였다.[8] 공산주의 진영과의 공존은 불가능하기 때문에 아시아의 자유주의 진영은 하나가 되어야 하며, 이를 위해서는 네트워크 구축 필요하다는 반공이데올로기의 표명이었다. 대회 마지막 날인 6월 17일에는 「아시아반공연맹헌장アジア反共連盟憲章」을 채택하고, 이 헌장 제1장 제1조에 "모든 가능한 방법과 수단을 동원하여 공산주의와 투쟁한다"라고 적시하였다.[9]

---

6 『朝日新聞』, 1950.2.17. 高崎宗司, 『検証日韓会談』, 岩波書店, 1996, 22면에서 재인용.

7 松田春香, 「東アジア「前哨国家」による集団安全保障体制構想とアメリカの対応ー「太平洋同盟」と「アジア民族反共連盟」を中心に」, 『アメリカ太平洋研究』 第5号, 東京大学大学院総合文化研究科附属アメリカ太平洋地域研究センター, 2005.3, 141면 참조.

8 『琉球新報』, 1954.6.16, 석간.

9 그 외에 「각처에 반공조직과 군대를 확보하도록 강하게 요구한다」(제1장 제8조), 집단안전보장 강화를 지지하고, 군사동맹결성을 위해 노력할 것(제1장 제10조) 등을 주장했다 (松田春香, 「東アジア「前哨国家」による集団安全保障体制構想とアメリカの対応」 참조). 또한, 이 대회에 일본은 초청되지 못했다. 그것은 이승만이 일본에 대해 매우 비판적이었

주목하고 싶은 것은, APACL과 오키나와의 관계, 특히 한국과 오키나와의 관계이다. 앞서 언급한 것처럼 APACL에는 '류큐' 대표가 참가하였다. 대표로 참가한 이는 사이 쇼蔡章(오키나와 이름은 기유나 쓰구마사喜友名嗣正)였다. 이승만은 참가국·지역에 대해 "반공전위反共前衛의 제일선인 류큐에 대해서는 우리는 전적으로 협력하는 태도를 견지할 것이며, 하루라도 빨리 류큐가 반공연맹을 결성하여 정치, 경제, 문화, 그 외에 자주적으로 활약할 수 있도록 전면적으로 지지"할 것을 호소하였다.[10] 더 나아가 이승만은 사이 쇼에게 "우리는 류큐를 형제로 생각하며, 미군의 반공방위기지 강화와 함께 류큐가 미국과 협력하여 대외적으로 행동할 수 있도록" 협력을 촉구하였다.[11] 사이 쇼도 대회를 돌아보며 "하루라도 빨리 류큐인이 하나가 되어 반공연맹을 결성하여 모든 아시아인과 함께 반공의 길로 나아가야함을 느꼈다"고 화답하였다.[12]

한국이 오키나와와 직접적 관계를 구축하는 데에 심혈을 기울였던 정황은 오키나와의 시정권 반환을 반대한 데에서도 찾을 수 있다. 오키나와의 시정권이 일본으로 반환되면 오키나와 주둔 미군이 철수할 것이고, 그렇게 되면 공산주의의 위협이 커져 한국도 위험해질 것이라는 판단 때문이었다. 실제로 이승만은 1957년 8월에 오키나와를 반환하

기 때문이며, 일본의 침략주의적, 군사주의적 속성을 경계한 것이기도 했다. 헌장에 제국주의와 식민지주의에 대한 저항을 각 참가 지역에 요청할 것을 기술한 것도 일본을 의식해서였다. APACL은 반공·반일이었기 때문에 반제국주의·반식민지주의적 성향을 띠었다(조무형, 「아시아민족반공연맹APACL의 창설과 좌절—역할 이론을 통한 한미 갈등의 개념화」, 『세계정치 10』 제29집 2호, 2008년 가을, 205면).

10 『琉球新報』, 1954.10.16, 조간.
11 위의 신문.
12 위의 신문.

면 안 된다는 취지의 서신을 캐롤 칸즈 미 하원 의원에게 보낸다.[13] 시인 주요한도 1950년대 중반에 등장한 소련의 신전술新戰術 — 자유주의권과의 대결태세가 아닌 긴장완화책 — 은, 공산주의국가와 자본주의국가의 대립을 완화시킴으로써 자본주의국가 간의 대립을 첨예화시키기 위한 전략이라는 분석을 내놓았다. 이에 주요한은 미국이 오키나와를 일본에 반환하면 북방영토를 반환하겠다는 소비에트연방의 제안은 전형적인 일본과 미국의 이간책이라고 비판했다.[14] 오키나와의 시정권 반환 반대론이 한국 국내에서도 어느 정도 확산되었음을 보여주는 글이다. 어찌되었든 한국은 1950년대 오키나와에 일었던 일본복귀운동을 인지하고 있었을 가능성이 높고, 오키나와를 반공의 방파제로 여긴 것은 분명하다.

그런데 오키나와는 APACL에 참가하지 않았다. '류큐 대표' 자리는 있었지만, 미국 민정부, 류큐정부 모두 누가 참가했는지 파악하지 못했다. 당시 오키나와에서 활동하던 류큐반공연맹琉球反共連盟도 참가신청을 하지 않았다. 누가 대표로 출석했는지 의문을 제기한 기사가 『류큐신보』에 게재되기까지 했다.[15] 사이 쇼는 '대표' 자격으로 참가했다기보다 개인 자격으로 참가한 셈이었다.

APACL의 창설은 한국이 오키나와에 기대하는 바를 여실히 보여주었으나, 양자가 직접적인 관계를 구축하는 단계에는 이르지 못하였다. 어찌되었든 오키나와가 미국의 군사전략하에서 미일안보조약과 한미

---

13 権赫泰, 「辺野古と済州のねじれの連動」, 『琉球新報』, 2016.4.22.

14 『동아일보』, 1955.9.5.

15 『琉球新報』, 1954.6.17, 조간. 또, 미국은 APACL 결성을 반대하지 않았지만, 일본의 참가가 허용되지 않았기 때문에 원조에 소극적이었다.

상호방위조약, ANZUS조약 등 다른 여러 조약을 축으로 하여 냉전체제로 편입되어 가는 가운데, 반공방위벽을 구축하려는 한국의 움직임은 미국의 동아시아 전략을 중층적으로 보완하는 결과가 되었다.

2. 한일회담, 한일조약과 오키나와의 조선인

다른 한편에서는, APACL 설립에 조금 앞서 한국과 일본의 단절된 관계를 정상화하기 위한 한일예비회담이 시작되었다(1952). 이 회담은 훗날 베트남전쟁으로 인한 동아시아 전략 부담을 일본과 한국에 떠넘기는 데에도 영향을 미치게 된다. 그런 의미에서 한일회담은 미국의 군사전략과 불가분의 관계에 있다고 할 수 있다. 뿐만 아니라 훗날 오키나와의 조선인에게도 적지 않은 파급을 미치게 된다.

이 교섭은 난항을 거듭하면서 장기화된다. 식민지문제를 둘러싼 국제적 상황이 옛 종주국 측에 유리하게 작용한 탓도 있고, 식민지지배에 대한 책임을 일본이 인정하지 않은 탓도 있다.

종주국에게 유리한 상황이라 함은 예컨대 다음과 같은 일들이다. 샌프란시스코강화조약 체결에 앞서서 1947년 2월, 이탈리아강화조약이 체결되었다. 그때 이탈리아의 식민지였던 리비아, 에리트레아, 이탈리아령 소말릴란드에 대한 배상을 조약에 명기하지 않았다. 거기다 이탈리아령 소말릴란드에 관해서는 독립하기까지의 10년간 이탈리아가 신탁통치할 것을 유엔총회에서 승인했다. 피지배국에 대한 배상을 명기하지 않은 채 식민지 상태를 유지하는 것을 승인하였는데, 그것은 이탈리아강화조약이 전쟁과 식민지지배를 명확하게 구분하고 있었기 때문에 가능한 것이었다. 교전국에 대해서는 배상금을 지불하였고, 이탈리아 옛 식민지는 교전하지 않았기 때문에 지불하지 않았다. 즉 이탈리아강화조약은 이탈리아의 전쟁책임은 물었지만, 식민지지배에 대한 책임은 묵인한 조약이라고 할 수 있다.[16]

교전 관계에 있었느냐의 여부로 패전국의 책임을 처리하고자 한 종주국 중심의 처리 방식은 샌프란시스코강화조약에도 그대로 계승되었다. 한국이 강화회담에 출석하겠다는 의사를 밝히자 미국은 식민지조선은 제2차 세계대전의 교전국이 아니었다는 이유로 출석을 인정하지 않았다. 여기에 더하여 미국과 영국 등 연합국이 과거에 한일병합을 승인한 탓도 있어, 일본의 식민지지배에 대한 책임 추궁은 미미하였다. 이처럼 식민지 책임을 묻기 어려운 분위기 속에서 한일회담이 시작되었다.[17]

한일회담은 13년에 걸친 마라톤 교섭이 되었다. 교섭이 장기화된 요인은, 앞서 언급한 국제적 상황에 편승한 일본이 식민지지배에 대한 반성을 보이지 않았던 것에서 찾을 수 있다. 일본 측 수석대표 외무성참여外務省参与 구보타 기이치로久保田貫一郎의 발언은 그 전형적인 예라고 할

---

16 이상의 이탈리아강화조약과 식민지를 둘러싼 국제환경에 대해서는, 오타 오사무太田修의 「두 개의 강화조약과 초기 한일교섭에 있어 식민지주의二つ講和条約と初期日韓交渉における植民地主義」, 李鍾元他編著, 『歴史としての日韓国交正常化 II−脱植民地化編』(法政大学出版局, 2011)를 참조하였다.

17 당시의 미국 태도는 다음 책에 자세히 나온다. ジョン・F・ダレス著・大場正史 訳, 『戦争か平和か−ダレス回顧録』, 鳳映社, 1958.

수 있다. 구보타는 회담장에서 "일본 입장에서도 조선의 철도와 항구를 만들거나, 농지를 조성했으며, 대장성大藏省은 당시 많은 해에는 2천만 엔이나 지출했다", "당시 일본이 [조선에] 가지 않았다면 중국이든, 러시아든 들어왔을 것이다"라는 발언을 한다. 이 '구보타 발언'으로 회담이 결렬되어 잠시 중단됐던 것이 교섭이 장기화하게 된 원인이 되었다.[18]

이처럼 식민지지배에 대해 반성을 보이지 않는 태도는 한국에 대한 배상을 부정하는 형태로도 나타났다. 식민지지배 책임에 대해서는 배상 방식, 청구권 방식, 경제협력 방식과 같이 명목을 바꿔가며 교섭이 진행되었다.[19] 일본은 배상을 인정하지 않았을뿐더러 조선에 남아있는 재산과 책무債務로 지불금을 상쇄하자는 제안까지 한다. 샌프란시스코 강화회의 참가를 거부당하고 식민지지배에 대한 피해 배상 요구도 순조롭지 않자, 한국은 만족할 만한 수준의 '청구권' 협상을 이끌어 내기 위해 총력을 기울인다. 결과적으로, 한일 양국은 한국의 경제성장에 투자하는 형식의 '경제협력방식'으로 타협하게 된다. 식민지지배 책임을 인정한 배상이 아니라, '경제협력'이라는 명목을 앞세우는 것으로 낙착되었다. 거기다 총액 5억 달러 가운데 3억 달러는 현물 지급, 2억 달러는 차관이었다. 식민지지배에 대한 일본의 책임은 경제문제로 축소되었고, 이것이 현재에도 일본의 식민지지배에 대한 책임을 묻기 어렵게하고 있다.

---

18 물론 이러한 인식이나 발언은 구보타만이 아니었다. 1963년 1월, 이케다 하야토池田勇人 수상이 "조선을 병합한 이후의 일본의 비행非行에 대해서는, 나는 과문하여 잘 알지 못합니다"라고 발언하는 등, 회담 내내 일본 측의 '망언'은 계속되었다.

19 그런데 3개의 방식에 질적인 차이가 있었던 것은 아니다(張博珍, 「日韓会談における被害補償交渉の過程分析-「賠償」・「請求権」・「経済協力」方式の連続性」, 李鍾元他編著, 『歴史としての日韓国交正常化Ⅰ-東アジア冷戦編』, 法政大学出版局, 2011, 45면 참조).

동아시아에서 반공체제를 구축하기 위해 "한일 양국은 과거를 잊고 긴밀하게 협력해야 한다"고 이승만은 말했지만, 결과적으로 한국은 과거의 식민지지배를 포기하고 '협력'을 선택한 것이 되었다. 그러나 이것은 거꾸로 말하면 미국의 동아시아에서의 패권은 역사와 기억을 억압을 통해 성립될 수 있었음을 의미한다. 그도 그럴 것이 이 패권에 대한 저항은 역사적 기억 문제에 관여할 때에만 가능하기 때문이다. 그리고 그러한 움직임은 1960년 중반 이후 오키나와에서 일어나게 된다(제4장 참조).

한일조약 체결이 오키나와의 조선인에 미친 영향

한일교섭이 장기화하게 된 또 하나의 이유로, 재일조선인의 법적지위를 둘러싼 문제를 들 수 있다. 본래 한일교섭은 재일조선인의 처우를 일본과 한국이 대화를 통해 풀어가도록 하자는 취지로 1951년 9월 미국의 지시로 시작되었다.

재일조선인의 법적지위를 둘러싼 한일협의에서 한국 측은 재일조선인이 일본에서 살게 된 역사적 배경이 되는 식민지지배를 언급했다. 구체적으로는, 그 / 그녀들에게 '특수한 외국인' 자격의 영주권 부여, 강제퇴거의 미적용, 일본국적자와 같은 대우 등의 배려를 요구하였다. 이에 대해 일본 측은 다른 외국인과 동일하게 취급할 것을 주장하였다. '외국인'이 두 종류(일반적인 외국인과 재일조선인)로 존재하는 것을 막겠다는 이유를 들었다.[20] 이렇게 해서 재일조선인을 둘러싼 양국의 주장은 합의점을 찾지 못한 채 교섭이 장기화되었다. 오키나와의 조선인에게 커다란 영향을 미친 것도 바로 그러한 문제였다.

한일회담이 거듭 중단되며 장기화되는 가운데, 1961년 박정희가 쿠데타로 정권을 장악하면서 한국은 한일조약체결을 서두른다. 비약적인 경제성장을 이루던 북한에 대항하기 위한 경제개발계획 자금이 필요했던 것과, 북측이 소련 및 중국과 상호방위조약과 상호원조조약을 체결한 가운데, 미일안보조약하의 일본을 군사적 방패로 삼고자 하는 의도가 깔려 있었다. 박정희는 한일회담이 조기 타결될 수 있도록 협력해 줄 것을 부탁하는 친서를 기시 노부스케岸信介에게 보내기도 했다.

북한이 일본과 가깝게 지내는 모습도 한국으로 하여금 체결을 서두르게 한 원인이 되었다. 1954년, 북한의 남일南日 외상은 재일조선인을 '조선민주주의공화국의 공민'이라고 명명하는 대일對日성명을 발표한다. 그 성명을 바탕으로 북측은 외국인을 수용하는 시설인 오무라 수용소에 불법으로 '공민公民'인 재일조선인들을 수용한 것을 일본정부에 항의하였다. 오무라 수용소에서 한국으로 강제 송환했기 때문이다. 반공법인 국가보안법이 존재하는 한국에, 북쪽을 지지하는 사람이 송환

---

20 高崎宗司,『検証日韓会談』, 岩波新書, 1996, 27면. 교섭이 장기화한 또 다른 이유로는, 한국 측이 해상에 그은 배타적 경제수역 '이승만 라인'을 들 수 있다. 당시 이승만 라인을 넘어 한국 측으로 진입한 일본국적 선박이 나포되는 사건이 빈발했다. 일본 측은 이것을 영역을 둘러싼 문제로 언급한 이승만 라인의 철폐를 요구했지만, 한국이 물러서지 않아 종종 교섭이 중단되었다(이승만 라인은 한일조약 체결 당시 철폐되었다). 이와 함께 '이승만 라인' 문제는 "지구상의 일개 약소국인 한국"이 안겨준 "굴욕"이니, 그에 대한 "대항 조치"로 "없는 식량을 나눠" "생활을 보호하고 있는" 재일조선인을 "강제송환"(사사키 모리오佐々木盛雄 중의원 의원)해야 한다는 차별적 인식을 일본 국내에 유포시켰다(高崎宗司,『検証日韓会談』, 48면). 재일조선인이 주인공으로 등장하는 영화〈저것이 항구의 등불이다あれが港の灯だ〉(今井正 監督, 1961)의 배경이 되는 곳도 이승만 라인이다.

될 경우 극형에 처해질 수도 있다면 북한의 항의는 정당하다고 하겠다. 또 그 이듬해인 1955년 2월, 북한은 일본과의 공식적 국교정상화교섭을 신청한다.[21] 이때가 한일 국교정상화교섭이 구보타의 발언 등으로 결렬·중단되었던 시기임을 상기하면, 북측의 요청은 분명 남측을 의식한 것이다.

이처럼 한국은 북측의 움직임에 대항하는 형태로, 체제의 유지와 강화를 우선시 한, 다시 말하면, 재일 조선인문제를 깊이 있게 고려하지 않은 채 한일조약을 체결한 것이다.

1964년 2월, 한일기본조약안의 임시 조인이 이루어진다. 일본에서는 1965년 11월 12일에 한일조약·협정(조약 1, 협정 4, 교환공문 1)이 중의원 본회의에서 체결이 강행되었고, 12월 11일, 참의원 본회의에서 체결되었다.

이때 체결된 한일 간 협정은 현재까지 영향을 미치게 된다. 앞서 살펴본 식민지지배의 인정과 그 책임문제, 청구권 및 경제협력협정 문제, 그리고 한국을 한반도 유일의 '합법적 정부'로 인정할 것 등이 포함되어 있었다.[22] 그 가운데 오키나와의 조선인과 가장 직접적인 관련이 있

---

21 朴正鎭, 「日韓会談と日朝関係―一九五〇~一九五九年」, 李鍾元他編著, 『歴史としての日韓国交正常化 I―東アジア冷戦編』, 法政大学出版局, 2011, 294면.

22 남은 문제를 구체적으로 기술하면, 첫째, 일본의 식민지지배에 관해, 제2조에서 "1910년 8월 22일 이전에 체결된 구 조약이 이미 무효"라는 것을 확인하였다. 그러나 "이미"가 언제를 가리키는 말인지 애매하다. 한일병합의 해인 1910년 시점부터 무효인 것인지, 1945년부터인지, 아니면 1965년부터인지 명확히 하지 않아, 한일 양국에서 자의적으로 해석할 여지가 있다. 둘째, 「한일 청구권 및 경제협력협정」 요강의 '5. 청구권의 해결'에서는 "관계협정의 성립 시에 존재하는 한일 양국 및 양 국민의 재산 및 양국과 양 민족 간의 청구권에 관한 문제는 샌프란시스코평화조약 제4조에서 규정하는 것을 포함하여 완전하고도 최종적으로 결정된 것으로 한다"라고 기술하고 있다. 이 협정으로 양 정부의 청구권에 관한 문제는 "완전하고도 최종적으로 해결된 것으로 한다"라는 것을 확인하였다. 일본

었던 것은, 「일본국에 거주하는 대한민국 국민의 법적지위 및 대우에 관한 일본국과 대한민국 간의 협정」, 즉 재일조선인의 법적지위에 관한 것이었다.

재일 조선인의 법적지위협정은 몇몇 조건을 충족하고 신청기간 중에 영주자격 신청을 하면 **한국적을 소지한** 재일조선인에게만 협정영주자격을 부여할 것을 명기하였다. "몇몇 조건"이라 함은, 한국적을 갖고 있어야 하고 거기에 더하여 ① 1945년 8월 15일 이전부터 일본에 거주한 자로 계속해서 일본에 거주하는 자 및 1971년 1월 16일까지 일본에서 태어난 자로 계속해서 일본에 거주하는 자(협정 1세), ② 1971년 1월 17일 이후에 일본에서 출생한 자로 60일 이내에 신청한 자(협정 2세)이다. 즉, 한국적을 갖고, 1945년 8월 15일 이전부터 일본에 거주하는 조선인과 그 자식들이 협정영주 획득 대상이 되었던 것이다.[23]

재일조선인의 법적지위협정은, 1966년 1월 17일부터 시행되었다. 시행 후 5년 이내에 ① 영주허가신청서, ② 여권 혹은 국적을 증명하는 문서 혹은 한국적을 갖고 있다는 취지의 진술서, ③ 6개월 이내에 촬영

정부는 현재까지도 이 협정을 방패로 식민지에 대한 책임을 "한일협약으로 해결 종료"라며 개인청구에 응하지 않고 있다. 그러나 한일회담에서 '위안부' 문제를 언급하거나 논의한 적이 없으며, 조선인 옛 '위안부'와 오키나와의 군인·군속, 사할린 잔류 조선인 등도 이 협정에 포함되지 않았다. 아울러 일본정부는 개인의 청구권은 소멸하지 않았음을 인정하고 있다(1991년 중의원 예산 위원회에서의 정부 답변). 셋째, 한일조약 제3조에서 "대한민국 정부는 유엔총회결의 제195(III)에 명확하게 제시하고 있듯 조선의 유일한 합법적 정부라는 것"을 확인하였다. 이것은 한국정부를 한반도의 "유일한 정부"로 인정하는 점에서 한반도의 대립을 부추기는 것이었다. 그런데 한국정부를 한반도의 "유일한 정부"라고 확인은 했지만, 한국이 관할하는 것은 한반도 전체인지 남쪽 반쪽인지 애매하게 기술하고 있어, 이 조항 역시 한국과 일본이 자의적으로 해석할 여지가 있다.

23 강제퇴거 사유를 남겨둔 것, 이른바 '협정 2세協定二世'의 후세대('3세' 이후)는 어떻게 할 것인가 하는 문제는 25년 후에 재협의하는 것으로 미뤄두었다.

한 사진, ④ 가족 및 거주 관계에 관한 진술서, ⑤ 외국인등록증명서 등을 각 시정촌市町村 자치체에 제출하여 법무성의 조사를 거친 후, 법무대신이 허가하면 일본 영주를 인정받게 된다.

여기서 간과해서 안 될 것은, 이 협정영주권 부여 대상에서 제외되는 자는, 조선적을 가진 재일조선인과 오키나와의 조선인이라는 사실이다. 한일회담 당시, 오키나와는 미국의 통치하에 있었기 때문에 법적지위협의 당시 전혀 염두에 두지 않았다. 더구나 오키나와의 시정권이 일본으로 반환되는 1972년 5월 당시는 협정영주 자격을 얻기 위한 신청기간이 이미 끝난 후였고, 한국정부가 대응에 나선 시기도 1971년 1월 1일까지라는 신청기간을 놓친 후였다(제4장 참조).

미국은 전후에 일본, 한국, 중화민국(타이완), 필리핀 등과 2개국 간 상호방위협정을 잇달아 체결하면서, 오키나와를 군사적 요충지로 삼는 동아시아 반공체제를 전략적으로 구축해갔다. 또한 미국 주도하의 마라톤 교섭 끝에 체결된 한일조약은, 일본의 식민지지배라는 역사적 사실을 등한시하고, 오키나와의 조선인의 존재를 고려하지 않은 채 맺어진 것이었다. 그것은 미국의 동아시아 내 패권이 기억과 역사의 압박 위에 성립한 것임을 시사한다. 따라서 오키나와의 조선인의 역사를 드러내기 위해서는 무엇보다 미국의 패권에 저항해 가면서, 이 압박 체제를 돌파할 필요가 있었다. 이어서 살펴볼 『류다이분가쿠』와 오키나와 복귀운동은 이러한 국제적인 반공체제에 이의신청을 하는 것으로 그것을 돌파해 나가려던 활동이었다.

3. 탈식민지화를 향한 오키나와

―『류다이분가쿠琉大文学』와 복귀운동

1950년대『류다이분가쿠』

1950년에 발발한 한국전쟁은 재在 오키나와 미군기지의 확대와 미국의 동아시아 전략이 펼쳐지는 계기가 되었던 한편, 오키나와 사람들에게는 이제 막 끝난 오키나와전쟁을 상기시키고, 언제 다시 전쟁에 휘말릴지 모른다는 불안감을 가져다주는 사태였다. 예컨대 한국전쟁이 발발한 직후인 1950년 7월 2일 자『우루마신보うるま新報』사설에는, "오키나와전쟁이라는 꿈에서 아직 깨어나기도 전인 5년 후 오늘, 오키나와인은 다시금 전쟁의 악몽에 빠져들려고 하고 있다. (…중략…) 어떠한 일이 있어도 우리는 두 번 다시 전쟁에 관여하고 싶지 않다. 설령 전쟁이 일어난다 하더라도, 기운 빠지더라도, 울고불고 하지 않고 태연자약하게 다시 찾아 올 평화를 확신한다"라고 쓰고 있다.

이러한 논조는『오키나와타임스沖縄タイムス』사설에도 보인다. "다시금 전쟁의 악몽"에 시달리면서 냉전구도를 전경화하고 있음을 알 수 있다. "옛 일본인의 지성知性, 감정으로는 조선휴전회의 (…중략…) 또한 이해하기 어려울 것이다"라며 휴전협의 자체에 의문을 갖거나(『류큐신보』, 1951.10.1), "이 [오키나와의 미군]기지는 아시아에 있어 평화 보장에 무언의 위력을 발휘할 사명과, 만일 불행하게도 전쟁이 발발할 경우, 전

략적으로든 전술적으로든 위력을 발휘할 사명, 이 두 가지를 갖는다"(『오키나와타임스』, 1952.1.9)라며, 미군에게 신뢰를 보내는 사설을 게재하였다. 물론 이러한 현상은 오키나와 내부에 불었던 거센 반공 바람을 배경으로 한다. 예컨대 1953년 11월에 오키나와를 방문한 닉슨 리차드 부대통령은 "공산주의의 위협이 있는 한, 미국은 오키나와를 보유할 것이다"라는 내용의 성명을 발표하고, 이에 더하여 오키나와 내 반미적 행동은 모두 '공산주의'로 간주하였다.[24] 그런데 위의 사설은 설령 그 것이 명분상의 발언이라 하더라도 냉전적 가치관을 내면화한 것에서 자유롭지 않을 것이다. "설령 전쟁이 일어난다 하더라도"라는 표현은, 자신이 생활하는 장소가 미군기 출격의 거점이 되고 있다는 것, 그로 인해 오키나와가 가해자 측에 서게 된다는 사실을 의식하지 못하고 있음을 드러내는 것이다. 미국의 동아시아 전략에 휩쓸린 인식이 그 안에 녹아들어 있는 것으로 볼 수 있을 것이다.

그런데 오키나와의 가해성에 관해서는 1950년대 문학 장르에서 먼저 다루기 시작했다. 한국전쟁 휴전협정이 체결된 1953년 7월에 『류다이분가쿠』가 창간되는데, 이 안에서 오키나와의 가해성을 명시하고, 미국의 군사전략과 냉전구조를 비판하고, 이를 극복하기 위한 시점을 제시해 나간다. 그런 점에서 여러모로 파급이 큰 잡지였다.[25] 그것은 문

---

24 아라사키 모리테루新崎盛暉와 나카노 요시오中野好夫의 지적대로, 한국전쟁이 한창이던 1952년부터 56년까지는 미군에 의한 탄압과 수탈이 계속되던 "오키나와의 암흑시대"였다(中野好夫・新崎盛暉, 『沖縄戦後史』, 岩波書店, 1976, 59면).

25 『류다이분가쿠』에 관한 논의는, 가베 사토시我部聖의 「'일본문학'의 편성과 저항―『류다이분가쿠』의 국민문학론「日本文学」の編成と抵抗―『琉大文学』における国民文学論」(『言語情報科学』第7号, 2009, 東京大学大学院総合文化研究科言語情報科学専攻), 가노 마사나오鹿野政直의 『전후 오키나와의 사상상戦後沖縄の思想像』(朝日新聞社, 1987), 신조 이쿠오新城郁夫의 「전후

학자들이 조선과 오키나와의 새로운 관계성을 만드는 데에 문학적 상상력을 발휘한 것이기도 했다. 예컨대,『류다이분가쿠』제8호(1955.2)에 게재된 기샤바 준喜舍場順의「비참한 지도惨めな地図」는 다음과 같은 내용을 담고 있다.

점과 점, 3리 이내의 바다 건너에 냉혹한
27도선의 벽은 너희들 비둘기의 목을 비틀고
너희들의 멋진 꿈을 차단하고 있다
그리고
너희들의 이마와 사고思考와 발 위로
쿵쿵 울리는 활주로
가는 곳마다 별모양으로 처발라진
골프장이 있는 지대地帯.
그것은 어제 조선의 젊은이들과 보리밭을 불태운
괴수怪獣의 병영. 그리고
거기에도 그 어부를 죽인 것과 같은 악취를 발하는
통조림이 저장되어 있다. 틀림없이 그럴 것이다.

방황하는 백성
진실이 무엇인지 알고 싶은 사람들

오키나와문학의 비망록戦後沖縄文学覚え書き」(『沖縄文学という企て―葛藤する言語・身体・記憶』, インパクト出版会, 2003), 신조 이쿠오新城郁夫・가노 마사나오鹿野政直,『대담 오키나와를 살아간다는 것対談 沖縄を生きるということ』(岩波書店, 2017) 등을 참고하였다.

'자유'에 굶주린 백성이여

전쟁은 결코 하지 않겠다, 고 다짐했다

어머니들이여

당신들은 알고 있나요

이런 비참한 지도를

(…중략…)

당신들

함구하고 있는 이들 그리고

함구당하고 있는 이들이여

노래를 불러야 한다

녹색 나무들이 찢겨나가는 비참한 계절이 시작될 때

다시 한번 불러야 한다

분노의 노래를 불러야 한다[26]

이 작품이 발표된 1955년 2월은, 한국전쟁 휴전협정이 체결된 이후
지만,[27] 오키나와로부터 한반도로 출격해 간 미군기가 초래할 참화를
매우 구체적으로 상상하고 있음을 알 수 있다("조선의 젊은이들과 보리밭을
불태웠다"). 또한, "골프장", "괴수의 병영"과 같은 표현을 통해, 언뜻 평
화로워 보이는 오키나와가 그 참상을 초래하는 장소라는 것을 드러내

---

26 『琉大文学』第8号(1955.2), 17~19면. 『復刻版 琉大文学』第1卷, 不二出版, 2014에서 인용.

27 1953년 3월(한국전쟁 휴전협정 체결 전)에는, 미군에 의한 '등화관제'에 저항한 것과 원폭
전 등을 개최했다는 이유로 류다이분가쿠의 학생 수 명이 퇴학 처분되는 사건이 있었다
(제1차 류다이 사건). 더 나아가 1956년에는 이에섬伊江島 등지의 토지투쟁에 가담했다는
이유로 다시 류큐대 학생들이 퇴학 처분되었다(제2차 류다이 사건). 제1차 류다이 사건에
대해 대학 측은 아직까지 사죄하지 않고 있다.

고 있다. 더 나아가 "전쟁은 결코 하지 않겠다"는 시인의 다짐이 흔들리고 있음을, 즉 오키나와가 가해의 위치에 서게 되어 버린 것을 '지도'를 통해 집어내고 있다. 이러한 인식은, "어떠한 일이 있어도 우리는 두 번다시 전쟁에 관여하고 싶지 않다"며 통렬히 비판하는 앞서의 『우루마신보』의 사설을 상기시킨다. 그런 점에서 보면, "분노의 노래를 불러야한다"라는 표현은, 미군의 만행만이 아니라, 가해의 위치에 서게 되어버린 "어머니들"과 "입을 다물고 있"는 스스로에게 던지는 다짐의 말이기도 할 것이다. 이러한 문학적 상상력은 피해뿐만 아니라 가해 사실을 구체적으로 드러내는 것으로 이어진다.

이처럼 오키나와가 전쟁에 관여하게 되어 버린 사실을 진지하게 마주한 것은 기샤바 준만이 아니라, 다른 『류다이분가쿠』 멤버들에게서도 찾을 수 있다. 예컨대 가와세 신川瀨信은, 오키나와에 있어 평화와 전쟁의 의미를 좀 더 추상적으로 묻고 있다.

전쟁은 떠나기는커녕 우리의 현재 입장은 전쟁을 따르기 위해 매일을 강요당하는 상황이다. (…중략…) / 생활 그 자체가 이미 전쟁과 직간접적인 협력이 되어버리는 사회 현황 속에서, 어떻게 해야 우리는 인간성이라는 모럴을 지탱할 수 있을까. 이 섬 주민처럼 오랜 압박의 역사를 가진 민족이, 이제 겨우 역사의 무거운 짐을 벗어 버리고 새로운 자신들의 역사를 헤쳐나가려 하는데, 이러한 민족의 평화에 대한 욕구를 저버리고, 다시금 그들의 굴욕적이고 비참한 역사를 반복하기 위한 계획에 참여하지 않으면 안 되는 우리들의 고통스러운 입장을 어떻게 해결해야 한단 말인가.[28]

한국전쟁만을 염두에 둔 것은 아니겠지만, "이제 겨우 역사의 무거운 짐을 벗어 버리고 새로운 자신들의 역사를 헤쳐 나가려 하는" "민족" 중에는 분명 한반도 사람들도 포함되어 있을 것이다. 그에 반해 냉전체제로 편입되면서 생활 자체가 곧 전쟁에 관여하는 일이 되어 버린 상황에 처한 "우리"의 "고통스러운" 심경을 토로하고 있다. 이는 말할 것도 없이 지난 전쟁의 피해자였던 오키나와가 이번에는 가해자 측에 서게 된 것을 가리키는 것이다.[29]

『류다이분가쿠』는 자신들이 전쟁의 가해자 위치에 서게 되는 것에 성찰적으로 반응한다. 1955년 4월은 반둥회의가 개최되었던 해인데, 이러한 분위기에 편승하여 이케자와 사토시池沢聡(오카모토 게이토쿠岡本恵徳)는 동남아시아에서 민족의식이 고양되는 현상을 지적하고, 민족문화 창조와 주체 창출의 중요성을 역설한다.

> 현재, 오키나와만이 아니라 동남아시아를 포함해, 식민지적 지배하에 있는 세계 여러 지역에 민족의식이 높아지고 있다. 민족의식의 고양은 그 민족에게 민족적인 전통문화를 확인하는 것으로 이어지며, 문화를 창조하는 입장에서 그것은 결국 그 민족의 새로운 진정한 의미에서의 민족문화의 창조를 의미한다. (…중략…) 전통이 그 민족의 삶의 근간을 이루는 것이고, 창조 주체로 작동하는 창조의 계기가 된다고 하면 우리는 이 문제에서 빗겨간 자리에서 새로운 창조를 만들어내는 것은 전혀 불가능할 것이다.[30]

---

28 川瀬信, 「この頃おもうこと」, 『琉大文学』第8号, 34면. 『復刻版 琉大文学』第1卷, 不二出版, 2014에서 인용.

29 新城郁夫, 「戦後沖縄文学覚え書き」, 『沖縄文学という企て―葛藤する言語・身体・記憶』, インパクト出版会, 2003, 28~29면 참조.

전통문화를 기반으로 하여 새로운 문화를 창조하자는 제안은, 전쟁에 휩쓸린 상황을 주체적으로 극복하기 위한 방법을 제시하는 것이기도 했다. 그도 그럴 것이 전쟁이 문화를 파괴하는 것이라면, 전통문화를 문화창조의 기반으로 자리매김하는 것은 곧 전쟁을 거부하는 일이 되기 때문이다. 여기에 더하여 가해의 위치에 서게 되는 원인이 미군의 점령통치라는 식민지주의적 상황에서 파생한 것이라고 한다면, 전통에 기대어 자신들의 문화를 창조하는 것은, 자신들이 처한 피지배 상황을 비판적으로 조망하는 일이기도 했다. 이렇듯 가해의 위치에 서게 되는 것에 대한 성찰력은 적어도 『류다이분가쿠』 제1기 멤버들 사이에서는 공유되었던 보인다. 『류다이분가쿠』 제9호(1955.7)에는, 「오키나와에 있어 민족문화의 전통과 계승沖縄に於ける民族文化の伝統と継承」이라는 테마의 좌담회가 마련되었다. 멤버인 가와미쓰 신이치川満信一와 아라카와 아키라新川明가 이케자와와 유사한 발언을 했기 때문이다.

또한, 이케자와의 발언에는 한반도뿐만이 아니라 제3세계로서의 아시아・아프리카에 대한 공감이 엿보인다. 물론 『류다이분가쿠』는 아시아, 아프리카, 혹은 한반도와의 관계 구축으로는 이어지지 못하였다. 그러나 전통문화를 재발견함으로써 새로운 문화를 건설하고, 이를 통해 가해성과 식민지지배, 식민지주의를 극복하려는 구상에는, 이러한 공감을 바탕으로 한 제3세계와의 관계 구축 전략도 내포되어 있었다. 그런 의미에서 미군의 점령통치로 인해 외부로 향하는 문이 거의 닫힌 상황에서 제시된 이러한 구상은, 오키나와를 밖을 향해 열어 보인 시도

30　池沢聡, 「編集部便り」, 『琉大文学』 第9号, 1955.7, 33면. 『復刻版 琉大文学』 第2巻, 不二出版, 2014에서 인용.

라고 할 수 있을 것이다. 앞서 언급한 기샤바의 「비참한 지도」 역시 '27도선의 벽'으로 닫혀버린 오키나와를, 그 밖의 세계를 상상함으로써 열어젖힌 시라고 하겠다. 이러한 문학적 상상력이 미국의 동아시아 전략에 대한 저항 가능성을 보다 풍부하게 해주었음은 말할 것도 없다.

그러나 『류다이분가쿠』가 지향한 전통문화를 통한 문화의 창조와 제3세계에 대한 공감과 연대 분위기를 형성하기에는 이 잡지만으로는 역부족이었다. 오히려 다른 쪽에서 『류다이분가쿠』가 제시한 방향성을 이어받게 되는데, 특히 제3세계와의 연대가 가능해지는 것은 1960년대 이후의 복귀운동을 통해서였다. 복귀운동은, 일본(국 헌법)으로의 복귀를 추구하는 것만이 아니라, 반미·반전·반기지를 주장하는 것으로 눈앞의 미군, 그리고 미국의 동아시아 전략에 보다 실천적으로 저항해 나간다. 그리고 복귀운동 전면에 내세운 것은 아니지만, 이것은 오키나와의 조선인을 가시화하는 토양이 되었다.

복귀운동

시정권 반환 이전의 오키나와는 냉전체제 안에 편입되어 있었다. 그다른 한편에서는, 1960년대의 복귀운동을 통해 제3세계로 불리는 국가 및 지역과 연대하면서, 반제국주의와 탈식민지 등의 이념을 공유하며 복귀를 지향하는 운동을 전개해 나갔다. 그러한 이념의 맹아는 이미 『류다이분가쿠』에서 싹트고 있었지만, 복귀운동 과정에서 좀 더 명확하게 나타나게 된다. 즉, 주로 1960년부터 시작된 복귀운동은 단순히 오키나와와 일본 '본토'의 관계에 머무는 것이 아니라, 제3세계와의 관련성과 식민지 및 제국주의 등에 대한 비판적 시야를 획득하는 형태로 전개해 간 것이다. 특히, 베트남전쟁을 계기로, 복귀운동은 반제국주의, 반식민지, 반미, 반기지, 반전쟁이라는 방향으로 선회한다. 그 결과, 복귀운동은 미군통치에 의한 식민지적 상황으로부터 탈각을 지향하는 것만이 아니라, 오키나와 민중과 아시아 사람들과의 연대 가능성을 열어가게 된다.

오키나와전쟁이 종결된 직후에는, 미군은 오키나와의 해방을 가져다주는 존재로 인식되기도 했다. 그러나 오키나와 사람들을 군 작업에 강제로 동원하고, 배급물자를 비싼 값에 부르고, 기지 확충을 위해 토지를 강제로 접수함에 따라 미군에 대한 비판과 불만이 폭증한다. 1940년대 말 무렵부터 '복귀'를 요구하는 목소리가 등장하게 된다. 미군과 협력해 부흥을 이루자는 주장도 없지 않았지만, 이보다는 복귀운동 쪽이 크게 확산되어 갔다.

이 책에서는, 복귀운동을 시기적으로는 1940년대 말부터 시작된 '초기 복귀운동'과 1960년부터 시작된 오키나와현조국복귀협의회沖縄県祖国復帰協議会(이하, 복귀협으로 약칭)를 중심으로 한 '복귀운동'으로 편의상 나누어 생각하기로 한다.

1940년대 말, 나카요시 료코仲吉良光를 중심으로 시작된 초기 복귀운동은, "전쟁 이전처럼 일본 행정하로 돌아가는 것이 오키나와 인민이 행복해지는 길"이라든가 "[오키나와] 주민은 인종적으로도 일본 인종"[31]

---

31   沖縄県祖国復帰闘争史編纂委員会, 『沖縄県祖国復帰闘争史 資料編』, 沖縄時事出版, 1982, 8면.

이라는 식의, 일본과 오키나와의 조상이 같다는 일류동조론日琉同祖論을 주장한다. 민족적 동일성을 내세워 일체화를 요구하는 운동이었다.

오키나와사회대중당沖縄社会大衆党도 1951년 3월 18일에 "생각건대 류큐인이 일본민족이라는 것은 새삼 논할 필요도 없이 동일 민족이 동일한 정치체제하에 놓이는 것은 인류사회의 자연스러운 모습"이라는 내용의 성명서를 제출한다. 오키나와인민당도 같은 해 임시 당대회에서 "류큐민족은 본래 일본민족의 일부이다. / 류큐민족의 행복은 여러 면에서 일본 인민과의 결합 없이는 불가능하다"라며, 복귀를 요청하는 결의문을 발표한다.[32] 이는 단순히 일류동조론을 반복하는 것은 아니었다. 여기서 '일본'이란 군국주의 시대에서 평화국가로 다시 태어난 일본을 가리키며, "류큐 인민"의 "결합"은 바로 이 평화국가 일본의 "일본 인민"이라는 점에서 일류동조론적 발상과는 변별되기 때문이다.[33] 그런데 그것은 어디까지나 민족동일성을 전제로 한 담론으로, 초기 복귀운동의 기반은 일체화 발상에 있었음은 분명하다.

또한, "오키나와인은 일본인이므로, 아이가 부모에게 돌아가고 싶어 하는 것처럼 인간이 느끼는 자연스러운 감정입니다. 모쪼록 동정해 주시기 바랍니다"[34]라는 나카요시의 상징적인 발언에서 보듯, 미국 민정부와 일본정부에게 청원하는 식의 운동방식 또한 초기 복귀운동이 크게 확산되지 못한 요인이기도 했다. 청원이라는 방식은 자칫 미군에 의한 오키나와 통치, 더 나아가서는 기지 자체를 용인해 버리는 결과로

---

32 두 인용문은 나카요시 료코仲吉良光, 『조국복귀운동기祖国復帰運動記』, 沖縄タイムス社, 1964, 21~22면에서 발췌하였다.

33 鳥山淳, 『沖縄 / 基地社会の起源と相克 1945~1956』, 勁草書房, 2013, 141면.

34 仲吉良光, 『日本復帰運動記』, 沖縄タイムス社, 1964, 16~17면.

이어지기 때문이다. 1951년에 결성된 조국복귀운동촉진기성회祖国復帰促進期成会가 복귀만 상정해 서명운동을 벌인 것도 그러한 방식을 따랐기 때문이다. 덧붙여 말하면, 1953년 결성된 오키나와제도조국복귀기성회沖縄諸島祖国復帰期成会가 복귀에 협력할 것을 미국 민정부에 요청하자, "[미국]민정부의 협력을 요구하는 것은 인식 부족"이라며 일축하고, 그 후 동력을 잃게 된 것도 수동적인 운동방침 탓이 아니라고 말할 수 없다. 물론 그런 방식을 취할 수밖에 없었을 만큼 탄압이 거센 상황이기도 했다.

다른 한편에서는, 1950년대 전반부터 한국전쟁 발발을 계기로 미군기지 확충이 결정되고, 그에 따라 1953년 4월 '토지수용령土地収用令'이 발포되고 토지 강제접수가 시작되었다. 미군이 중장비를 동원하여 주민의 토지를 접수하는 이른바 '총검과 불도저' 사태가 벌어졌다. 저항하는 주민은 공산주의자로 간주하여 더한 탄압이 가해졌다. 이러한 상황에서 아하곤 쇼코阿波根昌鴻(1901~2002, 평화운동가로 미군의 강제토지접수에 반대하며 반기지운동을 주도함)를 위시한 이에섬伊江島 농민들의 '구걸 행진' 등의 저항운동이 거세진다. 미군의 수탈을 추인追認하는 1956년 6월의 '프라이스 권고'를 계기로 섬 전체가 저항 모드로 돌입하는 이른바 '섬 전체 투쟁島ぐるみ闘争'이 1950년대 후반부터 대대적으로 일어났다.

미군의 토지수탈에 대한 비판은 오키나와 밖에서도 일었다. 1954년에 비정부 조직인 국제인권연맹(FIDH)이 일본 자유인권협회에 오키나와의 토지수탈에 관한 조사를 의뢰하고, 1955년 1월 오키나와의 참상을 조사한 내용이 크게 보도되었다.[35]

이 보고가 영향을 미쳤는지는 분명치 않지만, 국제적 규모의 회의에서도 오키나와 문제가 다뤄지게 된다. 오키나와의 현상은 세계에 알려지게 되었던 것이다. 1955년 4월 6일에서 10일에 걸쳐, 뉴델리에서 인도, 소련, 일본, 중국, 북한 등 14개국이 참가한 아시아제국인민회의가 개최되었는데, 오키나와에서는 오키나와일본복귀전국협의회 회장인 가미야마 마사요시神山政良가 출석했다(참고로 북한에서는 박정애, 한설야 등 10여 명이 참가했다). 회의에서는 핵무기 금지와 아시아 각국의 외국 군사기지 반대 항목 외에도 "7. 식민지주의와 타국의 내정에 대한 외국의 간섭"을 "규탄"할 것을 결의하고, 그 안에 "조선"과 "오키나와 제도"를 개별 항목에 포함시켰다. 조선에 관해서는 외국군대의 철수를 요구하고, 평화적 통일을 위한 노력을 기울일 것을 남북한에 호소하였다. 오키나와에 대해서는 "오키나와 제도를 즉시 일본으로 반환할 것"을 미국에 요청하도록 결의하였다.[36] 오키나와나 조선이나 모두 '외국'의 '간섭'으로 인해 분단된 지역이라는 인식을 공유하였던 것이다.

더 나아가 1957년 말에 개최된 제1회 아시아·아프리카 인민연대회의에서는 「제국주의에 관한 결의」가 결정되었다. 여기에서도 오키나와와 조선의 분단 문제가 다루어졌다. 오키나와에 관해서는 "오키나와를 즉시 반환하라는 일본 인민의 요구를 지지한다"라는 기술이 보인다. 이때의 '일본 인민'이라 함은 오키나와 사람들도 포함한 개념이었다. 또한 조선에 관해서는 조선 인민의 손으로 평화적 통일을 실현시키자는 조선 인민의 요구를 지지하고, 외국군대의 철수, 남북한 당국이 직접

---

35   이에 관해서는 『아사히신문』(1955.1.13)이 「미군의 '오키나와 민정'을 고발하다米軍の「沖縄民政」を衝く」라는 제목의 특집기사를 게재하여 여론을 환기시켰다.

36   浦野起央編著, 『第三世界国際関係資料集—第三世界と国際協力』, 有信堂, 1976, 8~11면.

접촉할 것을 권고하는 사안 등이 채택되었다.[37] 여기에서도 오키나와와 조선은 외부 세력에 의해 분단된 지역이라는 인식을 공유하였다. 그 뿐만이 아니라, 분단이 외국군에 의한 것이니만큼 분단의 극복은 제국주의와 식민지주의에 대한 투쟁으로 인식되었다.[38]

이러한 국제 정세에 더하여 '섬 전체 투쟁'은 토지를 둘러싼 투쟁이었으므로, 오키나와를 일본으로 '즉시 반환'하라는 움직임과 연동되었다. "운동이 무르익는 가운데 강요된 침묵을 깨고 일본복귀에 대한 원망願望이 활발"[39]해진 것도 토지투쟁이 복귀운동과 연동되었기 때문이다.[40]

오키나와의 토지투쟁은 미국이 지료地料에 대한 적정 보상 등을 결정하는 것으로 종식을 고한다.[41] 어찌되었든 1950년대 오키나와의 토지투쟁은 앞서 살펴본 것처럼 반식민지주의, 반제국주의, 분단극복과 같은 측면에서 국제적인 관심을 모았고, 또 이른바 제3세계와의 연대 가능성을 열어갔다.[42] 아울러 토지투쟁에 나타난 오키나와의 저항은, 1960년 이후, 일본 '본토'와의 분단을 극복하는 것을 주요 골자로 하면

---

37 위의 책, 22면.

38 또한, 1957년 전후는 미국의 군사전략 재편에 따라 일본 '본토'의 미군기지를 축소하고 오키나와에 캠프 한센과 캠프 슈와브와 같은 새로운 기지건설을 수행한 시기이기도 하다.

39 鳥山淳, 「地上戦の島の「戦後」―沖縄の米軍基地の成り立ちをめぐる断章」, 『現代思想』, 靑土社, 2001년 7월호 임시증간호, 19면.

40 단, 도리야마는 앞의 논문에서 당시의 '섬 전체 투쟁'이 일본 복귀 전망을 넘어서는 사정事情을 만들었다고 지적한다(위의 글, 20면). 여기서 사정이라 함은 "우리가 지키자 우리의 토지를"이라는 당시의 언어로 드러낸 것을 일컫는다.

41 오키나와인들의 토지투쟁은 오키나와 현대사의 중요한 사건이지만 이 책에서는 다루지 않기로 한다(中野好夫 · 新崎盛暉, 『沖縄戦後史』(岩波書店, 1976), 阿波根昌鴻, 『米軍と農民―沖縄県伊江島』(岩波書店, 1973) 등을 참고할 것.

42 이 시기의 오키나와 내 동향을 유엔과 제3세계와 관련시킨 논의로는, 임경화의 「분단과 '분단'을 잇다―미군정기 오키나와의 국제연대운동과 한반도」(『상허학보』 44집, 상허학회, 2015.6)가 있다.

서도 반전·반기지를 내건 복귀운동으로도 계승되었다.

국제적 연대 움직임이 무르익던 1960년 4월 28일, 오키나와 복귀운동의 견인차 역할을 하게 되는 오키나와현조국복귀협의회(이하, 복귀협으로 약칭)가 결성된다. 참고로 1960년은 '아프리카의 해'이며, 또 한국에서는 '4·19혁명'이 일어났던 해이기도 하다.

복귀협회칙復帰協会則 제3조 1에는 "[오키나와를 미국이 통치한다고 명기한] 대일강화조약 제3조의 폐기 또는 권리의 포기에 따른 옛 오키나와현의 조국으로의 완전복귀를 기대한다"라고 기술되어 있다. 또한 미군기지에 관해서는 "평화를 위해서라도 오키나와 기지가 필요하다는 선전은 의심의 여지가 있다"라고 적시하고 있다.[43] 기지를 용인했던 초기 복귀운동과는 일선을 긋는 방침이었다. 그리고 기지와 평화가 양립할 수 없다는 인식은 곧 오키나와가 가해의 입장에 서는 것을 거절하는 것이기도 했다.

한편, 제6조 4에는 "민족의식의 앙양 및 국민감정의 육성"을, 그리고 같은 조 6에는 "히노마루日の丸의 게양"을 해결해야 할 사업으로 제시했다. 탈脱 "이민족[=미국]"을 위한 전략일지 모르지만, 민족주의적 색채가 농후한 사업이 설정되었다. 다른 한편에서는 "1. 국내에 대한 어필 활동의 전개"를 내걸고 오키나와 내 계몽활동과 일본 '본토'의 여론 환기를 병행하며, 해외 "특히 아시아, 아프리카 제국의 정부, 민간단체"에 복귀운동의 주장을 호소하였다.[44] 아시아·아프리카 제국과의 국제연대 모색을 동시에 표명한 것이다. 요컨대, 1960년대의 복귀운동은, 내

---

43   沖縄県祖国復帰闘争史編纂委員会, 『沖縄県祖国復帰闘争史 資料編』, 56면.
44   위의 책, 55~56면.

셔널리즘에 호소하는 측면과 반제국주의와 반식민지주의에 입각한 제 3세계와의 국제적 연대 모색이라는 측면을 동시에 지니고 있었으며, 더 나아가 '이민족'에 의한 식민지 상태에서 벗어나려는 운동으로도 전개되었다고 할 수 있다.

복귀협 결성 당시의 국제적 움직임에 주목하면, 1960년 12월 14일에 개최된 유엔총회에서는 「식민지 제국諸国・제인민諸人民에 대한 독립 부여에 관한 선언」이 채택되었다. 이를테면, "모든 형식에서 식민지주의를 종결시키기" 위해 "신탁통치 지역, 비非 자치지역 및 아직 독립을 달성하지 못한 그 외 모든 지역, 이들 지역의 모든 인민이 완전한 독립 및 자유를 향수할 수 있도록 하기 위해, (…중략…) 어떤 조건이나 보류하는 일 없이 모든 권능權能을 이관하는 제 조치를 즉시 취할 것" 등이 선언의 하나로 채택되었다.[45] 이 선언이 있고 나서, 류큐정부 입법원은, "일본 영토 내에서 주민의 의사에 반해 부당한 지배가 이루어지고 있는 데에 유엔동맹 제국이 주의를 환기할 것을 요망하고, 오키나와에 대한 일본의 주권이 조속하고 완전하게 회복되도록 진력해 주기를 강력하게 요청한다"는 내용의 「시정권 반환에 관한 요청 결의」('2·1결의')를 만장일치로 채택하였다. 일본 영토인 오키나와가 미국의 통치를 받는 것은 식민지지배이며 부당한 일이니 일본에 반환될 필요가 있다는 주장이다. 복귀협은 그 자리에서 '2·1결의'를 지지하는 현민대회를

---

45 浦野起央編著, 『第三世界国際関係資料集』, 236면. 유엔의 이 선언에서는 직접적으로는 오키나와와 조선에 대해 언급하지 않았다. 일본정부는, 오키나와는 "일본의 고유 영토"이며, 시정권 반환을 미국에 요구하고 있으므로, 유엔에서 채택한 「식민지 제국諸国 제 인민諸人民에 대한 독립 부여 선언」에서 말하는 "독립을 달성하지 않은 지역"에는 해당되지 않는다는 견해를 2·1결의(후술함) 다음날 발표한다.

개최하고, 미국은 식민지지배를 멈추고 오키나와를 일본으로 반환하라고 외쳤다. 복귀협은 국제적 동향, 오키나와 내 동향에 즉각 반응하고 이를 행동으로 옮겼다. 참고로 이 '2·1결의'에 대해 일본정부는, 오키나와는 식민지가 아니라는 견해를 발표하여 '식민지 논쟁'이 불거졌다.

1963년 제3회 아시아·아프리카 인민연대회의(1963년.2.4~10, 모시에서 개최)에서는, 일본 대표단(오키나와 대표단의 도항은 미국 민정부의 허가를 받지 못했다)이 제안한 '오키나와를 반환하라! 국제공동행동 4·28 '오키나와 데이''가 승인되었다.[46] "오키나와의 군사기지는 일본의 독립, 세계의 평화, A·A의 민족독립운동에 커다란 장해가 되고 있다. 즉시 일본으로 반환할 것. 4월 28일을 오키나와 데이로 한다"[47]라고 결의하였다. 이에 대해 복귀협은 "오키나와 해방 투쟁이 오키나와를 포함한 일본 인민의 투쟁만이 아니라, 아시아, 아프리카 민족해방과 평화의 투쟁의 중요한 일환으로 자리매김되었다"고 높게 평가하였다.[48] 복귀협은 자신들의 운동이 반기지, 민족해방이라는 제3세계의 동향과 연결 가능한 보편적 인식이라는 것을 재차 확인한 것으로 보인다. 참고로 북한은 샌프란시스코 강화조약 이후, "오키나와는 일본에 반환해야 한다"는 주장을 이어갔으며, 같은 해에 "오키나와는 일본에 귀속해야 한다"는 취지의 논설을 『로동신문勞働新聞』(1963.4.28)에 게재한다.[49] 북한 역시 제3

---

46 http://www.japan-aala.org/shiryo/141217.pdf 참조[검색일: 2015.1.3]

47 沖縄県祖国復帰闘争史編纂委員会, 『沖縄県祖国復帰闘争史 資料編』, 143면.

48 위의 책, 143면.

49 임경화, 「'분단'을 잇다―미군정기 오키나와의 국제연대운동과 한반도」, 10면. 더 나아가 북한은, 60년대에는 오키나와에 있는 '핵기지'를 철수하라고 주장했다(具甲祐, 「アジア分断と沖縄3 北朝鮮から見た沖縄返還」, 『琉球新報』, 2014.4.28).

세계와의 연대를 주장하는 가운데 오키나와에 관심을 기울이기 시작했음을 알 수 있다.

이처럼 오키나와 밖의 반식민지운동과 주의주장에 호응하면서 복귀협은 국제적인 연대를 한층 더 희구해 가게 된다. 1965년 복귀협 정기총회에서 다음과 같은 슬로건이 제시되었다.

> 우리들은 상대의 기만과 회유에 맞서 식민지지배에 반대하고, 민족해방에 나선 세계 사람들과 강하게 연대할 필요가 있다. 대일째ㅁ평화조약 제3조는 그 자체로 무효이며, 유엔의 식민지 폐지선언을 비롯한 유엔헌장, 세계인권선언 등의 국제법을 위반한 부당한 통치라는 것을 국제적으로 문제시할 것이다.[50]

단순히 복귀를 요구하는 것이 아니라 "식민지지배"와 "부당한 통치"라는 것을 국제적으로 문제시 하는 것으로 세계적 연대를 꾀하고 있음을 알 수 있다. 이후, 복귀협 운동은 1950년대 초기 복귀운동의 기지용인 방침을 전면 불식하고, 식민지지배 반대, 미일안보체제 타파, 대일평화조약 제3조 폐기, 미군기지 철거, 인권존중 등을 주장하며, 미국과의 대결태세를 더욱 명확히 해나간다.

50 　沖縄県祖国復帰闘争史編纂委員会,『沖縄県祖国復帰闘争史 資料編』, 212면.

베트남전쟁과 복귀운동

대결태세가 강화된 배경에는, 미군에 의한 오키나와의 군사식민지화와 격화된 베트남전쟁이 자리한다. 1965년 2월, 미국은 북베트남에 폭격을 시작으로 베트남전쟁에 본격적으로 개입한다. 오키나와의 미군기지도 베트남전쟁에 깊이 관여하게 됨에 따라 오키나와 사람들도 그 안으로 휘말려 들어가게 되었다. '휘말려 들어가게 되었다'라는 표현은 베트남행을 눈앞에 둔 미군 병사들에 의한 범죄 피해가 오키나와 내에 발생하게 되고, 무엇보다 오키나와 사람들로 하여금 전쟁을 다시 경험하게 하는 일이라는 것을 의미한다. 실제 베트남전쟁이 본격화됨에 따라 다카에高江에는 '베트남 마을'이라고 불리는 훈련장이 만들어지고, 이에섬에는 남베트남에서 소년병들이 훈련을 위해 오키나와로 건너오는 등, 오키나와는 바야흐로 전쟁을 위한 섬으로 변모해갔다. 이러한 상황은 사람들로 하여금 오키나와전쟁을 떠올리게 하고 불안감을 고조시키기에 충분했다.

그런데 이뿐만이 아니라, '휘말려 들어가게 되었다'라는 표현 안에는, 전략폭격기 B52가 직접 베트남을 향해 출격하게 됨에 따라 오키나와가 가해의 위치에 서게 되는 사태도 포함되어 있다. 오키나와가 베트남 사람들에게 '악마의 섬惡魔の島'이라고 불린 것은 그야말로 오키나와가 미국의 군사전략에 휘말려 들어가게 되면서 떠안게 된 가해성 때문이다. 즉 자신들이 과거에 입었던 전쟁피해를 이제는 거꾸로 자신들이 피해를 주는 위치에 서게 되는 뒤틀림이, 베트남전쟁의 격화로 인해 발생하게 된 것이다. 그것이 복귀운동으로 하여금 전쟁반대, 그리고 '미제米帝'와

이에섬에서 낙하연습 중인 남베트남 소년병
『류큐신보』, 1970.9.15, 조간

의 대결태세를 강화시키는 배경이 되었다. 그런 의미에서 복귀협의 미국과의 대결태세는, 가해와 피해를 동시에 거절하는 자세를 드러낸 것이라고 할 수 있다. 앞서 언급한 복귀협의 슬로건 역시 오키나와의 미군 기지 문제가 베트남전쟁이 본격화됨에 따라 등장한 것이다.[51]

1965년 복귀협 정기총회에서, 미국의 베트남 개입을 "평화에 대한 중대한 도전"으로 규정하고, 「미국의 베트남민주공화국에 대한 무력 개입에 대한 항의결의」를 채택해 존슨 미국 대통령과 미국 상하 의원 앞으로 결의문을 보낸다.[52] 그 후, 매년 베트남전쟁에 대한 항의결의가 총회에서 다루어졌고, 1966년 2월 제11회 정기총회에서 '기지 철거'가 정식으로 제기되었다.

또 베트남전쟁에 대한 항의는 한일조약에 대한 반대 주장과도 연결된다. 1966년 복귀협 정기총회에서는 "한일조약 비준은 미국, 일본, 한국, 타이완이 공동작전의 길을 여는 동북아시아 군사동맹의 완성을 의미하는 것으로, 미일안보체제의 실질적 강화를 촉진하는 것이다"라는 내용의 성명이 채택되었다.[53] 복귀협이 한일조약에 반대한 것은, 그것이 한국, 미국, 일본이 하나가 되어 군사행동을 가능케 하고, 더 나아가 미국의 동아시아에서의 패권을 강화시키는 것으로 간주했기 때문이다. 미국의 동아시아 전략에 대한 이의제기라고 할 수 있다. 또한, 제4회, 제5회 아시아·아프리카 인민연대회의(1965년 5월, 제네바, 1966년 1월 3일~

---

51 이 외에도 보수당인 오키나와 민주당(1964년 12월 결성)이 기지와 시정권 분리를 통한 복귀 구상을 내걸었기 때문에 그것에 저항하기 위해서라도 기지 철거를 방침으로 삼았다.

52 沖縄県祖国復帰闘争史編纂委員会, 『沖縄県祖国復帰闘争史 資料編』, 沖縄時事出版, 1982, 217면.

53 위의 책, 274면.

15일, 하바나 개최)에서도 한일회담 "분쇄^{粉碎}"와 미국 제국주의와 일본의 종속세력과의 투쟁을 호소하는 한편, 베트남 인민과의 헌신적인 연대를 주장했다. 이렇듯 복귀협은 제3세계와 행보를 같이했다.

복귀협이 복귀라는 과제에만 머물지 않고, 전쟁 반대, 기지 철거, 미일안보 타파와 같은 구체적인 목표를 내걸고, '미국 제국주의', '일본 제국주의'와의 대결태세를 꾸준히 강화해 나간 결과, 해외로부터의 연대 메시지를 기대할 수 있게 되었다. 1968년 제13회 복귀협 정기총회를 기하여 철학자 버트런드 러셀Bertrand Arthur William Russell, 베트남 노동총동맹 의장인 호안 유크 베트, 그리고 북한의 '조선직업총동맹중앙위원회'로부터 연대의 메시지가 날아들었다. 그것은 오키나와의 복귀운동이 '복귀' 요구만이 아닌, '악마의 섬'으로부터 벗어나고자 한다는 것, 이를 위해 전쟁의 폭력과 기지 존재 자체를 부정하고, 아시아의 평화를 희구하는 것임을 세계가 알아주었기 때문이다.

러셀의 메시지는 "현재 인류가 직면한 최대의 위기는 베트남 인민에 대한 미국의 침략전쟁입니다"라는 문구로 시작한다. 이어서 위기에 직면한 오키나와는 "제국주의 침략의 중심 역할"을 맡게 되었을 뿐 아니라, 미국에 의해 "식민지적 성격"이 덧칠되고, "일본국민으로서의 권리"를 빼앗기고, 일본국 헌법의 보호도 자치권도 부정당하고 있다는 내용이 이어진다. 그러한 이중의 부당한 취급을 받고 있음을 국제사회에 호소하기 위해서라도 '국제전쟁범죄재판소'의 지원이 필요하다고 러셀은 주장하며, 오키나와 사람들의 연대를 촉구했다.[54]

---

54 위의 책, 436면.

오키나와를 '악마의 섬'으로 보던 베트남에서도 메시지가 도착했다. 호안 유크 베트는, 오키나와의 "미국 제국주의 지배와 노예화"로부터 벗어나기 위한 운동과 "베트남 침략전쟁"을 위해 오키나와를 이용하지 말라고 촉구하는 "일본 인민"의 투쟁은 "정의의 투쟁"이며, "우리 베트남 노동자와 인민"에게는 "귀중한 지지"이자, "협력의 투쟁"이라는 격려의 말을 보내왔다.[55] 러셀과 마찬가지로 오키나와의 부당한 상황을 고발하고, 전쟁반대, 미군에 대한 저항은 베트남과 상호 '협력'해야 하는 것이므로, 각각의 장에서 투쟁을 이어가자는 내용의 메시지였다.

북한의 '조선직업총동맹중앙위원회' 메시지 역시, '미국 제국주의'와 '일본 제국주의'에 반대하여 오키나와와 오가사와라小笠原를 즉시, 무조건, 완전반환을 요구하는 "일본 노동자"의 투쟁은 "아시아의 평화를 수호하는 정의의 투쟁"이라는 격려의 내용을 담고 있다. 나아가 조선의 "독립과 통일"을 위해 굳건히 집결하고 있는 "4천만 조선 인민" 역시 "아시아의 평화"를 위해 투쟁하고 있으므로, "일본의 노동자 계급"과의 연대가 가능함을 피력하고 있다.[56] 이 메시지 또한 개개의 투쟁 현장을 아시아라는 폭넓은 관점으로 연결시키는 것이었다.

이들 메시지는 모두 '미국 제국주의'와의 투쟁이라는 공통분모를 갖

---

55 위의 책, 439~440면. 또, 직접적인 메시지는 아니었지만, 1965년 2월에 『류큐신보』는 북베트남 노동당 기관지 『냥잔ニャンザン』 기사를 소개하였다. 오키나와의 해방과 국가주권의 회복을 주장하는 '일본인'의 '미국 제국주의'에 대한 투쟁은 베트남을 적극적으로 지원하는 결과가 된다. 그도 그럴 것이 오키나와와 일본의 항구, 기지가 미군에게 중요하기 때문이다. 따라서 오키나와의 복귀운동 역시 '미국 제국주의' 투쟁에 공헌하는 것이라는 내용이다.

56 위의 책, 440면. 또한, 1971년 팔레스타인 민족해방운동으로부터 보내온 메시지도 미국과의 투쟁을 호소하는 것이었다.

는다(북한은 '일본 제국주의'도 투쟁의 대상으로 삼았다). 또한 북한과 베트남, 오키나와와 관련해서 말하면, 각각의 분단선 ─ 38도선(남북한), 17도선(남북베트남), 27도선(오키나와와 일본) ─ 을 껴안고 있고, 이러한 분단을 초래한 주체 역시 '미국 제국주의米帝'와 '일본 제국주의日帝'라는 공통분모를 갖는다. 그 때문에 공통의 '적'인 '미제'에 맞서 분단을 극복하는 일은 곧 아시아에 있어서의 탈식민지화, 그리고 냉전질서에 대한 저항이기도 했다. 그런 점에서 오키나와, 조선, 베트남이 서로 입장을 같이하는 것은, 저항운동의 경험을 공유하며 동아시아에서의 운동 공간을 넓혀가는 일이기도 했다. 이로써 '미국 제국주의'와 미일안보체제의 폐기 주장은 오키나와를 넘어선 가능성을 확보하게 되었다.

복귀운동은 미일 양정부가 시정권 반환에 합의하는 1969년 이래, 더욱 첨예화되어 간다. 1968년에 B52폭격기의 오키나와 배치가 확정되는 배경이 되기도 하였다. 1969년 복귀협의 운동 목표로는, 첫째, 대일 '평화' 조약 제3조의 철폐, 둘째, 일본 제국법의 오키나와 적용, 셋째, 군사기지 철거, 넷째, 미일안보조약의 폐기, 이 네 가지 사안을 내걸었다. 미군기지는 안보조약의 '요석要石'이므로 '기지 철거' 요구는 '안보 폐기'의 일환이라는 것, 미일안보조약에 따른 오키나와 핵 반입을 일본국 헌법에 입각해 금지할 것 등이 포함된 이 네 개의 목표는 각각 유기적으로 연결되었다. 이로써 '복귀'라는 용어는 오키나와를 새로 태어나게 하는 '신생新生'의 이미지를 갖게 되었다.

복귀운동은 바야흐로 초기 복귀운동과 같이 미국 민정부에 청원하는 형식이 아닌, 제3세계와의 관련성을 모색하고, 반기지, 반전 슬로건을 내건 식민지주의로부터의 탈각을 지향하는 운동으로 변화해 갔다.

앞서 살펴본 것처럼 한국전쟁 휴전협정체결 이후의 『류다이분가쿠』 역시 한반도를 포함한 제3세계와의 연대를 지향해 간다. 그것이 1960년대 복귀운동에 이르면 세계적인 반전평화운동으로 성장하게 된다. 그리고 복귀운동은 지사의 공선제公選制 획득과 같은 구체적인 성과를 올리는 것으로, 오키나와를 축으로 한 미국의 동아시아 전략에 대항하는 기반을 갖추게 된다.

그런데 유감스럽게도 국제연대와 탈식민지를 지향했던 복귀운동이 오키나와 내부의 아시아로 시선을 돌리는 일은 없었다.[57] 복귀협이 주요 사안으로 내걸었던 "식민지로서의 오키나와 해방"은 ① 주석主席 공선제의 실현, ② 도항渡航의 자유 획득, ③ 언론의 자유 획득, ④ 참정권을 획득하여 국정참가 실현, ⑤ 금융기관과 수도공사 등에 대한 미국 착취로부터의 자유, ⑥ 일본국 헌법의 오키나와 적용 등으로, 오키나와 안쪽에서 신음하고 있는 조선인의 존재에까지 시선이 미치고 있지 않다. 즉, 오키나와 자체가 안고 있는 식민지주의와, 일본 식민지지배의 잔재에 대한 시야를 확보하지 못했던 것이다. 그것은 "동일민족이 그 국민의 의지에 반해 두 개로 분리된 것은 민족의 더없는 불행"[58]이라는 결성 당시의 문구처럼, "두 개로 분리된" "불행"을 극복하고, 하나가 되는 데에만 방점이 놓여있었기 때문이다. 또한 오키나와 내부의 '이민족'이라고 할 때 미국만 상정했던 것도 이유가 될 것이다.[59] 그 때문에

---

57 반전 미군 병사와 군 내부에서 인종차별로 고통 받는 흑인 병사 간의 연대가 모색되기도 하였다.

58 沖縄県祖国復帰闘争史編纂委員会, 『沖縄県祖国復帰闘争史 資料編』, 沖縄時事出版, 1982, 57면.

59 복귀협 내에서는 "아마미오시마 출신자에 대한 차별 철폐"를 목표로 내세워 다양성을

복귀협의 국제연대는 지리적으로 밖에 위치한 지역과의 연대를 지향하는 데에 머물고, 정작 안에 자리한 타자인 조선인과 연결시키는 데에는 미치지 못했던 것이다.[60] 그러나 제3세계에 자신들을 열어 보이고, 자신들의 가해성에 물음을 던진 복귀운동은, 결과적으로 오키나와 내부의 타자를 부상하게 하는 토양이 되었다. 그도 그럴 것이 '하나가 된다는 것'은 '오키나와' 자체를 대상화하는 것, 즉 스스로가 자기 자신을 바라보기 위한 목적도 있었기 때문이다. 그리고 밖으로부터의 시선을 자기 자신에게 되비추는 일은 주민들 입장에서 오키나와전쟁을 기록하는 운동과 깊은 관련이 있다. 이를 통해 오키나와 내부의 조선인들을 발견해 가게 된다.

중시하는 자치 방식을 모색(1966)하기도 하였는데, 그 이유는 아마미 출신자가 "같은" "일본인"이었기 때문이었다. 복귀 이듬해인 1973년, 재일조선인의 출입국법안 반대성명을 내는 것으로 재일조선인 문제에도 관심을 갖기 시작한다.

60 또한, '오키나와인'의 아이덴티티를 재일조선인의 그것과 비교한 기마 스스무儀間進의 에세이가 이 시기에 등장한 것도 지적해 두고 싶다(『琉球新報』, 1979.3.13, 조간). 그리고 복귀협은 오키나와 내 반전 GI와도 연대했는데, 이에 관해서는 다카미네 도모카즈高嶺朝一의 『알려지지 않은 오키나와의 미군 병사—미군기지 15년의 취재 메모에서知られざる沖縄の米兵—米軍基地十五年の取材メモから』(高文硏, 1984)를 참고하였다. 마찬가지로 복귀운동을 논의할 때 빠져서는 안 되는 반복귀론에 대한 논의는 금후의 과제로 삼고자 한다. 반복귀론 관련해서는 아라카와 아키라新川明의 『반국가의 흉구反国家の兇区』(現代評論社, 1971), 가와미쓰 신이치川滿信一의 『오키나와・뿌리로부터의 물음—공생에 대한 갈망沖縄・根からの問い—共生への渇望』(泰流社, 1978), 나카소네 이사오仲宗根勇의 『오키나와 소수파—그 사상적 유언沖縄少数派—その思想的遺言』(三一書房, 1981), 오카모토 게이토쿠岡本恵徳의 『오키나와문학의 지평沖縄文学の地平』(三一書房, 1981), 『신오키나와문학新沖縄文学』第18, 19号, 1970, 1971, 沖縄タイムス社) 등을 참고 바란다.

4장

오키나와 내 조선인의 출현과 담론공간

1. 오키나와 내 조선인들의 출현

지금까지 살펴본 것처럼 오키나와를 둘러싼 문제에는, 미국을 중심으로 한 국제적 동향과, 제3세계와의 연대 모색이라는 국제적인 성향을 띤 복귀운동이 자리한다. 그러나 복귀운동이 오키나와 내부의 아시아인 조선인에게까지 연결되지는 못하였다. 오키나와 밖을 향한 연대 모색은 있었지만 그 내부로 시선을 돌리는 일은 없었던 탓이다.

오키나와 사람들이 조선인에게 관심을 갖게 되는 것은 1960년대 후반부터다. 그러나 그에 앞서 오키나와의 조선인은, 우선 밖으로부터, 즉 한국의 영화나 보도를 통해 접하게 된다.

거칠게 살펴보면, 한국에서 오키나와의 조선인이 처음 등장하는 것은, 1963년 상영된 〈여도〉라는 영화를 통해서다. 작품의 줄거리는 다음과 같다. 어머니 손경옥과 아들 명선은 오키나와전쟁 혼란 속에서 아버지를 여의고 생이별을 하게 된다. 수년 후 두 사람은 서울에서 기적적으로 재회한다. 명선은 미군 병사의 도움으로 고아원에서 자랐으나, 어머니는 미군 상대 매춘부로 전락한다. 그것을 알게 된 아들은 충격을 받고 자포자기한 삶을 살다 결국 사망에 이른다. 전쟁이 모자를 갈라놓고 그리고 영원히 이별하게 되는 비극적인 내용을 담고 있는데, 모든 비극은 오키나와전쟁에서 비롯된다. 이들의 삶의 터전이 다름 아닌 오키나와였기 때문이다. 오키나와전쟁 당시 어머니가 일본군에게 강간당한다는 설정이라든가, 방공호 안에 숨어 있던 오키나와 주민에게 "일본인 여러분, 전쟁은 끝났습니다, 숨어 있는 사람은 나오세요"[1]라는 2세 미군의 대사가 등장하는 것을 보면, 오키나와전쟁에 대해 어느 정도 조사하고 제작에 임한 것으로 보인다. 픽션이긴 하지만 오키나와에 대한 한국사회의 관심을 읽을 수 있는 영화라고 하겠다.

그런데 픽션이 아닌, 실제 오키나와의 조선인이 한국에 알려지는 것은 한일조약 체결 이듬해인 1966년 1월 한 신문보도를 통해서였다. 카메라맨 오카무라 아키히코岡村昭彦가 취재차 방문한 오키나와에서 우연히 무국적자 조선인의 사연을 접하고 이를 『동아일보』에 기사화한 것이다. 오카무라의 이 기사가 오키나와의 조선인을 가시화한 첫 번째 보도라고 할 수 있다.

무국적자는 혼인신고도 못하고, 아이들은 의무교육까지만 허락된다.[2]

---

1 영화 대본은 임경화 선생님이 제공해 주었다. 지면을 빌려 감사를 전한다.
2 『동아일보』, 1966.1.18.

교육과 사회보장을 받지 못할뿐더러 무국적자라는 이유로 '사회의 낙오자'가 되어 버리는, 즉 불가시화된 조선인의 존재를 고발하는 기사였다. 그런 상황에 놓인 3명을 다음과 같이 소개하고 있다.

이경관 : (69세)30년 전에 고향을 떠났다. 오키나와전쟁으로 아들을 잃고, 오키나와 태생 여성과 결혼. 그 여성 사이에서 딸을 낳는데, 딸도 아버지와 마찬가지로 무국적자가 되었다. 이 씨는 오키나와의 무국적 조선인 국적 회복 운동을 벌이고 있다. 주일 대표부駐日代表部 호적 담당관에게 필요한 서류와 수수료를 송부했지만 아무런 연락도 없다고 한탄한다.

이경관 씨
『동아일보』, 1966.1.27

권복노 : (58세)나고시名護市에서 안경점을 하고 있다. 20세 때 일본으로 건너와 히로시마에서 점원으로 일했다. [권 씨가] 고향에 편지 한 통 보내고 연락이 두절된 상태여서, 가족은 원폭으로 사망한 줄 알았다고 한다. 친척인 육군 대좌가 오키나와에 살고 있는 것이 확인되었다.

권복노 씨
『동아일보』, 1966.1.27

함석윤 :(71세)이시가키시石垣市의 한 양로원, 후생원厚生院에 거주. 시베리아에서 일본으로 건너와 탄광 광부로 전전. 이리오모테섬西表島에서 가족과 헤어짐. 돈을 벌어오겠다며 아내와 아들을 먼저 고국으로 보냈다. 그런데 그것이 마지막이 되었다. 들리는 소문에 의하면 손자가 태어났다고 한다. 살

함석윤 씨
『동아일보』, 1966.1.18

아있다면 28살이다. 한국전쟁 때 가족이 [북한에서] 남하했을
지도 모른다는 막연한 기대감을 갖고 있다.[3]

　이들 3명은 모두 전쟁이나 식민지화와 깊은 관련이 있
다. 특히 이경관이 활약한 '오키나와 무국적 조선인 국적
회복 운동'은 앞으로도 계속되어야 할 것이다.

　한국에서는 이 오카무라의 보도를 계기로 오키나와 내
조선인에 주목하기 시작했고, 이경관의 조카(이봉조)를 찾
았다. 조카는 "죽기 전에 국적을 회복하고 조국으로 돌아
가고 싶다"는 숙부의 소원을 이뤄주기 위해 분주하게 움
직였다(『동아일보』, 1966.1.27). 이 보도로 인해 친척을 만나
게 되었다는 기사는 『류큐신보』에도 소개되었다(『류큐신
보』, 1966.5.15, 조간).

　오카무라의 보도가 있던 그 해 4월에는, 오키나와의 조선에 주목한
행사가 개최되었다.[4] 한국과 오키나와 고등학생들 간의 우호친선 아마
추어 복싱대회가 슈리首里 캠퍼스 시절의 류큐대학에서 열린 것이다(오
키나와 복싱연맹 주최).

　이 행사에 앞서 1966년 3월 30일 자『오키나와타임스』에 보도된 기
사 가운데에는, "재在 오키나와 한국인 약 10명과 관계자 다수가 [선수들

3　오카무라 아키히코의 관련 기사는 『동아일보』 1966년 1월 18일 자와 1966년 1월 27일 자
　에 게재되어 있다. 두 기사 내용을 종합하여 필자가 정리한 것이다.

4　이러한 교류는, 1966년 1월에 오키나와에서 열린 미군과 한국군 간의 복싱경기에서 힌트
　를 얻은 나카모토 세이지仲本盛次(당시 오키나와 복싱 연맹 이사)가 '박대좌朴大佐'에게 제안
　해 성사되었다고 한다(仲本盛次, 『熱き拳ーボクシングと共に』, 月刊沖縄社, 1989, 95면).

읠 마중을 나갔다. 그 가운데 특히 재 오키나와 한국인이 국기를 들고
"힘내라 선수단"이라는 깃발을 들고 있어 사람들의 눈길을 끌었다"라
는 문구도 눈에 띈다. 미미하지만 오키나와 내 조선인의 존재를 언급하
고 있다.

『오키나와타임스』, 1966.3.30, 조간

복싱대회에는 응원을 위해 200명 정도의 조선인들이 모였는데, 개
중에는 한복을 입은 이도 눈에 띄었다. 이들 조선인의 출현은 마쓰오카

^{松岡} 류큐정부 주석에게도 보고되었다고 한다. 물론 여기에 모인 응원단 모두가 오키나와전쟁을 경험한 이들이라고 단정할 수는 없다. 미군 기지에서 일하는 사람, 미군 원유탱크공사 일로 한국에서 건너온 노동자들도 함께 했을 것이기 때문이다. 그러나 오키나와전쟁을 경험한 조선인들이 거기에 섞여 있다고 해도 전혀 이상할 것은 없다.

이 행사가 끝난 후 『동아일보』는 다시금 오키나와에 거주하는 무국적자 조선인을 언급한다. 1966년 6월 2일 자 『동아일보』에 「望鄕에 우는 無國籍 「오끼나와」 僑胞現地座談會」라는 제목의 특집기사가 게재된다. 좌담회 참석자는 안광호 주일한국대사관 공사, 권복노(58세, 시계수리판매원), 한창옥(78세), 데루야 시즈照屋シズ. 대사관 공사 이외의 사람들은 모두 오키나와에 거주하는 무국적 조선인들이었다.

권복노는 앞서의 오카무라 보도에도 등장하는 인물이다. 좌담회에서 권복노가 오키나와로 건너온 지 30년째라고 하였는데, 그렇다고 하면 1936년쯤 오키나와로 건너온 것으로 추정할 수 있다. 참고로 권복노는 민단오키나와 본부 초대 단장을 지낸 인물이다. 데루야 시즈는 해방 후 오키나와로 건너왔다고 한다. 오키나와로 온 이유는 자세하게 밝히고 있지 않지만, 해방 전 남편의 직업은 경찰이었고 빈손으로 아이 셋을 데리고 오키나와로 건너왔다고 한다. 그녀는 앞서 소개한 복싱대회에도 응원을 나갔었다. 마지막으로 한창옥은 사이판에서의 전쟁 이후 오키나와로 송환되어 왔다. 한창옥이 1917년에 고향과 떨어진 사이판에 거주했다면, 오키나와전쟁이 끝나고 사이판 수용시설에 수용되었다가 오키나와로 보내졌을 가능성이 있다. 귀향하지 못하고 정주했을 가능성이 있는 인물이다.

이 좌담회에서 권복노는 남양 제도에서 오키나와로 송환된 조선인은 국적이 없는 이들이 많았고, 그 때문에 일본정부가 지급하는 '보상금'을 수령하지 못했다는 취지의 발언을 한다. 이 발언은 중요해 보인다. 왜냐하면 한창옥이 바로 그런 케이스였고, 그만이 아니라 적籍이 없는 조선인들 상당수가 오키나와에 있을 가능성을 시사하기 때문이다. 또한 권복노가 말하는 '보상금'이 전상병자전몰자유족등원호법戰傷病者戰没者遺族等援護法의 적용을 받는 것이라면, 한창옥이 군인이나 군속 신분으로 사이판에서 노동했을 가능성도 있다. 물론 적이 있다고 하더라도 조선인은 비非일본인이었으니 보상받을 길은 막혀있었을 것이다.

권복노는 또 "한 선생처럼 오키나와로 귀화하고 싶어도 할 수 없는 사람들도 있어요"라는 말도 했는데, 이것은 한국적을 새로 취득하기보다 귀화를 원하는 재在 오키나와 조선인이 다수 있었음을 시사하는 발언이다.[5] 이에 대해 안광호 공사는 "우리 정부[한국정부]로서는 그 사람들의 귀화를 반대하거나 거부하거나 하지 않습니다. 문제는 오키나와 정부에 달려 있을 텐데, 오키나와의 특수한 위치를 고려하여 우선 미국정부에 문의해 보고, 필요하다면 일본정부의 협력을 얻어 우리 정부의 견해를 전달하도록 하겠습니다"라고 답변하였다. 오키나와의 조선인 문제에 한국정부가 적극적으로 개입하기보다 방관자적 입장을 취하고 있음을 보여주는 발언이다. 어찌되었든 이 좌담회는 무국적자들이 자신들의 입으로 처음으로 상황을 이야기한 것이라고 볼 수 있다. 또 이 좌담회 내용은 동아방송 라디오 프로그램에서도 다루었다(1966.6.16 방송).[6]

---

5   임경화, 「오키나와의 아리랑—미군정기 오키나와의 잔류 조선인들과 남북한」, 『대동문화연구』 89권, 성균관대 대동문화연구원, 2015, 6면 참조.

윤기용 씨
「오끼나와 교포들이 부르는 망향
의 노래」,『조선일보』, 1966.8.4

1966년에는 한국 언론에 오키나와의 조선인들이 연이어 등장한다. 1966년 8월 4일 자『조선일보』에는 이토만糸滿 마을(당시)에서 참치 영업을 하던 윤기용의 편지가 소개되었다.[7] 윤기용은 전시에 중국으로 건너갔는데, 거기서 조선이 해방되었다는 소식을 접하고 귀향을 결심한다. 그런데 잠시만 일할 생각이던 오키나와 어업선 일을 그만두지 못하고 그대로 이토만에 머물게 되었다. 윤기용의 편지에는 나하에서 시계점을 운영하는 권봉도, 미군 군속으로 일하는 강천, 과수원에서 일하는 김성목 등과 교류하고 있다고 쓰여 있다. 참고로 훗날 윤기용은 대한민국 거류민단 오키나와 본부 사무국장으로 취임한다.

나아가 같은 해 12월 29일 자『경향신문』에는 「無國籍—望鄕 21년」이라는 제목의 기사가 실렸다. 여기서는 오키나와 조선인을 세 부류로 분류하고 각각의 인원수를 추정하고 있다. 첫 번째 부류는, 오키나와전쟁 당시 징용되어 그대로 머물게 된 조선인으로, 대략 700명으로 추정하고 있다. 또 그 가운데 영주권을 갖고 있는 자는 7명이라고 쓰고 있다. 두 번째 부류는, 오키나와 미군 시설에서 일하는 노동자가 18명(방송기관에 14명, 국무성 소속 기관에 4명), 가족 포함하여 80명 정도로 추산하였다. 그리고 세 번째 부류는 미군과 결혼하여 오키나와로 전출한 여성으

---

6   참고로 오키나와로의 귀화 요건을 규정한 지령 제5호 「영주허가에 대하여」 발령 이후, 1967년 9월 30일까지 시점에서 영주허가를 받은 사람은 모두 1,876명. 그 가운데 조선인은 12명이다. 또한 아마미오시마가 복귀한 1953년 12월 25일 이전부터 머물던 이들에 대해서는 반半영주허가가 부여되었는데, 조선인 3명이 취득했다(『琉球新報』, 1967.11.14, 조간).

7   「오끼나와 교포들이 부르는 망향의 노래」,『조선일보』, 1966.8.4.

로, 300명 정도라고 보도하고 있다. 정확한 수치인지 아닌지는 차치하더라도 오키나와전쟁 당시 연행되어 머물게 된 이들이 700명이 맞는다면 상당한 숫자임에 틀림없다.

이 기사에도 윤기용이 등장한다. 그는 오키나와 본섬에 약 30여 명, 이도에 150여 명이 거주하고 있다고 말한다. 윤기용은 또 그들은 호적 등 신분을 증명할 만한 서류를 만들지 못해 류큐정부로부터 '조선인'이라는 것을 인정받지 못했다고 한다. 어찌되었든 불가시화된 조선인의 존재를 다시금 언급하고 있다. 참고로 윤기용은 고향의 연고자를 찾았기 때문에 겨우 외국인 등록증을 취득할 수 있었다. 이 보도는 식민지 시기에 광부로 징용되었던 김업중(당시 75세)도 함께 소개하고 있다. 당시 김업중은 아내와 자식을 모두 잃고 양로원에서 살고 있었다. 고향이 북한인 탓에 호적 서류를 만들 수 없어 무국적자가 된 사람 중 하나였다. 이 기사 마지막 부분에 오키나와의 조선인들의 요구 세 가지를 전하고 있다. 첫째, 교민회를 만들기 위해 한국정부가 협력 내지 관여해 줄 것, 둘째, 한국정부가 행정관을 파견하여 교포 실태를 조사하고, 한국 국민이라는 것을 증명하는 서류를 발급해 줄 것. 마지막으로 오키나와전쟁 이후 20여 년이 흐르고 있는 지금 모국을 알지 못하고 자란 2세들의 교육 대책을 마련해 줄 것. 이들 요구는 모두 해외 조선인들에게 필요한 것이었다. 그와 동시에 이들 요구는 한국정부가 한일교섭 시에도, 또 조약체결 이후에도 오키나와에는 전혀 관심을 기울이지 않았음을 드러내는 일이기도 하다.

각 52
尹 | 세
씨 65 의
는 년 교
무 복 포
국 국 尹
적 자 基
자 의 容
의 선 씨
설 물 는
움 을 외
을 찾 국
씀 아 생
어 한 활
했 국 27
다 적 년
。 율 에
「 되 아
오 찾 직
끼 기 도
나 까 한
와 지 국
의 송 인
한 에 게
국 국
인 적
에 율
게 찾
국 게
적 해
율 달
찾 라
게 고
해 尹
달 씨
라 는
고 호
尹 소
씨 한
는 다
호 。

윤기용 씨의 상황을 보도하는 기사 『경향신문』, 1966.12.29

1966년에는 오키나와전쟁에서 살해된 조선인에 대한 기사 등 역사
의 어둠 속에 갇혀 있던 사건들이 수면 위로 부상한다. 1966년 7월에
는 이 책 제1장에서 다루었던 구메섬 조선인(구중회) 학살사건이 한국에
서 처음으로 기사화되었다(『동아일보』, 1966.7.12).

김동선은 『코리안 리퍼블릭』지 편집국장을 지낸 후 1962년에 오키
나와로 건너와 미군 관련 방송기자로 일했다. 구메섬 학살사건을 짤막
하게 다룬 야마카와 야스쿠니山川泰邦의 『비사 오키나와전쟁기秘録沖縄戦
記』(沖縄グラフ社, 1958)를 접한 것이 계기가 되어, 1965년에 구메섬으로
직접 조사를 나가기도 했다. 그곳에서 김동선은 히가 게이쇼比嘉ケイ
ショウ 목사에게 구중회와 그의 아들의 유골을 찾아 달라는 부탁을 하

구중회 일가의 참상을 보도한 기사 『동아일보』, 1966.7.12

는데, 그로부터 1년 후 가센시키河川敷에서 유골 2구가 발견된 것이다. 그 일련의 과정을 기사화한 것이다.

이처럼 오키나와전쟁 당시 징용되어 그대로 머물게 된, 혹은 전쟁 이전이나 이후에 건너와 오키나와에 거주하고 있는 조선인의 존재, 그리고 구중회의 사례처럼 죽임을 당한 조선인들의 전체상이 충분치는 않지만 한국에서 먼저 소개되었다. 이때 살아있는 자들만이 아니라 죽음과 연관된 오키나와 내 조선인의 존재와 그 역사가 수면 위로 떠오르게 된 것이다. 그동안 불가시화되어 보이지 않던 상황이 깨지는 순간이다.

2. 주민이 주체가 된 오키나와전쟁의 기록운동과 조선인 담론

기록운동과 담론공간[8]

그렇다면 이 시기 오키나와는 어떠했을까?

1960년대 전반 오키나와의 신문자료를 살펴보면, 조선인에게 관심

---

8   기록운동에 관해서는 시마 쓰요시嶋津与志의 『오키나와전쟁을 생각하다沖縄戦を考える』(ひるぎ社, 1983), 이시하라 마사이에石原昌家의 「오키나와전쟁 체험기록운동의 전망과 계승沖縄戦体験記録運動の展開と継承」(『沖縄文化研究』第12号, 1986.3), 도리야마 준鳥山淳의 「오키나와전쟁을 둘러싼 기록의 등장沖縄戦をめぐる聞き書きの登場」(『岩波講座 アジア・太平洋戦争6 日常生活の中の総力戦』, 岩波書店, 2006)을 참고하였다.

을 기울인 흔적은 매우 미미하다. 한일회담의 행방과 이승만 라인, 혹은 이승만 정권이 무너진 1960년 '4·19혁명'에 대한 기사는 비교적 많이 보이는 반면,[9] 오키나와의 조선인에 대한 관련기사는 찾아보기 힘들다. 예컨대 미야코섬 출신 여성과 결혼한 한국남성이 20년 만에 아내의 고향을 찾았으나 아내가 행방불명이 되었다는 기사라든가 호적을 불법으로 취득하여 오키나와에 거주하던 조선인 의사에 대한 기사 정도다.

그러나 의도했든 아니든 1960년대 중반에 이르면, 오키나와전쟁 당시의 조선인에 관한 증언이 등장하게 된다. 당시 군이나 병사들의 관점이 아닌, 민중의 시각으로 오키나와전쟁을 재구성하려는 움직임이 활발했는데, 주민들의 체험을 청취하고 기록해 가는 과정에서 의도치 않게 조선인에 관한 증언도 수집되었던 것이다.

주민들의 전쟁체험 증언을 대대적으로 수집하고자 했던 이 기록운동은, 베트남전쟁이 격화됨에 따라 다시금 전쟁에 휘말리게 될지도 모른다는 위기의식에서 본격화되기 시작했다. 오키나와 주둔 미군기지에서 베트남을 향해 출격하는 폭격기의 무시무시한 폭음이 주민들로 하여금 오키나와전쟁을 떠올리게 했고, 20여 년 전의 전쟁을 다시 되묻는 계기가 되었던 것이다. 그런 점에서 기록운동은, 베트남전쟁을 계기로 반전평화를 운동의 축으로 삼았던 1960년대 이후의 복귀운동과 연동하여 시작되었다고 할 수 있다.[10] 다만, 기록운동의 경우, 오키나와 내부를 주요 대상으로 삼음으로써 바깥쪽으로 향해 있던 복귀운동의 시선을 안으

---

9 덧붙이자면, '4·19혁명'에 관해 『류큐신보』(1960.4.28)는, 퇴진한 이승만 대통령이 강압적인 '배일가排日家'이며, 식민지지배를 당한 것에 대해 "당연한 복수"로 "일본을 계속해서 압박해 갔"다고 기술하고 있는데, 오늘날의 관점에서 보면 문제의 여지가 있는 사설이다.

10 石原昌家, 「沖縄戦体験記録運動の展開と継承」, 『沖縄文化研究』 第12号, 1986.3, 243면.

로 끌어들였다는 점에서 여타 복귀운동과 성격을 달리한다.

오키나와전쟁 체험에 관한 증언 수집은 미야기 사토시宮城聰와 호시 마사히코星雅彦 등이 주축이 되었다. 증언을 채록하는 방식의 하나로 좌담회를 도입했다. 좌담회 방식을 취한 데에는 세 가지 이유가 있다. 첫째, 개인의 체험기록을 폭넓게 모집하거나 의뢰하는 것이 사실상 어려웠던 점. 둘째, 주민들에게 기술하게 하면 과장되거나, 과도하게 포장하거나 혹은 쓰고 싶지 않은 부분이 누락될 염려가 있었던 점, 그리고 셋째, 좌담회 형식을 취하면 같은 체험을 가진 사람들이 한자리에 모여 의문이 있는 점은 바로 그 자리에서 확인할 수 있고, 말하기 꺼려지는 내용도 화제에 올릴 수 있기 때문이다.[11] 즉, 개개인의 마음 깊은 곳에 감춰졌던 기억을 가능한 정확하게 청취하고, 또 많은 증언을 한 번에 수집할 수 있는 것이 바로 좌담회 형식이었던 것이다. 이때 시선을 내부로 돌린 기록운동은 민중들의 담론을 등장시켰고, 또 이야기를 품을 수 있는 기반으로서의 담론공간을 마련하게 된다.

물론 좌담회에 출석하기를 거부하는 이들도 적지 않았다. 아자字 구장이 몇 번이고 설득해도 참가를 거부하는 사람이 많았다. 미야기 사토시의 추측처럼, 오키나와전쟁이 종결되고 20년 이상이 흘렀지만 전쟁은 생생한 체험으로 기억되어 이야기를 꺼내기 어려웠기 때문이었다.[12] 또, 증언하는 데에 동의한 사람도 막상 이야기를 시작하면 "흥분하여 목소리가 격앙되거나, 말이 빨라지거나, 결국은 목이 메어 이야기를 못

11　宮城聰, 「忘れようとしても忘れられぬ記憶を集めて」, 『サンデー毎日』, 1971.7.18, 名嘉正八郎, 「編集後記」, 琉球政府編, 『沖縄戦記録』 1, 琉球政府, 1971. 미야기 사토시宮城聰와 나카 쇼하치로名嘉正八郎는 편집위원이었다.

12　『沖縄戦記録』 1, 8면.

하게 되거나 했다. 온몸이 눈물로 범벅이 되거나, 말로 다 표현하지 못하는 사람들은 어느 좌담회에서나 볼 수 있었다".[13] 용기를 내어 발언한 증언도 끊기기 일쑤였다.

그렇지만 이야기하기를 거부하거나, 증언이 좌절되어도, 그 자체가 오키나와전쟁 당시 어떤 체험을 했는지를 나타내는 것으로 보아야 한다. 따라서 증언을 거부하거나 증언이 좌절되는 것 또한 **주민들의 목소리가 되지 못한 '증언'**이라고 해도 좋을 것이다. 즉, 기록운동은 실제로 이야기된 증언만이 아니라, 이야기되지 못한 '증언'도 잠재적인 이야기로 출현했던 것이다. 덧붙여 녹음은 했지만 문자화되지 못한 사람들의 이야기도 다수 남아있으며,[14] 그런 의미에서 이 운동이 낳은 담론공간은 유성有声 / 무성無声을 가리지 않고 주민의 목소리로 넘쳐나고, 또 받아들여졌던 장場이었다. 그리고 이 운동의 성과는 이 책 제1장에서도 언급한 바 있는 『오키나와현사沖縄県史』 제9권(『오키나와전쟁 기록』 1)으로 복귀를 목전에 둔 해에 결실을 맺게 된다.

1960년대 기록운동 이전에도 1950년에 출판된 『철의 폭풍鉄の暴風』(오키나와타임스사)의 예에서 보듯, 주민의 관점에서 오키나와전쟁을 기록하려는 시도는 이전에도 있어왔다. 그러나 그 후 1960년대 중반까지는 오키나와 주민들의 희생은 국가를 위한 것이라는 이른바 군민일체軍民一体의 관점에서 주로 기술되었다. 그런 탓에 전시 미담이 강조되는 경향이 두드러졌다. 또한 1953년에 전상병자전몰자유족등원호법戦傷病者戦没者遺

---

13 위의 책, 11면.

14 『沖縄戦記録』 1의 권말에는, 수록되지 않은 오키나와전쟁 체험을 증언한 주민들의 이름이 다수 게재되어 있다. 그리고 증언을 수록한 테이프는 오키나와현립공문서관沖縄県立公文書館에 보관되어 있다.

族等援護法이 오키나와에 적용될 때, 국가로부터 보상이 주어지는 '전쟁협력자'의 자격을 얻기 위해, 실제로는 식량을 빼앗거나 방공호에서 내쫓았으면서 일본군에게 '제공'한 것으로 바꿔 신고한 사례도 적지 않았다. 병사 출신의 개인적인 체험뿐만이 아니라, 보상제도 역시 군민일체 이미지를 강조하는 것으로 작동했다. 나아가 1960년대 중반을 전후하여, 일본정부의 원조하에 오키나와 내에도 도도부현都道府県을 기리는 위령탑 건립이 추진되었다. 그것은 군민일체의 관점으로 전쟁을 이야기하는 방식이었다.[15] 애원의 탑愛媛之塔, 군마의 탑群馬之塔, 야마가타의 탑山形之塔, 교토의 탑京都之塔, 나가사키의 탑長崎之塔 등이 그러하다.

기록운동이 산출한 담론공간은 바로 이러한 군민일체 담론을 돌파하는 형태로 등장했다. 시마 쓰요시嶋津与志는, 일본군이나 미군 병사들의 관점이 아닌, 주민들의 전쟁체험을 통해 오키나와전쟁에 접근하는 이 같은 방식을 일컬어 "군대의 논리에 기반을 둔 오키나와전쟁 상像에서 주민의 논리에 기반을 둔 오키나와전쟁 상으로의 전환"이라고 규정했다.[16] 이것은 다시 말하면 군의 관점에서 전쟁을 이야기하던 것에서, 오키나와 사람들의 입을 통해 말하고, 그것을 기록·수집·공개하여 '오키나와전쟁 상像'을 산출하는 기반이 되는 담론공간을, 군에서 민의 것으로 바꿔놓았음을 의미한다. 이로써 오키나와전쟁에 관한 기록은, 국가를 위한 희생이라는 군의 논리 일색에서 벗어나 오키나와 주민들의 이야기를 통해 가시화할 수 있는 길이 열리게 되었다.

---

15 鳥山淳,「沖縄戦をめぐる聞き書きの登場」,『岩波講座 アジア·太平洋戦争6 日常生活の中の総力戦』, 岩波書店, 2006, 386면.

16 嶋津与志,『沖縄戦を考える』, ひるぎ社, 1983, 127면.

주민의 입장에서 오키나와전쟁을 기록하려는 시도는 『오키나와현사』 제10권(『오키나와전쟁 기록』 2)의 기획으로 좀 더 구체성을 띠게 된다. 수집 방법에 있어서는 좌담회 방식을 앞세우지 않고 다양한 기록형태로 전개된다. 사실의 발굴과 정확성을 가장 중시했고, 좌담회만을 고집하지 않았다. 물론 좌담회 형태도 남아있었지만, 각각의 체험기록을 체계화하는 것, 이 과정에서 질문자가 나중에 검증하고 편집하는 일도 다반사였다. 그도 그럴 것이 개개인의 체험담에는 착각도 있고 애써 발언하지 않은 사실도 적지 않아서 오키나와전쟁 체험자 증언 하나하나를 신중하게 검증해야 했기 때문이다.[17] 새로 만들어진 담론공간이 정확성을 띠게 되었다는 점에서 진일보했다고 할 수 있다.

수많은 이들이 오키나와전쟁을 마치 어제 일처럼 이야기하는 가운데 의도치 않게 우연히 등장하게 되는 것이 바로 조선인에 대한 증언이었다. "진지구축의 경우는, 조선인들이 했죠, 그 사람들을 시켜서 진지구축을 하고, 그리고 기계를 설치할 때는, 조선인은 전부 나가라고 하고, 병사들만 그 대포를 쏠 수 있게 설치했어요"[18]라는 식으로 말이다.

물론 오키나와전쟁에 대한 기술방식의 전환이 오키나와의 조선인을 말하기 위한 것은 아니었다. 기록운동 초기에는 생각조차 하지 못한 일이었을 터다.[19] 그런데 주민의 오키나와전쟁 체험 수집이 시작되자 관

---

17 鳥山淳, 「沖縄戦をめぐる聞き書きの登場」, 『岩波講座 アジア・太平洋戦争6 日常生活の中の総力戦』, 岩波書店, 2006, 400~402면 참조 또 두 권의 수집 방법에 대한 평가는, 신조 이쿠오新城郁夫・가노 마사나오鹿野政直, 『대담 오키나와를 살아간다는 것対談 沖縄を生きるということ』, 岩波書店, 2017, 35~39면 참조.

18 『沖縄戦記録』 1, 640면.

19 오키나와사료편십소沖縄史料編集所 소장이던 오시로 다쓰히로大城立裕는 "현사県史의 전쟁기록편찬 회의에서도 '조선인 군부'는 화제로 올리지 않았다. (…중략…) '자기고발 작업이

심이 있건 없건 간에 오키나와의 조선인에 대한 증언이 잇달아 나오기 시작한다. 그것은 오키나와 사람들의 경험과 그 / 그녀들의 경험이 얽혀 있었던 탓도 있겠지만, 자신들의 체험을 이야기하기 위해서는 오키나와 내부로 시선이 향할 수밖에 없었기 때문이기도 할 것이다. 이렇게 해서, 전시에는 식민지주의 질서로 인해, 또 전후에는 미국 민정부의 법적인 제도로 인해 불가시화되었던 조선인들이 민중들의 담론공간에 등장하기 시작하였다. 이것은 기록운동의 보이지 않는 성과 가운데 하나였다.

더 나아가, 다시금 등장한 조선인들은 역사적 대상으로서만이 아니라, 전쟁과 그 귀결을, 그리고 그 담론의 형태를 사상적으로 깊이 있게 고찰하는 계기를 마련하였다. 본래 베트남전쟁을 계기로 시작된 기록운동은 군에서 민중으로 담론공간을 치환함으로써, 오키나와전쟁을 되돌아보고, 오키나와로 하여금 전쟁(베트남전쟁)에 가담하게 하는 상황을 타파하는 것이기도 했다. 즉, 민중의 입장에서 역사를 재구성하는 일은 과거의 전쟁만이 아니라, 현 상황에 대해서도 비판적이어야 한다. 그 때문에 민중이 자신의 전쟁체험을 이야기하는 담론공간은 자신이 껴안고 있는 가해성을 되묻는 장이기도 했다. 여기서 조선인들의 존재는 가해의 위치에 서게 되는 문제를 베트남전쟁에 한정하지 않고, 좀 더 넓은 시야에서 비판적으로 사고하게 하는 동력이 된다.

『오키나와전쟁 기록』 1에 수록된 미나토가와港川(구시카와촌其志川村) 편 해설을 쓴 호시 마사히코星雅彦는, "조선인 위안부의 존재도 잊어서는 안 된

되는 것은 피할 수 없을 텐데, 현사 안에 지금부터라도 조금씩 기록을 남겨두고 싶다"라고 언급한 바 있다(『沖縄タイムス』, 1972.8.26, 조간).

다. 그것은 인종적 차별문제이기도 하다. 더 나아가 오키나와인 의식, 그 차별의식 문제와도 관련이 있다"라고 언급하며, 조선인의 존재가 오키나와의 사상적 과제라는 점을 시사한 바 있다.[20] 그러나 『오키나와전쟁 기록』 1단계에서는 조선인의 존재를 애매하게 처리하고 있다. 미야기 사토시宮城聰는 『오키나와전쟁 기록』 1의 「해제」에서 전쟁 시기의 다른 민족에 대한 유린을 다루고 있긴 하나, '남경南京', '부녀자 폭행'에 관해서만 간략하게 기술되어 있을 뿐, 오키나와의 '위안소'나 '위안부'에 관한 언급은 보이지 않는다.[21]

그런데 『오키나와전쟁 기록』 2에 이르면 호시 마사히코가 언급한 사상적 과제가 조선인들의 존재를 통해 깊어지게 된다. 『오키나와전쟁 기록』 2의 「총론」 부분을 집필한 아니야 마사아키安仁屋政昭는 지금까지 간행된 오키나와전쟁 전기물을 검토하며, 전투가 가장 격렬했던 오키나와 본섬 남부가 기술의 중심이 되고 있는 점, 자기정당화와 부정확한 기술이 많다는 것, 오키나와 민중의 피해를 미담으로 기술하고 있는 점, 간행물 대부분이 미일 군사기록이 주가 되고 있으며, 그 때문에 민중의 기록은 덧붙이는 정도에 그치고 있음을 지적하고, 주민 입장에 선 역사기록의 중요성을 강조한다. 그 과정에서 조선인의 경우, 오키나와 주민보다 더한 '벌레' 취급을 받았다는 사실을 밝혀낸다.

[『오키나와 방면 육군 작전沖繩方面陸軍作戰』에는] 일본군 장교의 경우, 각 기지 별 장병 전사자 수를 명확하게 밝히고 있는 반면, 조선인 군부에 대해서

---

20 『沖繩戰記錄』 1, 818면.
21 宮城聰, 「解題」, 琉球政府編, 『沖繩戰記錄』 1, 45면.

는 모두 미상이라는 두 글자로 처리해 버렸다. 그것은 조선인의 생명을 벌레처럼 생각한 '황국'의 생각을 반영하는 것에 다름 아니며, 무엇보다 조선인의 운명에 대한 무관심과 무책임이 그대로 현 방위청(원문대로)의 공간公刊 전사戰史로 계승되고 있는 데에 문제가 있다.[22]

아니야는 여기에서 더 파고들어가 오키나와가 입은 피해에 대해서는 비교적 많이 언급해 왔지만, 오키나와의 가해성에 대해서는 구 일본군 아카마쓰 요시쓰구赤松嘉次와 가야마 다다시鹿山正와 같은 특정 개인에게 책임을 전가해 버리고 있음을 지적하며 다음과 같이 언급한다.

전후, 전쟁 체험을 말하고, 전쟁에 대한 반성을 이야기할 때, 피해 사실은 비교적 많이 언급해 왔지만, 전쟁 가담을 강제한 측면을 추궁하는 일은 거의 없었다.[23]

이것은 바꿔 말하면, 오키나와로 연행되어 온 조선인을 돌아보지 않았던 것은 오키나와 주민들도 마찬가지라는 것, 그리고 스스로를 피해자의 입장에만 한정하는 것은 그동안 돌아보지 못한 것을 묻지 않고 지나쳐 버리거나, 식민지주의 질서를 내면화하여 결과적으로 전쟁에 가담한 자신의 가해성에 눈감아 버리게 될 것이라는 점을 시사한다. 아니야의 지적을 좀 더 따라가 보자.

---

22 安仁屋政昭, 「總論」, 『沖縄戰記録』 2, 1096면.
23 위의 책, 1109면.

가해를 말할 때 놓쳐서는 안 될 것은 아시아 인민에 대한 것이다. [일본제 국주의가] 아시아 제국〓〓을 침략하여 그 인민에게 커다란 참화를 초래한 것은 자칫 잊히기 쉽기 때문이다. 그 경우, 지배 계급의 범죄는 물론이거니 와 일본 인민들도 거기에 가담한 사실을 추궁하지 않으면 안 된다.[24]

위의 비판적 발언은, 주민의 입장에서 오키나와전쟁 기술 자체를 검 토해야 할 필요성을 제기하는 존재가 바로 조선인들과 타이완인이라는 점을 강조한 것이다. 그런 의미에서 아니야는 민중의 체험을 기록할 때 "조선에서 강제연행된 군부와 위안부, 야에야마를 중심으로 대거 동원 된 타이완인 노동자"를 간과해서는 안 된다고 지적한다.[25] 다시 말해, 기록운동이 열어 보인 담론공간을 타자에게도 열어 보여야 한다는 주 장인 것이다. 이처럼 조선인의 등장은 오키나와 내부로 향한 시선을 비 판적으로 바라보게 하는 계기가 되었다.

기록운동은 담론공간을 민중의 것으로 전환하고, 그리고 조선인들 을 등장시키는 것으로 오키나와 사람들의 경험이 조선인의 그것과 중 첩된다는 사실을 인식하게 하고, 또 오키나와가 껴안고 있는 가해성과 식민지주의를 폭넓게 되묻는 계기를 마련하였다. 즉, 담론공간은 오키 나와 사람들과 조선인을 가시화하는 동시에 가해 / 피해라는 고정적인 관계와 일본 / 오키나와, 미국 / 오키나와라는 틀을 되묻는 일을 가능하 게 하였다. 그리고 그것은 오키나와 내부의 식민지주의 극복이라는 과 제를 해결하는 길이기도 했다. 더 나아가 오키나와의 역사를 아시아의

---

24   위의 책, 1113면.
25   위의 책, 1108면.

관점으로 바꿔 쓸 수 있는 가능성을 열었던 점에서 기록운동은 안쪽을 향한 시선을 다시 새롭게 바깥쪽을 향하게 하는 것이었다. 그리고 스스로를 아시아를 향해 열어감으로써 미국의 동아시아에서의 패권에 저항하는 가능성을 담론공간에 부여하는 것이기도 했다. 결과적으로 기록운동은 오키나와 안쪽을 들추어냄으로써 아시아와의 관계를 구축하고, 그러한 장을 정비해 가게 된다.

담론공간은 그 이후 오키나와 사회에 정착하게 된다. 『나하시사那覇市史』, 『기노완시사宜野湾市史』, 『우라소에시사浦添市史』, 『요미탄촌사読谷村史』와 같은 개별 자치체사가 주민의 입장에서 독자적으로 오키나와전쟁 체험을 조사하고, 그 결과물을 공개하게 된 것이다. 이 책 제1장도 자치체사의 성과가 없었다면 집필할 수 없었을 것이다. 그렇기는 하지만 기록운동이 산출한 그 담론공간이 늘 오키나와의 타자인 조선인들에게 열려 있었느냐 하면, 명쾌하게 그렇다고 말할 수 없는 부분이 있다. 종래의 가해 / 피해의 틀로 수렴되어버리기도 하고, 오키나와의 조선인에게 열려 있을 때도 있다. 왜냐하면, 이야기하는 방식이나 이야기되는 대상을 둘러싼 역학이 이 공간 안에 발생했기 때문이다. 이어지는 절에서는 담론공간과 조선인 사이에 어떠한 사태가 벌어졌는지, 그리고 거기에 어떠한 역학이 작동했는지 살펴보도록 하자.

3. 담론공간을 둘러싼 사태

─오키나와, 일본 '본토', 한국정부

오키나와─미디어 및 대학기요 등에 나타난 조선인들

1960년대 말이 되면 기록운동과 발맞추듯 오키나와 미디어가 조선인을 다루기 시작한다. 1968년 6월, 『오키나와타임스』가 「환영幻影의 '조선인 부대' 오키나와전쟁에서 전원 증발」이라는 '군부'에 대한 특집기사를 마련한다.[26] '위령의 날慰霊の日' 이틀 전에 게재된 이 기사는 오키나와전쟁과 조선인에 대해 상세하게 보도한 오키나와의 첫 기사에 해당한다. 한국 측 보도와 기록운동의 영향이 조금씩 나타나기 시작한 것이다.

『오키나와타임스』의 특집기사는 나하 시내 쇼와여학교昭和女学校 등에 조선인 '군부'가 주둔해 있었는데, 그들에 대한 기록이 거의 남아있지 않아 오키나와전쟁 담론에서 사라질 우려가 있다는 내용이었다. '증발'이라는 표현은 그러한 우려를 표출한 것이다.

이에 대해 그 다음 날, 『류큐신보』 독자투고란에 「조선인 수근원은 오키나와에서 복원朝鮮人水勤員は沖縄から復員」이라는 제목의 반론을 제기하는 글이 실린다.

---

26 『沖縄タイムス』, 1968.6.21, 조간.

'수근水勤' 쪽 사람들은 미군이 오키나와에 상륙함에 따라 바다에서 육지로 올라와 한때 하에바루南風原 방면에서 효탄ﾋﾖたん 부대로 배속되었던 모양인데, 다른 육해군의 해상근무원들과 마찬가지로 땅위에서 헤엄을 칠 수도 없는 노릇이고 딱히 할 일도 없어 남부 지구로 도망 다녔을 것이다. 상당한 수의 '수근'이 훗날 야카 포로수용소(다른 구획)에 수용되었다가, 종전 후 복원하여, 일본과 조선의 고향으로 돌아갔을 것이다. 전원 증발이라는 것은 있을 수 없다. '수근'에 대해 아는 사람이 반드시 있을 것이다(구 방위대원).[27]

'수근'이라고 해서 바다위에서만 작업했을 리 만무하고, "딱히 할 일도 없어"서 "도망 다녔"을 것이라는 발언도 사실 확인이 필요해 보인다 (제1장 참조). 또 『오키나와타임스』 특집에 어울리는 논조도 아니다. 그러나 『오키나와타임스』 기사처럼 '증발'이라는 추상적인 용어로 존재 자체를 소거해 버리지 않고 역사적 존재로서 오키나와의 조선인을 바라보고자 한 시선은 중요해 보인다.

신문 미디어는 아니지만, 1969년에 류큐대학 청강생이던 다케시게 겐이치武茂憲一가 오키나와의 조선인을 조사하여 에세이 형식으로 발표한 글도 주목할 만하다.[28] 이 에세이에는 자신의 이름을 밝힌 사람 1명, 성만 밝힌 사람 4명을 소개하고 있다.

함석윤(일본명 : 가네나카 이치로金仲 —郎) 1892년 조선 출생. 1966년 7월 이시가키섬 양로원에서 사망. 시베리아와 홋카이도 탄광에서 노동하다

---

27 『琉球新報』, 1968.6.22, 조간.
28 武茂憲一, 「もうひとつの〈沖縄〉─沖縄の朝鮮人たち・1」, 『朝鮮研究』第90号, 1969.

가, 말년에는 이리오모테섬 탄광에서 일했다. 이리오모테섬 탄광이 폐광되어 이시가키섬에서 파인애플 농장 일을 하면서 생계를 이어갔다. (함석윤 씨는 오카무라 아키히코岡村昭彦가 소개한 바 있다−인용자 주)

　장 씨. 1902년 출생. 1922~23년 무렵, 경상북도 농촌에서 시모노세키下関로 건너온 후, 아마미오시마奄美大島에서 고물상을 운영한다. 1950년에 오키나와로 건너왔다. 귀화하지 않으면 오키나와 밖으로 출입이 불가능하다고 판단해 귀화 신청을 한다. 1967년 무렵 귀화.

　권 씨. 1908년 출생. 19세 때 부산에서 시모노세키下関로 건너왔다. 거기서 곤도権藤라는 이름을 갖는다. 필묵을 팔면서 전국을 떠돌다가 1937년에 오키나와로 건너와 소방대원이 된다. 오키나와전쟁 시에는 북부 산으로 피난 가 있었다.

　이 씨. 1931년 오키나와에 왔다. 국제거리에서 철물점을 운영하는 주인 딸과 결혼. 1968년 귀화 신청을 해 1969년 허가가 떨어진다. 귀화 신청 전에는 "죽기 전에 조국의 국적을 갖고 싶다"고 말했다고 한다.

　박 씨. 1930년에 오키나와로 건너왔다. 부산 출신 박 씨는 소년 시절 일본으로 팔려왔다. 오키나와로 오기 전까지 오이타현大分県 다시로田代 댐과 규슈 탄광에서 노동했다. 탄광에서 도망치면서 자신의 이름이 새겨진 짐을 갖고 나오지 못해 이름을 기억하지 못한다고 한다.[29]

더불어 이 에세이에는 1954년 이후, 오키나와의 조선인 전체가 무국적이었다고 기술하고 있다.[30] 이에 관해서는 이 책 제2장에서 '류큐주민'에서 '무국적자'로 법적지위가 변화하게 된 데에는 신 입관령의 영향이 있었음을 기술한 바 있다. 또한 다케시게는 직접 대면한 것은 아니지만 나하의 도마린泊港 북안北岸에 위치한 병원에 오키나와전쟁 당시 조선인 '위안부'가 있었고, 같은 도마린 부근 여학교 교사校舍에 조선인 군속 약 400명의 숙소가 있었다고 한다. 또한 이리오모테섬 탄광에 부상을 입은 조선인 '위안부'가 있었다는 이야기도 들었다고 적고 있다. 대학에서도 오키나와의 조선인이 논의되기 시작한 것이다.

더 나아가 시정권 반환 직전인 1960년대 말에는 제1장에서도 언급한 바와 같이 구메섬 학살사건이 한국에서 보도되고 3년이 지나 오키나와 미디어에서도 크게 다루어졌다. '우군'이어야 할 일본군에게 살해된 조선인이 다시금 망령처럼 회귀하게 된 것이다. 이 사건은 지금부터 기술할 일본 '본토' 미디어에도 크게 다뤄지면서 사회적 영향을 끼치게 된다.

구메섬 학살사건은 앞서 기술한 바와 같이 김동선이 이미 1966년에 『동아일보』지상에 보도하였다. 이 사건을 다시 한번 언급하자면, 가야마 다다시鹿山正 대장이 끄는 일본군 병사가 구메섬에서 일으킨 주민 학살사건을 말한다(제1장 참조). 나칸다카리 메이유仲村渠明勇와 구중회의 사례처럼 '스파이' 용의로 섬사람 20명이 살해당하거나, 또는 자살, 기아로 내몰려 죽었는데, 이들을 모두 포함하면 70명 가까이가 가야마 다

29　이상의 5명에 관한 내용은 다케시게 겐이치의 에세이를 필자가 정리한 것이다.
30　武茂憲一, 「もうひとつの〈沖繩〉－沖繩の朝鮮人たち・1」, 『朝鮮研究』 第90号, 1969, 18면.

구메섬에서 발생한 일본군의 섬 주민 학살 기사 『류큐신보』, 1970.8.15, 조간

다시에 의해 죽음으로 내몰렸다.

　오키나와 신문이 구메섬의 조선인 학살사건을 처음 보도한 것은 1969년 6월 22일 자 『오키나와타임스』로 김동선이 그 취재에 응했다. 『오키나와타임스』는 「귀국 날을 기다리는 유골―조선 출신 다니카와 씨 일가, 구메섬」이라는 제목으로, 지면의 3분의 1을 할애하여 구 씨 일가의 살해 사건을 상세히 보도하였다. 그로부터 약 1년 후 『류큐신보』(1970.8.15)도 지면의 반을 할애하여 「일본군의 구메섬 주민 학살사

건-'일본국민의 조건'이라는 물음」이라는 제목의 기사를 게재하였다. 이 기사는 가야마 부대에 의한 구메섬 주민 학살사건을 좀 더 폭넓게 다루었다. 학살당한 히가 가메比嘉カメ 일가, 아사토 세이지로安里正次郎, 나칸다카리 메이유 등을 비롯해 구중회 일가 살해 사건도 다시 언급하였다.

더 나아가 시정권 반환 두 달 전 1972년 3월 25일, 『류큐신보』가 다시 「오키나와 판 '아이히만'」이라는 제목으로 구메섬 주민 학살사건을 보도하며, 가야마 다다시 당시 대장의 말을 다음과 같이 인용하고 있다.

> 변명하고 싶지는 않습니다. 나는 일본군으로서 최고 지휘관으로서 당시 처벌에 문제가 있었다고는 조금도 생각지 않기 때문입니다.
>
> 내 부하는 34명, 도민은 1만 명이나 되었어요. 도민이 그쪽으로(미군 측) 가버리게 놔두면 얼마 버틸 수 없었죠. 그래서 도민의 일본에 대한 충성심이 흔들리지 않도록 단호하게 조치할 필요가 있었어요. 도민을 장악하기 위해 한 일입니다. 나는 나쁜 짓을 했다고 생각하지 않기 때문에 양심의 가책이 없어요. 일본군으로 당연한 일을 한 것이며 군인으로서 자긍심을 갖고 있습니다.

이 발언은 구메섬만이 아니라 다른 지역 섬사람들의 반감을 사게 된다. 1972년 3월 30일, 기타나카구스쿠촌北中城村 의회가 "전쟁 범죄자 가야마를 극형에 처하라"라는 취지의 결의문을 만장일치로 채택한다. 4월 3일에는 구메섬 구시카와촌具志川村 회의에서 가야마의 책임추궁·

사죄요구, 그리고 일본정부에 대해 희생자의 명예회복과 유족에 대한 원호를 요구하는 결의문을 채택하였다.

구시카와촌 의회 항의성명문에는, "전후 27년" 동안 "이민족 지배하"에서 고통 받아 왔으나, "드디어 5월 15일에 모국으로 돌아갈 수 있게 되었다", "[그런데] 이번 가야마 발언으로 27년 전의 참상과 공포의 고통이 재현되었고, 온순한 주민들도 결국 분노가 극에 달했다"라고 기술하고, 다음 세 가지 사항을 결의했다. ① "그 누구보다 주민들의 신뢰를 받아야 할 지휘관"이 일으킨 잔학행위를 단호하게 규탄한다. ② "'구메섬을 식민지'로 규정'한 행위를 반성·사죄하지 않는 것은, "우리 주민"을 "모욕"하는 것이기에 사죄를 요구한다. ③ 일본정부는 책임지고 유족에 대한 원호와 명예회복 촉구한다.[31] 오키나와전쟁 종결로부터 30년 가까이 지났지만, 전쟁으로 고통 받은 자들, 그리고 죽어간 자들의 아픔과 기억이 분출했던 것이다.

또한 오키나와에서 선출된 국회의원 우에하라 고스케上原康介(일본 사회당)는, 이 사건을 국회에 상정하여 일본정부의 책임을 추궁했다(『류큐신보』, 1972.4.1). 세나가 가메지로瀬長亀次郎(일본공산당) 역시 과거 일본군의 오키나와 주민에 대한 잔학행위에 대한 형사책임을 물어야 한다고 중원결산위원회에서 발언하였다. 이들의 목소리에 화답하는 형태로 법무성은 조사에 착수하기로 하였고(『류큐신보』, 1972.4.5), 당시 수상 사토 에이사쿠佐藤栄作도 "유족을 조금이라도 위로할 수 있는 길이 있다면 검토하겠다"(『류큐신보』, 1972.4.6)고 밝힌 바 있다.

31　큰따옴표 안은 모두 오시마 유키오大島幸夫의 『신판 오키나와의 일본군新版 沖繩の日本軍』, 新泉社, 1982, 132~134에서 인용.

이 시정권 반환 직전에 벌어진 일련의 사건들은 오키나와 사람들의 피해에 머물지 않고 담론의 확장 가능성을 내포한 것이었다. 또 다른 한편으로는, 『오키나와타임스』가 기사화하고 있는 "증발"과 연이은 투서 내용에서 알 수 있듯, 오키나와의 조선인과 관련해서 그 / 그녀들의 역사적 배경과 현재까지의 삶이 다시금 발굴될 필요가 있음을 시사한다.

또한 구시카와촌 항의성명문에서 언급되고 있는 "주민" 혹은 "우리들 주민" 안에 조선인이 포함되어 있는지의 여부는 의문의 여지가 있다. "이민족 지배"라고 할 때 "이민족"이란 미군을 가리키는 것이며, 시정권 반환을 눈앞에 두고, 미국 / 오키나와 혹은 일본 / 오키나와라는 이항대립 구도로만 이야기되고 있기 때문이다. 그리고 이러한 구도는 종래의 가해 / 피해와 그대로 중첩되어 버리는 것을 간과해 버린다. 그렇기 때문에 그 틀 안에 들지 못하는 이들을 고려하지 못하게 된다. 따라서 "일본정부의 책임"이라고 하나 그 안에 오키나와를 포함한 식민지주의에 대한 성찰은 찾아보기 어려운 성명문이다. 마찬가지로 성명문은 오키나와현 내 자민당도 발표하였다. 여기서 구메섬 사건은 "동포참살慘殺사건"[32]으로 다루어졌다. 이때의 "동포"라 함은 "일본인"을 가리키며, 그 안에 포함되지 않는 오키나와의 타자를 인식하거나, 오키나와의 식민지주의 안으로 파고드는 일은 더더욱 없었다. 양쪽 성명문에는 그야말로 시작되는 기억과 묻혀 버리게 될 위험이 있는 기억이 공존했던 것이다.

이들 담론공간이 의미하는 바는, 그것이 항상 타자에 대해 열려있었

<hr />

32 『沖縄タイムス』, 1972.4.5.

던 것이 아니라는 점이다. 전쟁 책임과 식민지 책임을 개인의 문제로 환원하거나 혹은 역사를 이야기할 때 오키나와 / 미국 / 일본과 같은 도식에 너무 치우치게 되면, 불가시화된 이들을 역사의 표면으로 부상시키지 못하게 되기 때문이다. 이것은 '구중회'를 '다니카와 씨'라는 일본명으로 호출하고 있는 것처럼, 표상되는 자 / 되지 못하는 자를 구분하고, 또 타자를 해석하는 데에 자의적 해석이 틈입하기 때문이기도 하다. 즉 기록운동이 펼쳐 놓은 오키나와를 주 무대로 한 담론공간에서는, 고정적인 가해 / 피해라는 담론 도식이 적용되느냐의 여부에 따라 조선인들은 보이기도 하고 보이지 않기도 했다. 바로 그것이 이 공간에 작동한 역학이었다. 바꿔 말하면 기왕의 가해 / 피해의 틀 아래에 담론공간이 놓이게 될 경우, 그 공간이 타자에 대해 열릴 가능성이 낮아지게 되고, 또 이야기되었다고 해도 타자 해석에 자의성이 개입될 여지가 높아지게 된다. 반대로 가해 / 피해라는 틀 자체를 되물을 경우, 담론공간은 타자를 받아들이게 되고, 그 / 그녀들에 대해 열려가게 될 가능성을 확보하게 된다. 그것이 바로 담론공간이라는 장에서 작동한 역학이었던 것이다. 따라서 담론공간을 타자에게 열어가는 일은, 오키나와가 껴안은 가해성과 식민지주의를 묻는 일과도 직결된다. 이러한 물음이 제기된 것은 1970년 도미무라 준이치富村順一의 도쿄타워점거사건 이후의 일이다.

일본 '본토'에서 발생한 사건
—도미무라 준이치의 조선인 관련 담론과 '오키나와의 손미 사건'[33]

시정권 반환을 얼마 남겨 두지 않고 일본 '본토'의 시야에도 '오키나와'가 포착된다. 그 하나가 도미무라 준이치의 도쿄타워점거사건이다. 1970년 7월, 미국인 선교사를 인질로 잡아 도쿄타워전망대를 점거한 사건을 계기로 오키나와가 일본 '본토'에 가시화된다.

도쿄타워전망대점거사건을 일으킬 당시 도미무라 준이치는 40세였다. 1955년 무렵 오키나와에서 도쿄로 건너왔다.

1930년에 오키나와 모토부초本部町에서 태어난 도미무라는 어렸을 때부터 천황의 초상화에 경의를 표하지 않았다는 이유로 초등학교에서 퇴학당했다. 그 후 대장간 일이나 농사일을 돕기도 하고 자전거 수리공 등을 전전하며 살았다. 오키나와전쟁 당시에는 일본군 말 사료를 충당하기 위해 풀베기 등을 했다. 그가 잠시 머물던 구메섬에서는 앞서 언급한 조선인 구중회의 리어커를 밀어주는 등 도움을 주기도 했다.[34] 일본군이 물러간 미점령기에는 미군이 지인을 살해하거나 여성을 강간하는 장면을 목격하기도 한다. 도미무라는 오키나와전쟁 이전이나 이후나 끝나지 않는 전쟁을 살아간 것이다.

도미무라는 절도와 미군시설 불법 침입 등의 혐의로 여러 차례 형무

---

33 이 부분은, 오세종의 「김희로와 도미무라 준이치로의 일본어를 통한 저항金嬉老と富村順一の日本語を通じた抵抗」(『琉球アジア文化論集』第4号, 2018.3, 琉球大学法文学部)의 논의와 중복된다.

34 도미무라는 1973년에 구메섬에 '통한의 비'를 건립했는데, 그 목적 가운데 하나는 구중회를 추도하기 위한 것도 포함되어 있었다.

소에 수감되기도 했다. 그뿐만이 아니라 탈옥과 자수를 반복하며 형무소를 드나들었다. 다른 사건으로 수감되었던 나하那覇형무소에서는 처우 개선을 요구하다가 결국 탈옥을 감행해 1955년 일본으로 밀항했다.

일본 '본토'에서도 절도와 공무집행 방해 등으로 형무소를 드나들었다. 도쿄타워점거사건을 감행한 것은 절도죄로 10개월간의 복역을 마친 후의 일이었다.

도쿄타워점거사건을 일으키기 전에도 각지를 돌며 미국 민정부와 일본정부의 오키나와 차별을 규탄하고, 부당한 대우에 항의하는 호소를 이어가고 있었다. 거리 연설을 하고, 오키나와 상황과 천황의 전쟁책임을 호소하는 내용을 녹음해 볼륨을 높여 틀어 놓거나, 황거皇居 앞에서 항의운동을 벌이기도 했다. 이처럼 불의에 맞서 싸우던 도미무라는 경찰에게 테이프리코더를 압수당하기도 하고, 신주쿠新宿에서는 국학원国学院대학 학생에게 폭행을 당하기도 했다.

오키나와전쟁에 대한 일본정부 및 천황의 책임 부재, 그리고 오키나와전쟁 이후 미군의 부당한 탄압과 폭행에도 일본정부, 미국 민정부, 류큐정부 모두 처벌과 대책을 내놓지 못하고 있는 상황, 그에 대한 개인의 호소조차 국가권력과 폭력으로 저지당하는 상황에서 도미무라가 마지막 수단으로 선택한 것이 바로 도쿄타워점거였던 것이다. 어떻게든 사람들의 주목을 끌어 오키나와의 상황을 호소하고 평화를 요구하고자 한 것이다.

1970년 7월 8일 오전 11시 경, 도미무라는 점거를 기획하고 도쿄타워를 찾는다. 엘리베이터를 타고 전망대로 오르자 관광 중인 미국인 목사가 도미무라의 시선에 들어왔다. 미국의 폭거를 호소하는 의미에서

도미무라 준이치의 도쿄타워점거사건을 보도하는 기사
『류큐신보』, 1970.7.9, 조간

도 그를 인질로 잡아야 했다. 도미무라는 칼은 지니고 있었지만 사람들을 위해하려는 의도는 없었다.[35] 자신의 주장을 널리 알리는 것만이 목적이었기 때문이다. 점거 직후, 도미무라는 전망대에 있던 조선인들은 풀어주었다. 조선이나 오키나와나 차별·탄압의 위치에 있기는 매한가지라는 이유에서였다. 아이들에게는 초콜릿을 건네기도 했다. 미국인 목사를 안심시키고 마주 앉게 하고, 오키나와의 상황 등을 이야기한다. 사건은 그의 신병이 경찰에 넘겨지는 것으로 종결되었다.

현행범으로 체포된 도미무라는 "미국은 오키나와에서 고 홈ア メリカは沖

---

35   그런데 점거를 저지하려던 엘리베이터 보이에게는 폭력을 휘둘렀다.

縄よりゴーホーム", "일본인은 오키나와에 손대지 말라日本人は沖縄のことに手を出すな"라는 구호가 적힌 흰색 티셔츠를 입고 있었다. 사건은 전국지에 일제히 보도되었고『류큐신보』,『오키나와타임스』도 나란히 보도하였다. 『오키나와타임스』는 작게 기사화한 반면,『류큐신보』는「오키나와 출신 난동부리다—칼을 휘두르며 도쿄타워에서 한바탕 소동」이라는 표제를 내걸고 교도통신共同通信 발로 크게 기사화하였다.

『류큐신보』(교도통신) 기사에 의하면, 경찰 조사에서 도미무라는 "최근, 오키나와에서 빈발하고 있는 부녀자폭행사건 문제에 대해 본토 법정에서 말하고 싶었다. 처음부터 체포를 각오했고 인질을 위해할 생각은 없었다"고 발언했다고 한다. 오키나와에 빈발하던 미군에 의한 '부녀자폭행사건'에 대한 항의사건으로 보도한 것이다. 그러나 도미무라의 옥중수기를 보면 점거사건을 일으킨 것은 사쓰마薩摩에 의한 지배, 메이지기의 류큐처분琉球処分, 오키나와전쟁 이후의 미군에 의한 군사점령·통치가 오키나와에 초래한 가혹한 상황과 차별이 있었음을 고발하기 위함이었다. 이는 앞서 언급한 바와 같이 10년 전부터 도미무라가 일본 각지를 돌며 호소하던 바였다. 점거사건은 '부녀자 폭행'에 항의하기 위함도 있었지만, 오키나와에 대한 미국과 일본의 식민지주의를 고발하기 위한 목적도 있었다. 이러한 도미무라의 일련의 행동은, 민중의 입장에서 오키나와전쟁과 오키나와의 '전후' 담론을 일본 '본토'로 발신해간 것이자, 기록운동을 일본 '본토'로 확장해간 것으로 평가할 수 있을 것이다.

여기서 주목하고 싶은 것은, 도미무라의 점거가 오키나와만이 아니라 조선인에 대한 차별도 고발하고, 그/그녀들과의 연대를 모색하려

한 점이다. 옥중기록 『내가 태어난 곳은 오키나와わんがうまりあ沖縄』에서 도미무라는 이 사건을 다음과 같이 회고하고 있다.

[특별 전망대에는] 조선인이 7, 8할 있다는 것을 파악하고, 그 조선인을 우선 먼저 내려가게 하고, 또 20세 미만과 여자를 내려가도록 했습니다. 조선인을 먼저 내려가도록 한 것은, 몇십 년이라는 오랜 세월 동안 일본인과 일본정부는 조선인에게 수많은 고문과 학살을 자행해 왔고, 그런 면에서 조선인은 우리 오키나와와 같은 입장이라고 생각했기 때문입니다. 조선인을 한곳에 모아놓고 당신들은 전쟁 전 일본인과 일본 제국주의자들에게 처참한 일을 당한 것이 사실이며, 우리 오키나와인도 여러분 조선인과 마찬가지로 차별을 받아 왔다고 말했습니다. 그리고 그 차별의 원한을 되갚기 위해서 미국인과 일본인을 인질로 삼았습니다. 미국은 지금 오키나와인을 인간으로 보지 않습니다. (…중략…) 젊은 조선인이 손을 들어 조선 만세, 오키나와 만세를 몇 번이고 외쳤습니다.[36]

그가 말하는 '조선인'이란, 남북분단이나 이데올로기의 관점에서가 아니라 "처참한 일"을 당한 "같은 입장" 즉 오키나와 사람들과 공통의 역사적 경험을 한 자들이라는 시점을 취하고 있다.

도미무라로 하여금 조선인과 오키나와인을 '같은' 피차별자, 피해자로 인식하게 한 데에는 구메섬의 경험이 크게 작용했을 터다. 앞서 언급한 것처럼 어렸을 때 구메섬에서 생활한 적이 있는 도미무라는 '다니

---

36 富村順一, 『わんがうまりあ沖縄－富村順一獄中手記』, 拓殖書房, 1972.5.15, 83면. 도미무라의 옥중수기가 간행된 1972년 5월 15일은 오키나와가 일본으로 복귀된 날이다.

카와 노보루' 즉 구중회와 면식이 있었다. 옥중기록에는 "조선인 다니카와 씨 일가 7명과 나칸다카리 메이유 일가 3명이 살해된 날은 일본 제국주의자가 미국에 무조건 항복한 지 5일째 되는 날로, 전쟁 중이 아니었습니다"[37]라는 날카로운 지적도 보인다.

더 나아가 그의 옥중기록에는 구중회 이외의 조선인에 대한 기술도 보이는데, 상호 연대를 모색할 뿐만 아니라 확장된 담론공간으로 타자를 호출하고 있다. 그 가운데 중요한 것은 '위안부' 출신 조선인과의 만남이다(1971.1.4, 수기). 이것은 오키나와의 조선인 '위안부' 문제를 사고하는 데에 중요한 참조점을 제공한다.

오키나와에 머물던 도미무라는 1948년 무렵 '팡팡마을パンパン町'이라고 불리던 곳에서 한 조선인 여성과 만난다. '하나코花子'라는 기명으로 불리던 이 여성은 술이라도 한잔 하는 날이면 울면서 "나는 일본인이 아닌 조센삐야"라고 고백하기 시작한다. '하나코花子'의 말에 따르면, 언니의 약혼자인 조선인 남성이 군인으로 동원되자, 언니는 야전간호부로 "지원해서" 그의 뒤를 따른다. 여동생인 '하나코'도 언니를 따라 "지원"한다. 자매는 한반도 북부에서 간호부로 일하던 중, 군인을 위문하라는 일본군 '군의'의 명령으로 '위안부'가 되었다. 그 후 언니는 자살하고, '하나코'는 다른 여성과 함께 배에 태워져 행선지를 알지 못한 채 '남방'으로 향했다고 한다. 그런데 '하나코'가 탄 배는 미군의 공격을 받아 목적지까지 가지 못하고 오키나와로 들어오게 되었다. 이후 '하나코'는 '위안부'가 되어 "매일을 몇십 명이나 되는 일본군"을 상대

37　위의 책, 177면.

해야 했다. 그리고 전쟁 막바지, 다른 '위안부'와 마찬가지로 총탄이 날아드는 한가운데를 도망쳐 다니다 총에 맞기도 하면서 살아남았던 것이다. 자신의 신상 이야기를 한바탕 늘어놓은 '하나코'는 도미무라에게 다음과 같이 애원한다.

아침이 되어 술이 깬 하나코는 다른 사람들에게 자신이 조선인이라고 말하지 말아 달라고 부탁했어요. 하나코는 조선인이라고 불리는 것이 무엇보다 두렵다고 했어요. (…중략…) 하나코는 자신이 조선인이라는 사실을 매우 비관적으로 생각했습니다. / 타워에서 조선인을 바로 내려가도록 한 것은 그런 하나코의 영향도 없지 않았죠.[38]

'하나코'라는 이름의 조선인 여성은 '위안부'로 동원되었을 뿐만 아니라 오키나와에서도 조선인이라는 사실을 숨기고 '하나코'라는 이름으로 살아가야 했다. 그녀가 '하나코'라는 이름을 버릴 수 없었던 것은 오키나와전쟁 이후에도 '조선인'이라는 용어 자체가 상처가 되고, 차별의 대상이 되었기 때문일 것이다. '전후'에도 성폭력과 민족차별에 노출되었던 정황을 엿볼 수 있다. 바로 이것이 '하나코'가 자신이 '조선인'이라는 사실을 숨기고, 스스로를 보이지 않게 지워버리는 이유였다.[39] 도미무라는 살해당하거나 고통 속에 놓인 몇몇 조선인을 표출함

---

38 위의 책, 50면. 참고로 도미무라는 40세부터 문학(일본어)을 배우기 시작했다.

39 도미무라는 '하나코'를 30년 만에 찾아 나섰는데, "매독이 뇌까지 번지고, 정신착란을 일으켜", 마지막에는 "나는 조센진이다"라고 부르짖으며 죽어갔다는 증언도 보인다(趙重泰, 『復刻版 日本軍の沖縄における韓国人虐殺の記録』, 宋斗会の会, 2005, 24면). 그녀 외에도 도미무라는 '긴조金城'라고 하는 조선인과 도쿄에서 만난 일도 적고 있다. '긴조'는 식민지기에 "일본 경관"에게 아무런 말도 없이 트럭에 태워져, 나가사키로 연행되어 온 남성이었

으로써 일본 '본토'로 담론공간을 확장시키고, 그 안에 '같은 입장'의 조선인들을 들어오게 하였다.

또 하나 도미무라의 실천이 중요한 것은, 담론공간에 조선인을 호명함으로써 오키나와인의 해방을 위해서는 조선인을 포함한 아시아 전체의 해방이 필요하며,[40] 이를 위해서는 피해자를 가해자로 바꿔가는 식민지주의를 극복해야 한다는 인식을 보여주었다는 점이다. 식민지주의가 가해자와 피해자의 구분을 명확히 할 뿐만 아니라, 피해자를 가해자로 바꾸는 구도를 내포하고 있음을 도미무라도 충분히 인지하고 있었다. 그렇기 때문에 도미무라는 오키나와 사람들이 껴안고 있는 식민지주의를 고발하는 데에 게을리 하지 않았으며, 오키나와 사람들과 조선인을 **동열로 취급하지 않았다.** 단순히 '같은 입장'으로 끌어들이지 않던 것이다.

어째서 우리 오키나와인은 조선인을 오키나와어로 조세나 チョセナ라고 부르는 걸까, 또 타이완인을 타이와나라고 부르는가를 생각해 보는 일은 중요합니다. 오키나와 말로 뒤에 '나ナ'라는 글자를 붙이는 것 자체가 이미 조선인, 타이완인, 일본인과 구별하고 또 차별하는 것입니다.[41]

다. '긴조'라는 이름으로 살게 된 것은, 관동대지진 당시 수많은 조선인이 살해되었던 것을 주지하고, 지진이 또 발생하면 "일본 제국주의의 압박이 가해질까 두려웠기" 때문이라고 한다(富村順一, 『わんがうまりあ沖縄―富村順一獄中手記』, 拓殖書房, 1972.5.15, 41면).

40 "오키나와를 비롯해 아시아 인민 문제를 해결하고자 하는 사람은, 자신이 우리 오키나와, 조선 인민의 입장에 서서, 또 우리들이 조선, 오키나와 인민이라고 생각하지 않으면 문제는 해결되지 않는다."(富村順一, 石田郁夫(聞き手), 「聞書「富村順一放談」」, 『新日本文学』 第28巻第7号, 新日本文学会, 1973, 188면).

41 富村順一, 『わんがうまりあ沖縄―富村順一獄中手記』, 拓殖書房, 1972.5.15, 39면.

위의 인용문에서 도미무라는 '나⁺'라는 호명 안에 내포된 차별의식과 식민지주의적 위계질서를 날카롭게 지적하고 있다. 도미무라의 입장에서 보면, 조선인을 '조세나'라고 부르는 것은 조선인 '위안부'를 '조센삐'라고 부르는 것처럼 차별을 아래로 전가하는 것이자, 오키나와인들을 식민지주의적 차별구조 안에 자리매김하는 것이었다. 도미무라는 오키나와가 껴안고 있는 내부의 식민지주의를 간파했기 때문에 스스로를 되묻고 비판하는 자리에 오키나와를 위치시키고, 아시아 전체의 해방을 호소할 수 있었던 것이다.[42]

도미무라가 조선인을 도쿄타워에서 해방시키고, 또 '하나코'의 존재를 가시화시키려는 시도는, 오키나와, 타이완, 그리고 조선을 포함한 식민지주의를 온전히 극복하기 위한 것이라고 볼 수 있다. "조선인 문제에 '발'을 들여놓은"[43] 것이라는 그의 발언은 그러한 큰 시점에서 이루어진 것이며, 또한 차별을 받는 이들끼리의 동지적 연대의 실천 방식을 나타내는 것이기도 했다.[44] 다른 관점에서 보면, 이것은 고정적인 가

---

42 이시다 이쿠오石田郁夫는 "나는 도미무라 씨의 경험이 특별히 비참한 개인체험이 아니라, 오키나와 민중의 보편성을 갖는다고 생각해요. 도미무라 씨는 그 보편성의 대표자 격으로 자기표현の 힘을 몸에 익힌 것이죠"라고 기술하고 있다(石田郁夫・小沢信男・野呂重雄, 「鼎談文藝時評 第三回」, 『新日本文学』 第27卷 第11号, 新日本文学会, 1972, 87면). 그러나 도미무라가 '오키나와인'에 대해 비판한 바 있어, '오키나와 민중'으로 한정해 '민중'과 '보편성'을 이야기하는 것은, 도미무라가 지향한 '연대'의 가능성을 지워버릴 우려가 있다. 도미무라의 투쟁은 오키나와의 민중으로서의 투쟁이며, 그와 동시에 오키나와의 민중에게도 향하였다. '오키나와'를 비판적으로 되묻기 전에 연대를 다져가는 것이 바로 도미무라가 희구한 연대이며, 보편성을 띤 민중상이라고 할 수 있다.

43 富村順一, 『わんがうまりあ沖縄─富村順一獄中手記』, 拓殖書房, 1972.5.15, 41면.

44 도미무라는 오키나와와 조선의 관계만이 아니라, 좀 더 확장성을 갖는 연대를 희구했다. "매일 오키나와에서 B52가 날아오르고, 평화를 사랑하는 베트남 인민을 살해하고 있다. 우리 오키나와 인민은 25년 전을 떠올려보더라도, 하루라도 빨리 베트남에 평화가 오는 것이 제일입니다. (…중략…) 오키나와 인민의 자치권, 자결권과 베트남 평화는 하나가 아

해 / 피해로 전쟁체험을 이야기함으로써 스스로의 가해성을 불문에 부치고, 타자를 폐쇄해 버리는 담론공간에 대해 저항하는 일이기도 했다. 따라서 도미무라에게 있어 담론공간이란, 스스로의 가해성과 마주하면서 이 공간을 타자를 향해 열어 보이고, 그럼으로써 오키나와도 자유롭지 않은 식민지주의를 극복해 가는, 그러한 실천을 가능케 하는 장이기도 했다. 그것은 담론공간을 동아시아적 문맥하에 두는 것이며, 복귀운동이 맺은 제3세계와의 관계를 오키나와 안으로 끌어들이는 일이기도 했다.[45]

그러나 안타깝게도 도미무라의 실천적 의의는 있는 그대로 받아들여지지 않았던 것으로 보인다. 일본 '본토'에서도 구메섬 학살사건은 오키나와의 보도와 평행선을 긋듯이 보도되었는데, 당시 도미무라의 급진적 행동을 지워버리고 전달되었기 때문이다.

이 사건을 '본토'에서는, 우선 1972년 3월, 『선데이 마이니치サンデー毎日』(1972.4.2)에 '오키나와의 손미ソンミ 사건'이라는 제목의 르포

니면 안 됩니다"(위의 책, 173면)라며, 베트남과의 연대를 강조하였다.

45 또한, 1960년대 말부터 1970년대 초에 걸쳐, 오키나와에서도 일본에서도 '도쿄타워점거사건'과 유사한 몇몇 사건이 발생했다. 1970년, 오키나와에서는 반복되는 미군의 폭행에 견디지 못하고 고자コザ시에서 반미반기지투쟁이 일었다. 이른바 '고자사건コザ事件'이다. 이것도 국가와 군의 식민지주의에 대한 항의였다. 이듬해 1971년 8월에는 '제2차 고자사건'이 일었고, 이때는 반전 미군병사와 민간인 미국인도 투쟁에 합류하여, 좀 더 국제적인 확장성 있는 반미반기지투쟁이 되었다. 같은 시기 한국에서도 반미반기지투쟁이 일었다. 또, 일본 '본토'로 시선을 돌리면, 70년 미일안보조약 갱신 반대운동이 국가에 대항하는 가장 큰 운동 중 하나였다. 1970년에는 장애인 운동의 기점이 된 장애인 단체 '푸른잔디회青い芝の会'가 신망령新綱領을 발표하고, 나아가 후지미야여관을 점거하여 조선인에 대한 차별 발언을 한 경찰의 사죄를 요구한 김희로 사건 등도 일본의 식민지주의에 대한 고발과 저항이었다. 1971년 10월 19일에는, 시정권 반환에 반대하는 오키나와 청년들이 국회에서 폭죽을 터트리는 사건이 있었다. 또, 1973년에는 온나촌恩納村 출신 우에하라 야스타카上原安隆가 오토바이로 국회의사당 정문으로 돌진해 사망하는 사건이 있었다.

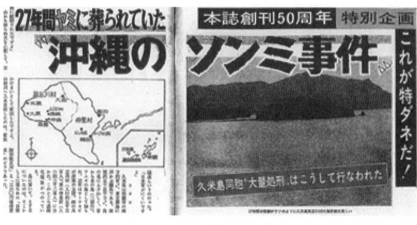

'오키나와의 손미 사건' 『선데이 마이니치』, 1972.4.2

형태로 보도되었다. 기사 제목에서 알 수 있듯, 베트남전쟁 당시의 '손미 사건'과 중첩시켜 구메섬 학살사건을 다루었다. 이 사건이 수십 년후 일본 '본토'에서 다시 보도되는 것은 오키나와전쟁 당시 구메섬에서 미군에게 투항한 옛 일본육군병사 두 명이 가야마를 고발한 것이 계기가 되었다.

르포는 가야마 부대에 의해 살해된 섬사람을 자세하게 다루고 있으며, 조선인 구중회에 대해서도 기술하고 있다. 또한 주민의 증언도 하나하나 모아 직접 가야마를 찾아가 인터뷰한 내용도 실려 있다.

이 『선데이 마이니치』 르포를 계기로 1972년 4월 4일, 오키나와 방송국 텔레비전 RBC를 포함한 TBS계열 방송 「모닝 잠보モーニングジャンボ」에 가야마가 출연하기에 이른다.[46]

---

46 오키나와 두 신문사도 연일 보도했다. 『동아일보』에서도 다시 이 사건을 다루었다 (1972.8.16). 구중회의 친척(구자식 씨)을 찾는 성과도 있었다(『동아일보』, 1972.8.18).

텔레비전에 출연한 가야마에게 "갈기갈기 찢어버리고 싶다"라든가 전쟁이 끝났는데 왜 '처형'했느냐며 오키나와 사람들의 준엄한 비난이 쏟아졌다. 그중에는 구중회 일가에 대해 언급도 있었다.

> 어째서 그 다니카와 씨(구중회)의 어린 아이들까지, 무서워요, 도와주세요, 라며 울부짖는 아이들까지 희생시킨 겁니까.[47]

가족과 지인의 입장에서는 당연한 비난이었다.[48] 가야마는 시종 고개를 숙이고 있었다. 방송에서도 '다니카와 씨'는 호명해도 '구중회'라는 이름을 언급하는 일은 없었고, 조선인의 존재가 완전히 사라지지 않았음에도 이들을 정면에서 논의하는 일은 없었던 것이다. 이름을 호명하는 방식 하나에도 식민지주의의 상흔이 깃들어 있는 것이다. 이것은 가해 / 피해라는 틀을 극복하려는 시도가 오히려 다시 그곳으로 돌아가게 하는 사태에 다름 아니다. 또한 가야마 개인에게만 책임을 물은 결과, 도미무라 준이치가 '본토'에 도입한 담론공간을 가시화와 불가시화가 서로 뒤엉킨 역학 아래에 자리하게 하였다.

'오키나와의 손미 사건'은 '본토'로 하여금 오키나와의 조선인을 바라보는 관점을 오로지 '주민'의 비극에만 머물게 함으로써 타자로서의 조선인이 안겨준 충격을 결락시켜 버렸다. 실제로 구메섬 학살사건은

---

47 「私の信念はお国の為にであった」,『サンデー毎日』, 1972.4.23, 29~30면.
48 위의 신문, 30면. 또, 이 방송에 대한 반응은 '본토'와 오키나와 사이에 상당한 온도차가 있었다. '본토' 측 의견 7할이 "전쟁의 희생은 오키나와만이 아니다, 오키나와는 응석부리지 마라", "가엽다" 등의 반응이었고, 오키나와는 "책임 추궁 자세가 약하다", "좀 더 파고들어간 기획이기를 바랐다" 등의 의견이 대다수였다. 전쟁을 인식하는 방식이 근본적으로 달랐다.

일본정부도 조사한다고 말만 하고는 어영부영 잊혀져 버렸다. 기록운동이 열어간 담론공간은, 도미무라 준이치를 통해 일본 '본토'에도 도입되었고, 또한 오키나와의 타자에게도 열린 형태로 전개되었다. 또한 구메섬 학살사건은 오키나와와 '본토'를 연결하여 구 일본군과 일본정부의 책임을 묻는 일을 가능케 하였다. 그런데 도미무라가 담론공간에 부여한 가능성은 구메섬 사건이 가해 / 피해라는 틀로 다시 회수되면서 사실상 닫혀버리게 된다.

한국정부의 움직임

담론공간은 오키나와 내부나 일본 '본토'만이 아니라 한국정부의 동향으로부터도 영향을 받았다. 애초 오키나와의 조선인들을 불가시화에서 가시화시킨 것이 한국의 보도였으니, 담론공간이 지역의 틀을 넘어 확산될 수 있는 가능성을 보여주었다고 할 수 있다. 그렇긴 하지만 한국정부는 담론이라는 형태를 통해 그 공간에 영향을 주었다기보다, 한일조약을 오키나와에 적용시키느냐 마느냐, 혹은 남북분단을 언급하는 식의 간접적인 방식이 대부분이었고, 이것은 근본적인 부분에도 영향을 미쳤다.

오키나와의 조선인이 보도 등을 통해 한국과 오키나와에서 가시화되는 가운데 한국정부는 그와 별개의 요인으로 움직이기 시작한다. 한국정부의 본격적인 움직임을 경제적 측면에 초점을 맞춰 생각해 보고자 한다.

앞 장에서 살펴본 것처럼 한국은 1950년대부터 오키나와의 관계 구축을 모색해 왔다. 그 일환으로 1958년 4월에 이승만 대통령이 오키나와를 방문하였고, 또 한국문화친선사절단을 오키나와로 파견하기도 했다.[49]

그러나 오키나와의 조선인에게 관심을 갖게 되는 것은 오키나와와 한국의 경제교류가 결정적인 계기가 되었다. 한국과 오키나와 간의 경제적 교류는 1950년대 초부터 시작되었다. 오키나와에서는 야채와 흑설탕 등이, 한국에서는 쌀이 군을 매개로 하여 수출과 수입이 이루어지고 있었다. 그리고 한일교섭이 장기화되는 모양새를 보이자 한국과 오키나와 간의 경제교류는 민간 차원을 중심으로 거래가 활성화되기 시작했다.

구보타久保田의 발언 등이 문제가 되어 한일회담과 한일 간의 무역이 중단되자 그 틈을 메우는 형태로 한일무역 중계지 역할을 오키나와가 담당하게 된다. 예컨대 오키나와의 '오키노리코교沖海苔工業'(대표는 고쿠바 고타로国場幸太郎)가 한국에서 김을 수입했다. 또한, 1959년 7월에는 오키나와 경제계 사절단을 한국에 파견하여, 현지시찰을 겸해 오키나와를 중계로 한 삼각무역 가능성을 탐색했다. 마쓰오카 가즈지松岡一二의 시찰기에 의하면, 사절단은 한국 공항에서 대한상공회의소와 무역협회

---

49 교향악 콘서트와 합창, 무용 등을 공연하기도 했지만, 사절단에 한국해병대 등 군인이 다수 포함되어 있는 것에서 알 수 있듯, 오키나와와 한국의 군사 교류를 심화하기 위한 목적이 강했다. 한국 사절단의 오키나와 방문을 기해 『류큐신보』 칼럼에는, "과거 한국이 일본일 때는 형제 관계로 친밀하게 지내온 만큼, 전후 13년 만에 보는 그들에게 정겨운 마음을 금할 수 없다", "아직 일본 교육을 받은 사람들이 지도자로 다수 활약하고 있는 것은 문화 교류상으로도, 또 장래의 우정과 교류를 위해서도, 이것은 쌍방 국가들에게 플러스가 되리라고 생각한다"라는 식의 기술이 보인다(『琉球新報』, 1958.4.10, 석간). 오키나와에 강하게 남아있는 식민지를 긍정하는 발언이 아닐 수 없다.

관련자들, 그리고 한국정부 관계자들의 환대를 받았다고 한다.[50] 일본 외무성과 통산성, 그리고 한국정부도 삼각무역을 모색하는 오키나와 사절단의 활동을 암묵적으로 묵인한 것이다.

삼각무역 구상은 한국정부가 일본과의 무역재개를 결정함으로써 없던 일이 되었지만, 한국정부와 류큐정부는 통상협정안을 발표하는 등, 금액은 크지 않았지만 경제교류를 계속 이어갔다. 1966년 4월에는 한국정부기관인 대한무역진흥공사 오키나와 주재소가 나하에 설치되었다. 미국 민정부의 카펜터 민정관도 한국과 '류큐' 간의 무역증진을 "최대의 호의를 갖고 임할 것"이라며 경제교류를 적극 장려했다.[51]

이 같은 경제교류에 즈음하여 1969년에 있었던 발언과 사건에 주목할 필요가 있다. 하나는, 카펜터가 오키나와 내 조선인의 법적지위와 재입국 문제에 대해 "미국 민정부로서는, 아직 구체적인 어떤 요구나 신청이 있는 것은 아니지만, 문제가 있으면 호의적으로 배려하겠다"라는, 경제교류 분위기에 발맞춘 듯한 발언이 이어졌다. 경제교류의 활성화에 따른 인적교류의 증가로 조선인의 법적지위를 배려하지 않을 수 없었던 것으로 보인다. 둘째는, 카펜터의 발언 탓도 있겠지만, 대한무역진흥공사 오키나와 주재소를 중심으로 오키나와전쟁 때 연행되거나 혹은 그 이전부터 오키나와에 머물던 조선인에 대한 조사가 이루어졌다.[52] 일본으로의 시정권 반환을 눈앞에 두고 한국정부가 오키나와의 조선인 조사에 착수한 것이다. 조사보고에 따르면, 오키나와에는 10세

---

50   『琉球新報』, 1959.7.14, 석간.

51   『동아일보』, 1969.4.14.

52   『동아일보』, 1969.4.14.

대 정도의 조선인이 거주하고 있으며, 권복노, 윤기용, 한창옥, 데루야 시즈 등 앞서 소개한 조선인들의 이름이 거론되었다. 그에 더하여 오키나와전쟁 이후에 무역자유화로 오키나와로 건너 온 김영호, 김경선, 강하석 등도 보고되었다. 그 과정에서 오키나와전쟁 당시 징용된 김부용(58세)을 새롭게 알게 된 것은 큰 성과가 아닐 수 없다. 오키나와전쟁 그리고 '전후'에 이르는 조선인을 말할 수 있는 가능성을 개척한 것은 물론, 담론공간을 더욱 확장시키고 풍요롭게 한 조사였다. 그리고 오키나와의 조선인들의 법적지위 보장이라는 관점에서 보자면, 비록 10세대라는 적은 숫자일지라도(본격적인 조사가 이루어진 것은 아니었다), 한국정부는 즉각 움직였어야 했다. 그런데 한국정부는 방관하고 말았다.

한일조약의 체결, 경제교류의 진전, 오키나와의 조선인 보도, 그리고 앞서 기술한 조사 등을 거쳐 시정권 반환을 목전에 둔 1971년 7월, 그제야 한국정부는 재 오키나와 조선인의 법적지위 처우문제를 다루기 시작한다. 그러나 이것은 오키나와의 조선인에게 또 다른 제약을 초래하였다.

오키나와 조선인의 법적지위에 대한 한국정부 측 입장은, 그 / 그녀들의 "대부분이 종전 전부터 오키나와에 거주하고" 있었으므로, 1965년에 체결된 한일 간 법적지위협정에 근거해 영주자격을 신청할 권리를 갖는다는 것이었다. 이에 대해 일본 외무성과 법무성은 협정영주자격 신청기간이 이미 종료되었으므로(1971년 1월까지), 한일지위협정을 오키나와에 별도로 적용하지 않고 일반외국인으로 처리하겠다는 입장이었다. 졸속으로 체결한 한일조약이 오키나와에서 장벽이 되고 있는 것이다.[53]

또한 이 무렵, 한국정부는 외무부 영사국 양구섭 재외국민과장과 주일한국대사관 영사 등을 오키나와로 파견하기도 했다. 양구섭은 류큐 정부출입관리청 오시로 미노루大城実 국장과 함께 외국인등록을 마친 80여 명의 '한국인 교포'의 영주자격취득에 대해 협의하였다. 이 자리에서 오시로는 "일본인을 제외한 제3국인 1만 3,384명 가운데, 8,000여 명이 [영주자격취득] 유자격자이다. 그들이 신청한다고 해서 모두에게 영주권을 부여하게 되면 오키나와 주변 활동은 크게 위협받게 될 것"이라는 이유로 영주자격 부여를 거부했다.[54] "위협"이 구체적으로 어떤 의미인지는 분명치 않으나, 그것이 공산주의자의 침입을 상정한 것이라면 반공사상을 드러내는 발언이다. 그것은 동시에 반공이데올로기 역시 오키나와의 조선인 보호에 장벽이 되었음을 의미할 것이다.

　다른 한편으로 양구섭과 한국정부가 오키나와에서 외국인등록을 마친 '교포' 즉 무국적이 아닌 대한민국 국적보유자만 협의대상으로 삼았던 것도 문제의 소지가 있다. 한국정부가 오키나와에 관리를 파견하기 전부터 한국 신문에서 오키나와 내 무국적 조선인 문제를 다루었기 때문에 양구섭도 무국적 조선인에 대해 알고 있었을 가능성이 높다. 그런데 양구섭과 한국정부는 한일조약만 논의 대상으로 하고, 무국적자에 대한 대처 방안은 전혀 마련하지 않았다. 이처럼 한일 간 법적지위협정 자체가 안고 있는 문제에 더하여 한국정부와 류큐정부의 미진한 대응이 맞물려 오키나와의 조선인들은 방치되어 갔다.

53　『동아일보』, 1971.3.15. 이와 관련해 주일한국대사관 측은, 일본 측의 태도에 반발하며 일본 본토의 '교포'에 비해 오키나와의 조선인이 차별대우를 받게 될 것이라고 주장하였다.

54　小林聡明, 「発見／忘却される在沖コリアン─アメリカ施政権下沖縄における朝鮮半島出身者の法的地位をめぐって」, 『ワセダアジアレビュー』 NO.15, 2014, 43면 참조. 아울러 패전 후 일본인들이 사용하던 조선인과 타이완인에 대한 모멸과 반감을 투영한 '제3국인'이라는 용어를 오시로는 무비판적으로 사용하고 있다.

아울러 오키나와 내 조선인의 가시화라는 측면에서 보자면, 한국정부의 입장에서는, 시정권이 일본으로 반환되면 재일본조선인총연합회(조선총련)가 오키나와에서 활동할 수 있게 되므로 이들보다 앞서 현지 영향력을 선점하는 것이 유리하다고 판단했을 것이다. 실제로 시정권 반환 이후의 일이긴 하지만, 1973년 한국정부는 나하에 영사관을 설치한다. 재 오키나와 조선인의 권익을 도모하기 위함이라는 것은 표면상의 이유일 뿐, 실제로는 시정권 반환 이후 예상되던, 오키나와 주류駐留미군의 동아시아에서의 영향력 저하와 조선총련이 가세한 반미반기지 투쟁을 방해하기 위함이었다. 오키나와를 반공의 방파제로 삼고자 한, 1950년대 이래의 한국의 자세를 나타내는 것이었다.

요컨대, 한국정부가 오키나와의 조선인을 위한 방안을 모색하기 시작했지만, 개개인보다 국가의 이익을 우선시했던 것이다. 그 때문에 오키나와의 조선인은 보호받지 못하였을 뿐만 아니라, 중층적인 경계선을 끌어안게 되었다. '한국적' 보유자만 '보호'의 대상으로 삼음으로써 한국적 / 무국적이라는 경계선을 발생하게 한 것은 그 하나의 예이다. 실제로 한국정부는 한국적 / 무국적으로 나누어 이익배분(영주자격의 부여 등)을 하였고, 이것이 보호되는 조선인과 내버려진 조선인이라는 차이를 만들어내었다. 그리고 이 경계선은 결국 남북분단이라는 분단선으로 이어졌다. 한국정부는 한국적籍 보유자만 보호함으로써 무적자를 실질적으로 북측에 할당하는 결과가 되었다. 출입관리청 오시로大城가 '제3국인'에 대한 영주권 부여에 난색을 표한 것도 이를 강화하는 결과를 초래하였다.

담론공간의 측면에서 보자면, 이 경계선은 가시화되는 조선인과 불가시화 되는 조선인이라는 선에 다름 아니다. 타자를 불가시화하는 것은 곧 기록운동이 열어젖힌 공간 저편으로 역행하는 것이다. 설령 가시화된다고 하더라도 남북분단이 초래한 국가이데올로기가 우선시되는 한, 오키나와의 조선인들이 갖는 고유한 역사는 잘라내 버려지고, 가시화된 그/그녀들은 국가로 수렴되어버릴 것이다. 그런 점에서 군에서 민으로 전환되면서 만들어진 담론공간과도 어울리지 않게 되었다. 이같은 법적지위에 대한 대처방식은 차치하더라도, 한국정부가 오키나와에 남북분단 문제를 야기하고 가시화를 제한한 것은 분명해 보인다.

한국정부가 최종적으로 어떻게 대처했는지는, 1970년 11월, 재일본 대한민국거류민단(이하, 민단으로 약칭)의 오키나와현지방본부(이하, 민단오키나와로 약칭) 결성을 둘러싼 상황을 살펴볼 필요가 있다. 민단오키나와의 연혁에 따르면 결성 움직임은 이보다 앞선 1969년 8월로, 오키나와에 거주하는 한국인 유지들이 오키나와 본섬 기노완시宜野湾市 오야마大山의 한국공업사韓国工業社에 모여 오키나와한국교민회를 결성할 것을 처음 제기하였다고 한다. 그리고 이듬해 3월, 결성준비위원회가 모인 자리에서 오키나와는 가까운 시일에 일본으로 복귀될 것이니 민단 지방본부로 발족하는 것이 어떻겠냐는 민단 측 이희원의 제안에 따라 민단오키나와가 탄생하게 된다.[55] 초대 단장으로는 권복노가 선출되

대한민국거류민단오키나와지방
본부창립총회 광고
『류큐신보』, 1970.11.24. 석간

55　民団三〇年史編纂員会編, 『民団三〇年史』, 在日本大韓民国居留民団, 1977, 422면.

었다. 1970년 11월 24일, 『류큐신보』와 『오키나와타임스』에 민단오키나와창립총회 광고가 게재되었다.

『류큐신보』는 11월 29일 자 조간에서 민단오키나와의 결성을 알리며, '재在 오키나와 한국인'과 재일한국거류민단중앙본부 대표단을 포함해 30명이 출석한 것과 오키나와 반환과 동시에 '재 오키나와 한국인'의 법적지위를 '본토'의 재일한국인과 동등하게 할 것을 요청하는 결의문이 채택되었음을 보도하고 있다. 결의문은 무국적자를 포함한 모든 조선인의 법적지위를 보장할 것을 요청하였다.

그러나 오키나와의 조선인들은 협정영주권조차 보장받지 못한 채, 오키나와 반환을 맞게 된다. 민단오키나와가 요구한 일본 '본토'와의 동등한 법적지위도 실현되지 못하였으며, 일본 '본토'에서 시행되던 재일조선인에 관한 지위협정과의 정합성도 도모할 필요가 있었음에도 한일회담 때에 고려조차 하지 않았다. 오키나와에 대해 한국정부는 기본적으로 아무런 대응을 하지 않았던 것이다. 이는 민단오키나와 멤버들조차 방치될 정도로 분단이데올로기가 견고했음을 의미한다.

즉, 졸속으로 체결된 한일조약의 균열, 남북분단, 그리고 한국정부, 류큐정부의 대응이 적체된 데 따른 불이익이 오키나와의 조선인에게 직접적으로 영향을 미치게 된 것이다. 1985년 3월 22일, 민단오키나와의 간부였던 김동선은 다음과 같이 말한다.

> 오키나와의 한국인들은 영주권이 아닌 특별재류자격으로 있었기 때문에 나하시의 경우 건강보험증 혜택을 받지 못하는 등, 한일회담에서 양국이 보여준 성의 없는 졸속적인 진행과정(行程)으로 인해 더욱 심각한 차별대우를

받고 있다. (…후략…)[56]

한일조약이 초래한 뒤틀림이 오키나와의 일본복귀 후 10년 이상이 지났지만 여전히 영향을 미치고 있음을 알 수 있다. 오키나와의 조선인 은 미국, 일본, 한국, 그리고 오키나와의 틈새에 끼이게 된 것이다.

정리하자면, 한국정부는 국익을 우선시함으로써 담론이 출현하는 장場에 남북분단이라는 선을 생성하게 하였고, 그 결과, 이 분단선으로 인해 가시화되는 조선인과 불가시화되는 조선인이라는 구별이 생겨나 게 되었다. 그뿐만이 아니라 가시화되었다고 하더라도 국가이데올로기 가 조선인들에게 그림자를 드리우게 되었다. 그리고 담론의 장에 남북 분단이라는 선이 그어지게 됨으로써, 민중의 것이어야 할 담론공간에 국가와 권력을 불러들이는 결과가 되었다. 이런 점에서 한국정부의 대 응은 담론공간에 심각한 영향을 미치게 되었다고 할 수 있다.

또한 1972년 5월, 일본으로 시정권이 반환되자, 민단오키나와는 민 단중앙의 직접적인 관리하에 놓이게 되었다.[57] 민단중앙의 관리하에 놓 인 후, 한국에서 파견된 인물이 단장으로 취임하였고, 재 오키나와 미군 제7심리작전부대에 근무하던 전세균이 제4대 단장이 되었다.[58] 미국과

---

56 『동아일보』, 1985.3.22.

57 앞서 소개한 윤기용은, 민단오키나와 창설과 함께 사무국장으로 취임했다. 그러나 오키 나와의 일본 복귀 직전인 1972년 3월, 윤기용은 바다에서 변사체로 발견된다(『琉球新報』, 1972.3.14). 자살로 처리했는데, 후지시마 우다이藤島宇内는, 윤기용이 술을 마시지 않았고, 수영도 능숙한 사람이라며 자살에 의문을 표하였다. 후지시마는 윤기용의 변사와 민단오 키나와의 직할회直轄化가 모종의 관계가 있을 것이라고 보았다(藤島宇内, 「『韓国』と沖縄 を結ぶ心理作戦」, 『現代の眼』 1975년 6월호, 135면).

58 위의 책, 136면.

의 결속을 유지하려는 한국정부의 의향이 보이는 변화였다. 동시에 이것은 오키나와의 조선인은 한국정부의 관심 밖이었음을 시사한다.

지금까지 살펴본 것처럼, 오키나와전쟁 당시부터 불가시화되어 온 조선인들은 1960년대 중반 이후, 한국의 영화와 보도를 통해 처음 모습을 드러내었고, 이후 오키나와에서도 민중의 전쟁체험을 수집하는 과정에서 그 / 그녀들의 모습이 등장하게 된다. 보도와 기록운동이 보이지 않던 조선인들을 수면 위로 부상시킨 것이다. 특히 기록운동은 군의 논리에서 민의 논리로 전환함으로써 새로운 담론공간을 창출했고, 오키나와 밖을 향해 있던 시선을 안쪽으로 향하게 하면서 내부의 아시아인 조선인을 발견하게 되었다. 그리고 이는 담론공간을 아시아를 향해 열어젖히는 것이기도 했다.

그런데 기록운동이 열어젖힌 담론공간은 오키나와의 보도, 일본 '본토'에서 일어난 사건, 한국정부의 동향에서 알 수 있듯, 불가시화된 사람들을 늘 가시화해 간 것은 아니었다. 도미무라 준이치의 경우처럼, 급진적인 방식으로 담론공간을 오키나와의 타자에게 열어가려는 시도도 존재했다. 그러나 다른 한편에서는, 일본 / 오키나와 혹은 미국 / 오키나와, 그리고 그것과 중첩되는 가해 / 피해라는 이항대립구도가 강하게 작동하면서 애써 가시화된 이들이 다시금 보이지 않게 되는 상황도 벌어졌다. 더 나아가 한반도의 남북대립으로 인해 가시화된 이들에게 또 다른 선긋기가 등장하였고, 민民의 것이어야 할 담론공간을 형해화形骸化하는 위기가 발생하게 되었다. 즉, 기록운동이 창출한 담론공간은 민중의 이야기라 하더라도 가시화와 불가시화의 역학이 작동하는 경우가 있으며, 또 국제정세의 영향을 받는 장이기도 했다. 바꿔 말하

면 그것은 도미무라 준이치가 보여 준 것처럼 탈식민지주의적인 측면
과 그것에 반발하는 식민지주의와 냉전구도가 길항하는 곳에 자리한
다. 그 길항하는 양태를 비판적으로 되물을 때, 담론공간은 아시아로,
그리고 복귀운동이 관계를 맺고자 한 제3세계로 확대되고, 오키나와가
끌어안은 식민지주의를 넘어서는 가능성을 열어보였다. 그러나 거꾸
로 가해 / 피해라는 틀이 강하게 작동할 경우, 담론공간은 오키나와에
한정되고, 더 나아가 불가시화되는 영역이 만들어졌다. 1960년대에
등장한 오키나와의 조선인이 놓인 자리는 바로 그러한 신축적인 담론
공간이었다.

　물론 담론공간의 장에 가해 / 피해라는 인식의 틀이 늘 강하게 작동
했던 것은 아니다. 구메섬 사건을 좀 더 설명하자면, 가야마의 뻔뻔한
발언에 촉발되어 오키나와현교직원조합 내에 전쟁범죄추급위원회戰爭
犯罪追及委員会가 설립되었다. 이 위원회는 구메섬뿐만이 아니라 자마미
섬, 도카시키섬, 하테루마섬波照間島과 같은 이도와 이토만, 마에히라眞栄
平 등 본섬 지역을 걸쳐 오키나와전쟁 당시 일본군에 의한 잔학행위 조
사를 광범위하게 실시하여, 1972년 5월에『이것이 일본군이다これが日
本軍だ』[59]라는 보고서에 담아내었다. 구중회 일가의 학살 사건도 자세하
게 기록되어 있다. 오키나와전쟁 담론이 타자에게 열리기 시작했음을

59　沖縄県教職員組合編,『これが日本軍だ―沖縄戦における残虐行為』, 沖縄県教職員組合,
　　1972.5.『이것이 일본군이다』의 조사방식은, 주민의 체험을 발굴, 기록한『오키나와현사
　　오키나와전쟁기록』1・2의 편찬방식을 계승하였다. "전쟁체험을 진정한 평화의 초석으
　　로 삼기 위해서는 지금까지 이야기되지 않았던 서민의 체험을 빠짐없이 발굴하여 기록하
　　는 것이 불가결하다고 생각합니다. 그리고 그것은 하나의 시민운동으로 발전시켜가야 할
　　것입니다"(『これが日本軍だ』, 57면). 그런 점에서 보더라도 주민의 전쟁체험 기록운동의
　　효과가 오키나와의 지층에 지하수처럼 스며들어간 것을 알 수 있다.

보여준 보고서였다.

더 나아가 이 보고서의 결론 부분에는 오키나와의 전쟁책임도 언급되어 있다. "오키나와현민 전체가 피해자였다고 해서, 오키나와에서 제국주의 전쟁 추진 역할을 담당한 전쟁 지도자의 책임을 불문에 부쳐서는 안 된다"고 기술하고, "책임 추급 대상을 특정 일본군 장교 개인에게 한정하는 것은, 전쟁 성격이나 책임의 향방을 애매하게" 할 위험성이 있음을 적시하고 있다.[60] 오키나와 교직원의 전쟁책임·식민지책임에 대해서는 묻지 않았지만, 오키나와의 가해 사실을 드러내었다는 점에서 일보진전한 내용이었다. 오키나와의 조선인에게 초점을 맞춘 조사와 이야기가 시작되는 것은 시정권 반환까지 기다리지 않으면 안 되었다.

또한, 1960년대의 특기할 만한 사건으로 재일조선인 작가 김달수의 『박달의 재판』이 오키나와 무대에 올려진 것을 들 수 있다. 애초 류큐대학 연극부가 대학 건립 10주년을 기념하여 마련한 공연인데, 우익에게 사살된 아사누마 이네지로浅沼稲次郎 사건으로 촉발된 데모 장면을 미국 민정부의 허가를 받지 않고 연출한 것이 문제가 되어 재판까지 열리

---

60 또, 가야마는 1973년에 두 번에 걸쳐 한국에게 사죄의 편지를 썼다. "그 사건에 대한 나의 책임을 지우는 것은 불가능합니다. 그것은 인간으로서 귀축이나 다름없는 행위였고, 이 죄를 어떻게 씻으면 좋을지, 이루 말할 수 없는 고통으로 가슴이 아픈 나날을 보내고 있습니다", "소생이 지금에 와서 사죄를 한다고 하더라도 귀 국민의 마음의 상처를 위로하지 못할 것입니다. (…중략…) 소생이 잘못 생각하고 무지했던 점, 정말 부끄럽고, 죄송합니다. 진심으로 사죄드립니다"라며 분명한 사죄를 가야마는 전하였다(趙重泰, 岩橋春美訳, 『復刻版 日本軍の沖縄における韓国人虐殺の記録』, 宋斗会の会, 2005, 32~33면). 아울러 가야마는, 도미무라 준이치를 면회한 자리에서 만약 소송을 하게 되면 가해자의 한 사람으로서 협력하겠다고도 했다(위의 책, 40면). 물론 형식적인 사죄일 수 있다. 적어도 도미무라는 그렇게 느꼈다.

게 되었다. 『박달의 재판』에서 연기자로 활약한 류큐대 학생이 실제 재판에도 나서야 하는 보기 드문 상황이 연출되었던 것이다. 이 일로 공연은 화제를 불러 모았다. 어찌되었든 미군통치하 남한의 저항을 그린 『박달의 재판』이 오키나와에서 공연되었다는 사실 자체만으로도 흥미롭다.[61]

61 我部聖, 「境界に抗する言葉と身体－『朴達の裁判』と沖縄」, 『アジア太平洋研究』 31号, 成蹊大学アジア太平洋研究センター, 2006 참조 아울러 이 공연에 관해서는 김은애 씨로부터 많은 시사를 받았다. 지면을 빌려 감사를 전한다.

5장

오키나와 내 조선인의 행방

시정권 반환 이후

이 장에서는 시정권 반환 이후부터 현재에 이르기까지의 담론공간에서 오키나와의 조선인들이 어떤 양상으로 나타나는지 개관하도록 하겠다. 다시 말하면, 시정권 반환으로 오키나와가 밖으로 열리게 되는데, 그 이후의 담론공간에 조선인이 어떤 방식으로 등장하고, 어떤 영향을 미쳤는지 알아보는 일이 될 것이다.

시정권 반환과 관련하여 주목하고 싶은 것은 크게 세 가지다. 첫째, 재일본조선인총연합회在日本朝鮮人総聯合会(이하, 조선총련으로 약칭)와 일본인이 수행한 오키나와전쟁 당시 조선인 관련 공동조사 내용이다. 이 공동조사에서 처음으로 오키나와의 조선인이 비중 있게 다뤄지게 되었다. 둘째, 시정권 반환 이후 5년이라는 기한을 정하고 오키나와 파인애플 통조림 공장, 사탕수수 농장으로 한국의 노동자들이 대거 파견되었던 일이다. 이 사태 역시 음으로 양으로 담론공간에 영향을 미치게 된다.

그리고 셋째, '위안부'였던 배봉기가 일본(오키나와 포함)에서 처음으로 커밍아웃한 일이다. 그녀는 기록운동에서도 조선총련과 일본인 공동조사에서도 누락되었던 존재였다. 그녀의 등장이 담론공간에 초래한 의미와 그 이후의 오키나와 내 조선인 담론은 복귀운동이 파급시킨 동아시아 그리고 제3세계와의 관계, 그리고 기록운동이 창출한 담론공간의 행방을 추적하는 데에 중요한 시점을 제공한다.

1. 조선총련과 일본인이 함께 한
오키나와전쟁 합동조사

1972년 5월 15일, 오키나와의 시정권이 일본으로 반환된다. 그 이후 일본 '본토'와 오키나와 사이를 허가 없이도 자유롭게 왕래할 수 있게 되었다.

『동아일보』는 시정권 반환을 전후하여 「오키나와 4반세기 만에 반환」이라는 연재기사를 꾸렸다. 시정권 반환 다음날은 3회가 연재되었는데, 「한국과의 관계」라는 제목으로 오키나와에 거주하는 조선인과 민단오키나와의 상황을 다루었다.[1] 이 기사는 네 가지 정도로 요약할 수 있다. ① 1971년 5월까지 외국인등록을 한 조선인의 수는 270명(이

---

1   『동아일보』, 1972.5.16.

오키나와의 일본 복귀를 알리는 기사 『류큐신보』, 1972.5.15, 조간

나하시에서 열린 한국물산전시회. 한복 입은 이가 윤희
열 씨 『동아일보』, 1972.5.16

가운데 영주권 허가 취득자는 5명)
인데, 민단오키나와에 따르면 벽지
나 미군과 일가를 이룬 자들을 포함
하면 700~1,000명 정도 거주하고
있다는 것, ② 한일지위협정에 근거
한 협정영주자격을 취득하기 위한
신청기간이 이미 종료되었으며, 그
것이 오키나와의 조선인에게 심각
한 문제가 되고 있다는 것, ③ 오키
나와에는 한국미술공예사를 개업한
김영호, 타이완 가구를 취급하는 이충효, 그리고 '김치 아줌마'라고 불
리는 김수옥, 민단오키나와 부단장인 윤희열 등이 활약하고 있다는
것.[2] 마지막으로 ④ 새로운 민단오키나와 단장에 취임한 민광기(미군특수
부대 근무)가 시정권 반환 후 조선총련이 자유롭게 왕래할 경우, 북측 "침
투와 책동"에 대응한 대책이 시급하다고 기술되어 있다. 실제로 조선총
련 멤버가 오키나와로 건너오는데, "침투와 책동"은커녕 오키나와의 조
선인에게 중요한 공헌을 하게 된다.

오키나와의 시정권 반환 이후 처음으로 오키나와를 찾은 조선총련이
우선적으로 수행한 것은 '본토'의 일본인과 함께 오키나와전쟁 당시의
조선인들에 대한 조사였다. 이 그룹은 제2차 세계대전 때 오키나와 조
선인 강제연행학살 진상조사단(이하, 조사단으로 약칭)이라는 이름으로 활

---

2   이 4명은 아마도 오키나와전쟁 이후에 오키나와로 온 듯하다.

동하며, 『제2차 대전 시 오키나와 조
선인 강제연행학살 진상조사단보고
서第二次大戰時沖繩朝鮮人強制連行虐殺真相調
査団報告書』(1972.10, 이하 『보고서』로 약칭)
를 그 결과물로 제출했다. 이것은 오
키나와전쟁의 역사적 기억을 발굴
하여 새로운 담론의 장을 창출한 기
록운동의 성과를 오키나와 안에서
보다 심화시킨 결과물이기도 했다.
도미무라 준이치가 오키나와 밖에

오키나와 소재의 한국미술공예점과 주인 김영호 씨
『동아일보』, 1972.5.16

서 수행한 것을 조사단은 오키나와 안에서 실천한 것이다.

　조사단은 1972년 8월 15일에 오키나와로 들어와 8월 15일부터 9월
4일까지 20여 일 동안 조사를 진행했다. 멤버는 총 8명으로, 단장은 오
자키 노보루尾崎隆가 맡았고, 후지시마 우다이藤島宇内, 도코이 시게루床井
茂, 호리카와 스에코堀川末子가 참여하였다. 조선총련 측에서는 4명이 참
여했지만, 이름은 올리지 않았다. 조선총련 사회국 부장 전호언의 이름
정도만 알려져 있다.

　『오키나와타임스』, 『류큐신보』는 조사단의 행보를 발 빠르게 보도
했다.[3] 『류큐신보』는 지금까지 밝혀진 구메섬과 게라마 제도의 일본군
에 의한 학살사건이 반향을 일으켰다고 언급하며, "이번 조선인 학살
실태조사가 진행되면 지금까지 알려지지 않았던 잔인무도한 실상이 밝

3　『경향신문』도 1972년 8월 16일 자 기사에 조사단 관련 내용을 짧게 실었다.

혀질 것이라고 생각된다. 그렇기 때문에 복귀협과 인권협회 등이 이 조사단에 반전평화와 자위대 오키나와 배치 반대 입장에서 적극적으로 지원을 아끼지 않을 것"이라고 보도했다(1972.8.16, 조간).

『보고서』첫머리에 조사단이 야라 초뵤屋良朝苗 오키나와 현지사와 다이라 료쇼平良良松 나하 시장과 각각 면담하고, 협력을 약속했다고 기술하고 있다. 또한 오키나와현조국복귀협의회沖縄県祖国復帰協議会(복귀협), 현노협県労協, 오키나와인권협회, 혁신공투변호단革新共闘弁護団, 오키나와교직원조합, 오키나와현평화위원회, 관공노官公労, 전전통오키나와현지부全電通沖縄県支部, 자치노自治労, 전체오키나와지구全逓沖縄地区 등 10개 단체와 신문사 3사 등과 간담회를 가진 내용도 기술하고 있다.[4] 조사단은 이들 단체와도 협력을 공고히 하였다.

더 나아가 오키나와현사 편찬실과 나하시사 편집실 등에서는 사료를 제공해 주었다. 기 출판 서적과 미일 군 관련 자료, 수집이 완료된 증언 등이 포함되어 있었다. 그 덕에 다수의 증언을 포함하여 야하라 히로미치의『오키나와 결전沖縄決戦』, 『오키나와 병참 본부의 기록沖縄兵站本部の記録』, 『오키나와현사沖縄県史』에 관한 정보가 수록될 수 있었다. 주민의 입장에서 재구성한 오키나와전쟁 기록이 오키나와의 조선인이라는 관점에서 새로이 사용되었으며, 이는 기록운동이 개척한 기반 위에 조사단의 조사가 수행되었음을 의미한다.

조사단은 수집된 사료와 정보를 기반으로 3개 반으로 나누어, 이시가키섬·이리오모테섬, 미야코섬, 오키나와 본섬의 현지 조사가 진행

---

4   『報告書』, 2면.

되었다. 이어서 구중회가 살해된 구메섬과 게라마 제도에도 멤버가 파견되었다. 각지를 조사한 결과, 20일간이라는 짧은 기간이었지만 매우 많은 사실들이 발굴되었다. 「오키나와 본섬의 조선인 '군부'의 족적[表]」, 「조선인 '위안부'에 관한 것[表]」, 「오키나와 본섬에서의 조선인 '군부' 족적도」 등의 결과물이 『보고서』에 게재되었다.

조사단은 다양한 지원을 받았을 뿐만 아니라, 기록운동의 방법론도 계승한 것으로 보인다.[5] 앞 장에서 언급한 것처럼, 『오키나와현사』 제9권, 제10권인 『오키나와전쟁기록』 1, 『오키나와전쟁기록』 2에서 채용한 방법은, 미일 양측 군 기록에 근거한 역사기술을 비판하고, 오키나와전쟁을 총체적으로 파악하고 재구성하기 위해 주민의 증언을 수집·기록하는 것이었다. "인민의 손에 의해 그 역사적 실태를 발굴하고, 정부의 책임을 추궁해야 한

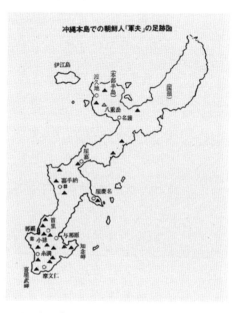

조선인 '군부' 족적도 『보고서』, 19면

다"라고 『보고서』에 적시한 것에서 기록운동의 방법론을 계승했음을 엿볼 수 있다.[6] 여기서 '인민'이라 함은 오키나와인뿐만 아니라 조선인도 포함한 것이었다. 이는 조사단이 조선인들을 단순한 조사 대상이 아닌,

5   임경화, 「오키나와의 아리랑―미군정기 오키나와의 잔류 조선인들과 남북한」, 『대동문화연구』 89권, 성균관대 대동문화연구원, 2015, 13면 참조.
6   『報告書』, 57면.

조사 주체로 자리매김하고 호명하고 있음을 의미한다.

이 외에도 조사단은 방법으로서의 사상을 크게 두 개 부분에서 계승하였다. 첫째는, 민중의 입장에 입각하고 있다는 것이다. 이는 "오늘날 일본정부가 미제국주의의 베트남 침략에 가담하여 국토와 자재資材와 역무役務를 제공하고, 혹은 남북조선에 대한 침략을 상정하여 군사력을 증대하는 등의 새로운 전쟁범죄를 규탄하는 사상적 기반"이 될 것이라고 기술한 부분에 잘 나타나 있다.[7] 과거 사실을 발굴하는 일은 곧 전쟁이 일상생활에 어떤 피해를 주는지 선명히 보여주는 것이자, '전쟁범죄'가 반복되지 않도록 현재를 비판적으로 사고하는 일이기도 하다. 이처럼 현재, 그리고 미래의 반전평화를 위해서도 과거의 사실을 명확히 하려는 자세는, 가해자 측에 서는 것을 거부하기 위해 증언을 기록하는 기록운동의 사상을 분명하게 계승한 것이었다. 둘째는, 오키나와전쟁 안으로 파고들어감으로써 일본의 전쟁책임을 묻고자 한 것에서 찾을 수 있다. 여기서 한 발 더 나아가 오키나와에 잔존하는 식민지주의를 비판적으로 묻고자 한 데에 조사단의 신선함이 있다.

> 제2차 대전 이후, 일본 본토에서도 오키나와에서도 전쟁책임 문제는 어쨌든 일본 제국주의의 아시아에 대한 장기간에 걸친 침략을 빼놓는 식으로 생각하기 쉬웠으나, 이를 빼놓고 '태평양전쟁'의 본질을 진정으로 반성하는 것은 불가능하다.[8]

---

7   위의 책.
8   위의 책. 강조는 인용자.

이상의 인용문은 보충설명이 필요하다. 주민들의 오키나와전쟁 체험 기록운동이 가치가 있다는 것은 새삼 강조할 필요도 없을 것이다. 또한, 오키나와전쟁 당시 조선인 '군부'와 '위안부'의 존재를 밝히고, 군인만이 아니라 오키나와인에게도 '전쟁책임'이 있다는 아니야 마사아키安仁屋政昭 등의 지적은 중요하다. 그런데 기록운동의 중심에 서 있던 오시로 야스마사大城保將나 아니야 마사아키나 오키나와전쟁을 '15년 전쟁'이라는 인식의 틀 안에 자리매김하고, 조선의 식민지 역사는 쏙 빼놓은 인식상의 커다란 결락을 보이고 있다. 예컨대, 다음과 같은 아니야의 발언이 그러하다.

> 오키나와 현민의 전쟁책임을 기록하는 입장에서 말하자면 (…중략…) '만주사변' 이래 15년 전쟁을 시야에 넣어야 하지 않을까.[9]

여기서 '15년 전쟁'이라 함은 1931년 만주사변부터 1945년 태평양전쟁 종결까지를 가리키는데, 이런 역사 인식은 근거가 없는 것은 아니다. 제32군 우시지마와 같이 상급자들 중에는 중국대륙에서도 악명을 떨친 경력이 있기 때문이다. 잘 알려진 것처럼 오키나와인 가운데 중국전선에 건너간 이도 있었다. 그렇긴 하지만 오키나와전쟁을 '15년 전쟁'이라고 보는 견해는 조선에 한정해 말하면, 조선인이 어째서 오키나와로 연행되어 왔는지, 그 역사적 배경을 보이지 않게 하는 인식의 한

---

9 安仁屋政昭, 「総論」, 沖縄県教育委員会編, 『沖縄戦記録』 2, 1099면. 참고로 '15년 전쟁'이라는 틀 안에 오키나와전쟁을 자리매김하는 방식은 시마 쓰요시나 이시하라 마사이에도 공유하고 있다.

계가 내재되어 있다. 그것은 오키나와의 '전쟁책임 문제'이자, 이 책의 관점에서 말하면 오키나와에 잔존하는 식민지주의 문제를 애매하게 하는 견해에 다름 아니다. 또한 담론공간과 관련해 말하면, 시간 축을 '15년 전쟁'이라는 틀에 한정함으로써 거기서 벗어나 버리는 타자의 역사적 배경을 불가시화해 버릴 염려가 있는 문제였다.

따라서 조사단 측이 기술한 "장기간에 걸친 침략을 빼놓는 식으로 생각하기 쉬웠"다고 하는 발언은, 조선의 식민지화 역사를 결락시켜 버린 '15년 전쟁'관을 비판적으로 바라본 것이라고 읽을 수 있다. 이어지는 "'태평양전쟁'의 본질"이라는 발언 역시 아니야, 오시로 등의 '15년 전쟁'관을 비판적으로, 그리고 좀 더 긴 스펙트럼으로 바라볼 필요성을 지적한 것이다. 이와 같이 기록운동의 사상을 비판적으로 계승하고, 오키나와 자체가 껴안고 있는 식민지주의 문제를 추급追及할 가능성을 열어두는 방식으로, 조사단은 남겨진 과제를 극복하고자 했던 것이다.

또 다른 관점에서 말하면, 이러한 시도는 담론공간의 가능성을 열어 보이는 것이기도 했다. 실제로 조사단의 조사는 오키나와전쟁을 경험한 조선인 스스로가 이야기를 꺼낼 수 있도록 했다. 1972년 8월 26일 자 『오키나와타임스』특집기사 「'또 하나의 오키나와전쟁'의 실태」에는, 1944년 1월에 구 이시가키石垣 공항 건설을 위해 일본 해군 하청 회사 '스가와라구미菅原組'의 일원으로 조선인 남성(취재 당시 61세)이 오키나와로 건너왔다는 내용을 다루고 있다. 이 남자는 소철과 쑥으로 공복을 채우며 오키나와전쟁에서 살아남아 오키나와에서 타이완으로 끌려가 패전을 맞게 된다. 그리고 현재 오키나와 본섬 중부에서 운전으로 생계를 꾸리고 있는데, 오키나와에 남게 된 이유를 다음과 같이 설명하고 있다.

양친은 사망했고, 형제는 얼굴도 잘 모르는 상황이니 돌아갈 이유가 없었죠. 나는 일본인의 하나라고 생각했고, 우선 오키나와로 건너와 일본 사회의 혼란이 가라앉기를 기다려 내지로 돌아가려고 했어요.[10]

이 짧은 문장 안에 잠재되어 있는 이야기되지 못한 무수한 역사를 읽을 수 있다. 양친의 죽음은 식민지시기였을까, 한국전쟁에서였을까, 형제들 얼굴도 기억 못할 정도라면 아주 어렸을 때 가족이 뿔뿔이 흩어졌겠구나, 유소년기에 황국신민 교육을 받았으리라는 것 등등. 오키나와에 머물던 조선인 개개인의 삶에는 바다를 가로지르는 역사가 새겨져 있다. 이 합동조사를 계기로 조선인들도 타자의 입을 통해서가 아니라, 자신의 입을 통해 말할 수 있게 된 것이다. 이는 거듭 반복하지만 담론 공간을 오키나와에서 한반도로 확장해 가는 일이기도 했다. 참고로 이 남성은 1960년대 말에 한국 귀국을 시도한 적이 있는데, 인간관계라든가 음식 등이 맞지 않아 오키나와에 정착했다고 한다. 좀 더 열심히 일하면 일본정부로부터 후생연금을 받을 수 있을 것이라고 믿고, 매일을 열심히 노동에 종사했다는 내용도 보인다.[11]

지금까지 기술한 내용을 정리하면 다음과 같다. 조사단이 수행한 방법론이나 사상의 계승은, 오키나와를 포함한 전쟁·식민지 책임을 단

---

10 『沖縄タイムス』, 1972.8.26, 조간.
11 이 기사는 재 오키나와 조선인의 국적에 대한 해설도 덧붙이고 있다. 시정권 반환 이후, 오키나와의 조선인들도 일본 '본토'의 조선인과 마찬가지로 외국인등록법에 의거하여 외국인등록을 하지 않으면 안 되게 되었던 것. 등록증에 기재된 국적란은 보유하고 있는 여권을 기반으로 했으나, 오키나와전쟁 시에 연행되어 온 재 오키나와 조선인은 여권과 같은 증명서를 갖고 있지 않아 국적이 공중에 뜨게 되었던 것. 그러한 국적이 불분명한 이들은 '조선적'으로 남았을 가능성이 있음을 기술하고 있다. '전후'까지 시선에 넣은 기사였다.

순히 비판하기 위함이 아니라, 시선을 안쪽으로 향하게 함으로써 보이지 않던 조선인들을 부상시키고, 더 나아가 담론공간을 오키나와 밖으로까지 확장시킴으로써 오키나와인, 일본인, 조선인의 연대를 꾀하기 위한 것에 다름 아니라는 사실이다.

> 특히 조선과 오키나와는 이조李朝 이래 깊은 관계를 맺고 있었다. 그것이 근대 메이지유신明治維新, 더 나아가 제2차 대전으로 끊겼고, 비뚤어졌다. 그러나 그것이 이번 조사 과정에서 깊은 연대의 끈을 발견할 수 있었다. 이보다 기쁜 일은 없을 것이다.[12]

조선총련 측 조사단 전호언의 발언이다. "깊은 연대의 끈"을 발견하려면 '벽'을 돌파할 필요가 있었다.

> 일본에서 조선인이 박해를 받았던 체험을 듣는 일은, 일본인만으로 이루어진 경우와 조선인만으로 이루어진 경우에 따라 증언하는 사람들의 대답에 차이가 발생한다. 일본 제국주의가 양 민족 사이에 구축한 그 벽을 깨는 것이 합동 조사이다.[13]

여기서 말하고자 하는 것은, 피해자 입장의 조선인 조사를 일본인과 조선인이 함께 수행하면 정밀도가 높아진다는 기술적인 측면의 이야기

---

12 「座談会 日本軍による朝鮮人虐殺 上」, 『琉球新報』, 1972.9.7. 이 좌담회는 조사 종료 직후에 시행된 조사 멤버들에 의한 것이다.

13 『報告書』, 57면.

가 아니다. 일반적으로 청취 조사는 듣고 / 대답하는 일종의 역할분담을 하게 되는데,[14] 조사 내용에 따라 답변하는 측이 솔직하게 말하지 못하는 경우도 있어 양자 사이에 '벽'이 생겨나기도 한다. 또한, 조사가 민족적 차별이나 폭력에 관한 내용일 경우, 그 '벽'은 더욱 두터워진다. '조선인 박해'에 관여했던 사람이라면 대답을 주저할 것이고, 상대의 상처를 건드리지 않기 위해 청취하는 쪽이 말을 끊는 경우도 있기 때문이다. 그러한 다양한 '벽'을 충분히 인지하면서 합동조사단은 청취로 얻은 증언자의 대답에 더하여 핵심을 꿰뚫는 물음을 던짐으로써 가능한 깊이 있고 솔직한 대답을 이끌어내고자 노력하였다.

> 특별히 제가 말씀드리고 싶은 것은, 조사 기간 중에 현지 주민 여러분, 오키나와 인민이 조선 인민에게 우호와 따뜻한 시선으로 협력해 주셨다는 것입니다.[15]

『보고서』는 이러한 과정을 상세하게 기술하고 있지 않지만, 매우 디테일한 증언을 다수 기록하고 있다. 공동 청취 방식을 택한 것은, 듣는 측이 서로의 말을 보충하면서 거기서 한 발 더 깊이 들어가는 방식으로 대답하는 측 증언의 질을 높이기 위함이었다. '협력'이라는 것은 그러한 총체적인 주고받기였을 터다.

결과적으로 조사단의 조사는 과거 조선인과 오키나와 사람들이 같

---

14 인터뷰를 통해 인터뷰어가 변화해 가는 것은 당연할 것이다(西倉実季, 『顔にあざのある女性たち−「問題経験の語り」の社会学』, 生活書院, 2009 참조.

15 「座談会 日本軍による朝鮮人虐殺 上」, 『琉球新報』, 1972.9.7. 전호언의 발언.

은 장소에 살며, 어떤 관계를 만들고 있었음을 확인하는 일뿐만 아니라, 과거를 선명히 하는 작업을 통해 양쪽의 연대 방향성을 새롭게 묻는 일로 이어졌다. 그런 의미에서 "일본 제국주의가 양 민족 사이에 만들어진 그 벽을 깨는" 것은, 과거사의 진상을 분명히 하는 것이며, 오키나와와 조선의 관련성을 모색해 가는 일이기도 했다. 그것은 기록운동이 열어 보인 담론공간 안에서 반전평화, 그리고 동아시아와 오키나와의 연대를 적극적으로 실현하는 일이기도 했다.

조사단이 제기한 물음은 오키나와 사회에서 어느 정도 공유되었다. 앞서 언급한 『오키나와타임스』 특집 「'또 하나의 오키나와전쟁'의 실태」에는 미야코섬, 게라마 제도, 도쿠노시마德之島 내 조선인 '군부'에 대한 조사 결과도 실려 있으며, 조선인 '위안부'에 관해서도 짧게 다루고 있다.

그리고 이 기사는 조사단의 조사 결과에 대한 두 교수의 코멘트도 실었다. 긴조 세이도쿠金城正篤 류큐대학 법문학부 조교수(당시)는, "[지금까지 조선인 문제를 추궁하지 않은 것은] 대對 본토 콤플렉스를 거꾸로 뒤집어 조선인을 대했기 때문이 아닐까. 이 부분을 정리하지 않고는 '아시아 연대'라는 말을 입에 올릴 수 없지 않을까"라고 발언했다.[16] 여기서 '아시아 연대'라는 말은 분명 오키나와가 껴안고 있는 식민지주의 문제를 가리키는 것이리라.

또 오카모토 게이토쿠岡本恵徳 류큐대학 법문학부 조교수(당시)는, 소년 시절 조선인 '군부'를 목격했는데, 이에 대한 충분한 사유가 없었다

---

16 『沖縄タイムス』, 1972.8.26, 조간.

는 것, 이 문제를 올바로 보려면 국가 문제를 명확히 조정해야 할 것, 복귀운동은 '이민족 지배', 즉 미국의 점령통치라는 관점을 전면에 세움으로써 조선인 문제를 제대로 논의하지 못했던 것, 이 문제는 오키나와 전후 사상을 시험하는 것이며, 또 내부의 차별 논의와도 이어지므로 피할 수 없는 과제라는 것 등의 의견을 개진했다.[17] 이들 의견은 오키나와의 조선인 문제를 정확하게 짚어낸 것이자, '벽'을 깨려고 하는 오키나와 측의 의지를 나타내는 것이었다.

『오키나와타임스』는 위의 특집기사에 이어 1972년 9월 6일에 「오키나와전쟁과 조선인 문제─군국주의화를 멈추게 하기 위해」라는 제목의 사설을 게재하였다. 오키나와전쟁에서 잔혹한 경험을 함께 했지만, 조선인들과 연대하려 하지 않고 방관해 온 것에 반성을 표하면서, 다음과 같이 기술하고 있다.

아시아와의 연대감이란 대체 무엇을 말하는 걸까. 지금 오키나와 기지가 존속하는 것 자체가 아시아의 연대를 거스르는 것이며, 오키나와의 기지가 지금 베트남전쟁과 연결되고 있는 사실은, 과연 연대감을 훼손하지 않는 것이라고 말할 수 있을까. 가령 오키나와인이 자신과 아시아와의 연대를 생각할 때, 조선인이 관련된 오키나와전쟁 부분을 명료하지 않은 채로 남겨둬선 안 될 것이다.[18]

기지가 아시아와의 관계를 훼손하고 있는 이상, 아시아와의 연대는

---

17 위의 신문.
18 위의 신문, 1972.9.6, 조간.

스스로에게도 물어야 하며, 명료하지 않은 채로 방치되어 온 과거를 조사할 필요가 있다는 주장이다. 이것은 곧 오키나와가 갖는 가해성에 대한 자각이자, 조사단이 제기한 오키나와의 식민지주의 문제, 그리고 그보다 앞서 연대를 진지하게 받아들이려는 말이기도 하다. 담론공간이 고정적인 가해 / 피해라는 틀에 끌려갈 때, 오키나와의 타자가 거기에 끼어들 가능성을 희박하게 하고, 또 타자로서의 조선인이 이야기된다고 하더라도 자의성이 개입될 여지가 클 것이라고 말한다. 그에 대해 조사단의 보고와 앞서의 사설 등은 오키나와 내부에서 가해 / 피해의 틀을 되묻고, 조선인들을 담론공간으로 인도하여 오키나와전쟁을 새로운 민중의 시점에서 다시 이야기할 것을 요청한다. 바꿔 말하면, 가해 / 피해를 되묻는 것으로 담론공간을 탈식민지주의화하고, 그럼으로써 '아시아의 연대'를 가능케 하는 공간으로 그것을 변모시켜가고자 한다. 지금을 살아가는 이들이 과거의 기억을 공유함으로써 가해의 위치에 서지 않기 위한 연대의 가능성이다.

조사단의 조사 결과는 NHK와 '본토' 신문에도 보도되었다. 주일한 국대사관도 조사단의 보고서를 '신뢰도가 높다'고 평가했다.[19] 조사단의 의도대로 오키나와 사람들과 조선인 사이에 가로놓인 벽과 남북 간의 장벽이 허물어지는 듯 보였다.[20]

---

19 신주백, 「한국 근현대사와 오키나와—상흔과 기억의 연속과 단절」, 정근식 편, 『경계의 섬, 오키나와—기억과 정체성』, 논형, 2008, 144면.

20 이 장 모두冒頭 부분에서 언급한 바와 같이, 민단오키나와의 단장으로 취임한 민광기는, 일본 복귀 후, 조선총련이 오키나와에서 "침투와 책동"을 일으킬 것이라고 발언했다. 그런데 조선총련과 일본의 합동조사 목적은 민중 레벨의 기억을 발굴하고, 연대를 모색하는 일이었다. 다른 한편으로는, 제4대 단장 전세균이 재 오키나와 미군 제7심리작전부대에서 근무했던 것으로 미루어 볼 때, 견해에 따라 민단오키나와가 "침투와 책동"에 관여한

그러나 조사단의 문제제기는 지속되지 못하였다. 그도 그럴 것이 앞서 언급한 '15년 전쟁' 사관이 1980년대 후반에 이르러 다시 재생산되었기 때문이다. 또한 너무 짧은 기간에 이루어졌고, 조사단이 미처 다루지 못한 사건이나 사람도 상당수 있었다. 『보고서』는 오키나와전쟁 이후 머물던 조선인들에 대해서도 보고했지만,[21] 조사단이 당시 발굴한 오키나와 거주 조선인은 10명도 채 안 되었다. 그 때문에 전모가 밝혀졌다고는 말하기 어려우며, 오키나와가 내면화한 식민지주의를 극복했다고도 말하기 어렵다. 더 나아가 이 책 제1장에서 제시한 조선인 여성에게 가해졌던 가혹한 차별과 폭력에 대한 내용은 언급조차 되지 않았다. 그러나 조사단이 구축한 오키나와와 조선의 관련성은 시정권 반환 이후의 오키나와에서 새로운 연대의 가능성을 열어보였다.

것으로 볼 수도 있을 것이다. 제7부대는 주로 정보공작활동을 하는 특수부대였다. 설치된 것은 1958년 2월. 1974년 6월에 한 번 해체되었는데, 1984년에 육군특수작전부대로 부활해 현재에도 오키나와에서 활동을 이어가고 있다. 부대는 1974년에 해체되기 전까지는 대처 오키나와 통치를 위한 선전공작으로『슈레이의 빛守礼の光』이나『오늘의 류큐今日の琉球』와 같은 잡지를 간행하여 오키나와 각지에 무료로 배포하였다. 그뿐만이 아니라 대북처北 정책으로 70만 부에 이르는 대량의 삐라와 출판물을 일본 '본토'뿐만 아니라 오키나와에서도 인쇄했다. 삐라를 만드는 일에 관여하고, 오키나와의 반기지투쟁집회가 열리면 집회 장소에 스파이로 잠입해 들어간 이들 중에 한국에서 온 사람도 있었다고 한다(위의 책, 140면).

21 예컨대, '위안부' 출신의 조선인이 오키나와전쟁 이후 2세가 경영하는 미군 전용 바에서도 같은 취급을 당했다는 오시로 마사야스大城将保의 증언이『보고서』에 게재되어 있다(『報告書』, 13면).

2. 돈을 벌기 위해 오키나와로 건너온
한국인 노동자(1973~1976)

시정권 반환 이후, 조사단의 보고와는 다른 각도에서 오키나와와 한반도의 관계가 클로즈업된다. 1974년 7월, 한국의『매일경제』지상에 오키나와 조선인에 대한 다음과 같은 기사가 게재되었다.

> 동포의 숫자도 정확히 파악하지 못했던 민단[오키나와현 본부]이 지금은 200명의 회원을 확보하게 되었다. 72년 11월, 50명의 동포로 출발한 거류민단이 지금은 우리 근로자가 공항에 내리면, 200명 정도를 동원하여 태극기를 흔들며 환영할 수 있게 되었다. 미군 부대 군속 및 국제결혼 한 이들까지 합치면 천 명 정도의 한국인이 오키나와에 살고 있을 것이라고 민단은 추측한다. 이것을 보면 아직 그 / 그녀들의 소재지를 파악해야 하는 과제를 [민단오키나와가] 안고 있음을 알 수 있다.[22]

기사 가운데 "한국인 노동자"라 함은 오키나와의 시정권 반환 직후, 한국에서 단체로 오키나와로 건너온 노동자를 가리킨다. 오키나와 이도離島에 한국인 의사가 파견되기도 했으나,[23] 주로 설탕공장이나 파인애플 농장·공장 노동자들이었다. 단기간이지만 시정권 반환 이후에

22　『毎日経済』, 1974.7.22.
23　1979년에는 한국에서 다이토섬으로 파견되었던 의사가 현지 중학생에게 살해되는 사건이 발생했다(『경향신문』, 1979.6.27).

대거 들어온 이들은 도노무라 마사루外村大 등이 지적하듯 '잊혀진 사실'이 되었다.[24]

사탕수수 수확·제당과 파인 통조림 제조업은 1960년대 오키나와의 기간산업으로 많은 노동자를 필요로 하였다. 그러나 중노동인데다 임금이 도시의 직종에 비해 상대적으로 낮았고, 또 오키나와인 노동자가 도시와 일본 '본토'로 유출되는 바람에 일손 부족으로 골치 아픈 산업이기도 했다. 요컨대 별로 인기가 없던 직종이었다.

1972년까지는 타이완에서 노동자를 유입해 노동력 부족을 메웠다. 류큐 수출 파인애플조합이 타이완 출신 노동자를 고용하기 시작한 것은 1962년으로, 1968년에는 600명 정도가 오키나와로 건너왔다. 제당공장에서도 타이완 출신 노동자를 1,000명 정도 고용했다는 보도가 있다(『류큐신보』, 1968.12.18). 메도루마 슌目取真俊의 소설 「어군기魚群記」의 배경이 되는 역사이기도 하다.

시정권 반환을 목적으로 한 1971년 3월, 일본정부가 「오키나와복귀 대책요강沖縄復帰対策要綱(제2차)」을 각의 결정하고, 1972년부터 76년까지 5년 동안이라는 기간에 한정하여 오키나와에 외국 출신의 계절노동자 유입을 허가하였다. 오키나와를 배려한 결정이었다.

이에 따라 타이완인 노동자가 유입되었는데, 이는 지리적으로 가까웠고, 낮은 임금으로 고용할 수 있었기 때문이다. 여기에는 동아시아가 식민지에서 해방된 후 생겨난 오키나와의 아시아 착취 구조가 자리한다.[25] 그러나 타이완 내에도 노동력이 부족했고, 1972년 '일본·타이

---

24 外村大·羅京洙, 「一九七〇年代中期沖縄の韓国人季節労働者 移動の背景と実態」, 『移民研究年報』第15号, 日本移民学会, 2009.3, 77면.

완 국교 단절'에 따라 노동자 파견이 중단되었다. 타이완을 대신해서 등장한 것이 한국인 노동자들이다. 당시 한국은 실업률은 4~6퍼센트로 높았으며, '해외취업대책'이라는 명목으로 노동자를 해외로 파견하여 실업률 문제를 해소하고자 했다. 오키나와와 한국 간의 이해관계가 맞아떨어졌던 것이다.[26]

1973년 8월, 오키나와현 파인애플통조림조합은 노동력 부족을 해소하기 위해 한국국제기능개발협회와 독자적으로 교섭을 진행해 한국 출신 노동력을 도입하기로 한다.[27] 창구가 된 한국국제기능개발협회는 정부와 민간이 공동으로 투자한 재단법인이었으며, 이 협회는 베트남과 서인도, 그리고 오키나와 등으로 노동력을 파견하는 중개를 맡았다. 오키나와에는 박정식 목사가 주재원으로 근무했다.[28] 오키나와현 파인

25　崔元植, 『東アジア文学空間の創造』, 岩波書店, 2008, 91면.

26　한국에서 노동력을 도입하는 비용이 타이완보다 더 들었던 탓에 오키나와 내에서 그 비용을 아까워하는 목소리가 적지 않았다. 이것은 사쿠모토 가나佐久本佳奈가 지적한 바와 같이, 단순히 이익을 증대시키기 위한 경제활동에 머물지 않고, 아시아를 경제적으로 착취하고 있는 점에서 식민지주의의 연장선상에 있다고 할 수 있다(佐久本佳奈, 「戦後沖縄文学と人の移動－一九七五年沖縄国際海洋博を背景とした三作品　本部茂『東山里五郎の奇妙な日帰り出張』・金廷漢『沖縄からの手紙』・目取真俊『面影と連れて』を中心に」, 琉球大学修士論文, 2016).

27　沖縄県商工労働部編, 『沖縄県労働史　第三巻(一九六六～七三年)』, 沖縄県, 2001, 860~861면. 국제기능개발협회 이사장 김용성은, 한국정부와 협의해 1972년에 오키나와에서 인재파견에 관한 시장조사를 시행하고, 같은 해 주駐 오키나와사무실을 개설한다(『매일경제』, 1973.8.24). 오키나와는 인재 파견처가 되었던 것이다.

28　『沖縄タイムス』, 1973.11.9. 박정식은 노동자들의 감시를 수행한 혐의에서 자유롭지 않은 듯하다. 오키나와현 파인애플통조림공장조합의 쇼센尚詮 이사장이 다음과 같이 언급했다. "박 씨가 각 공장을 시찰한 것은, 말이 통하지 않는 여공들을 돌봐주기 위한 것으로 알고 있다. 정치적 입장에서 감시하고 있다는 것은, 보기에 따라 그렇게 생각할 수도 있을 것 같다."(『沖縄タイムス』, 1973.11.9). 박정식은 수상한 점이 많은 목사였는데, 민단오키나와현본부와도 관련이 있는 듯하다(『동아일보』 1972년 5월 16일 자에 관련 기사가 게재되어 있다).

오키나와 파견 한국인 노동자 『오키나와타임스』, 1974.1.8

애플통조림조합에 이어 사탕수수 관련 농가와 제당공장도 한국 출신 노동자 도입을 결정한다. 그 결과 사탕수수 수확이나 제당공장으로 남녀 노동자가 파견되었고, 파인애플공장에는 여성만 파견되었다.[29]

한국에서 파견된 계절노동자의 임금은 1973년 당시 월급은 3만 5천 엔 정도였다. 또 공장 측이 기숙사를 마련하고 식대, 교통비를 부담하였다. 사탕수수 수확을 할 경우 일급으로 지불했고, 노동자들은 농가에 숙박했다.[30] 노동에 대한 대가는 낮게 책정되었지만 한국에 비하면 높

29 外村大・羅京洙, 「一九七〇年代中期沖縄の韓国人季節労働者―移動の背景と実態」, 『移民研究年報』第15号, 日本移民学会, 2009.3, 83면.

은 수준이었다.

『오키나와타임스』와 『류큐신보』, 그리고 한국의 신문들은 오키나와에서 일하는 한국인 노동자 관련 기사를 연이어 게재한다. 한국의 『매일경제』는 1974년 7월 18일, 19일, 22일 3회에 걸쳐 오키나와 관련 특집을 꾸렸다. 그 가운데 2회는 한국 출신 '계절노동자'에 관한 것이었다. 1회 기사는 오키나와의 작업현장 르포로 꾸려졌고, 3회 기사에서는 말이 통하지 않아 힘든 점도 있지만, 근면함과 성실함이 오키나와에서 높은 평가를 받고 있다는 내용이 실려 있다. 또 가족들에게 송금하기도 하고 야간에 12시간을 일하고, 낮에는 사탕수수 수확 부업을 하는 통에 본업에 지장을 초래하기도 한다는 기사도 보인다.

『조선일보』의 경우, 다소 경직된 논조로 계절노동자의 실상을 전한다(『조선일보』, 1974.11.29 · 12.1). 이 기사는 오키나와로 파견되었던 한국인 여성 노동자의 호소를 싣고 있다. 계약 당시의 약속보다 낮은 임금이었다는 것, 애초 계약과 다른 일(블록 쌓기, 하수도 공사 등)에 동원된 것, 기숙사에 "일본인 남성들이 모여 있어" 곤란했다는 것, 그리고 기숙사 생활에서는 한국인 여성 감독관이 화장실까지 따라올 정도로, 휴일도 외출도 자유롭지 않았다는 호소였다. 임금 문제는 이 여성의 호소가 사실일 가능성이 높다. 한국 여성을 "오키나와의 3분의 1이라는 낮은 임금으로 부렸다", "우리 오키나와인이 예전에 일본인에게 차별 받고, 저임금으로 노예처럼 취급당하던 것을 그대로 고스란히 타이완, 조선인에게 돌려주고 있다"[31]라며 도미무라 준이치가 비판한 바 있고, 아라사

30 沖縄県商工労働部編, 『沖縄県労働史 第三巻(一九六六~七三年)』, 沖縄県, 861면.
31 富村順一, 『琉球慰安婦-天皇制下の闇の性』, 玄曜社, 1977, 149~150면.

키 모리테루도 닭장 같은 숙소에다 실질적으로 임금 수준이 낮았음을 지적하였다.[32] 이 외에도 나고시에서는 여자기숙사에 잠입한 오키나와 남성의 폭행미수사건이 있었고, 1974년 4월에는 요나구니섬에서 귀국을 목전에 둔 한국인 여성이 현지 청년에게 폭행당하는[33] 등 갖가지 사건이 끊이지 않았지만, 『조선일보』 지상에 실린 여성의 호소는 별 다른 호응을 얻지 못하였다.[34]

또 하나 주목해야 할 것은, 한국 출신 노동자가 오키나와에서도 남북분단의 영향을 받게 되었다는 사실이다. 1970년대 초를 제외하면 남북관계는 늘 긴장상태에 있었고, 오키나와로 건너간 노동자나 그 / 그녀들의 친척, 한국국제기능개발협회 관계자들은 하나같이 조선총련의 존재를 걱정했다. 국제기능개발협회가 배포한 「해외파견자 수첩」에는 다음과 같은 내용이 적혀 있다.

불순분자와의 접촉 금지

32 新崎盛暉, 「韓国から働きにくる人たち」, 『沖縄同時代史第一巻 世替わりの渦のなかで 1973〜1977』, 凱風社, 1992, 62면. 주거에 관해서는 미나미다이토섬의 경우를 『오키나와 타임스』(1975.3.8)가 다음과 같이 전하고 있다. "얼마 전 출입 조사를 한 오키나와노기국 沖縄労基局은 "숙소와 관련해서는 크기 등 노기법 위반도 있어, 개선의 여지가 다분하다"고 지적했다". 아울러 요나구니섬의 제방공장 숙사는 유리가 깨지고 문이 없는 그야말로 다 쓰러져 가는 상태였다. 볕에 말리지 않아 지독한 냄새를 풍기는 이불이 쌓여 있는 모습을 취재한 르포도 있다(藤野雅之, 『与那国島サトウキビ刈り援農隊 ─ 私的回想の三〇年』, ニライ社, 2004, 80면).

33 『琉球新報』, 1974.8.21, 석간, 『八重山毎日新聞』, 1974.6.22, 藤島宇内, 「「韓国」と沖縄を結ぶ心理作戦」, 『現代の眼』1975년 6월호 참조.

34 참고로 1974년에 개최된 해양박람회에서 한국 노동자가 한복을 입고 참가했다는 뉴스가 보도되었다. 또, 사탕수수를 운반하는 트럭에 여성노동자가 치여 사망하거나, 말이 통하지 않아 파인애플 공장 기계에 손가락이 잘린 노동사도 있었다(『沖縄タイムス』, 1973.12.6・1974.1.13).

    (一)조총련계 감언이설이나 그 어떤 선동이나 유혹에 귀 기울여서는 안된다. 뜻하지 않은 불행에 빠져들지 않도록 늘 경계하고, 그들 못지않은 투지를 확고하게 가져야 한다.[35]

    야에야마 제도에 있던 어느 공장 숙소에는 '3. 외출금지, 4. 외부와의 접촉 금지'라는 한국어 문구도 붙어 있었다고 한다.[36] 1975년 3월 8일 자 『오키나와타임스』는 미나미다이토섬南大東島의 사탕수수 농가에서 일하는 계절노동자에 대해 보도하고 있는데, "가장 두려운 건 북한(조선민주주의인민공화국)계 무리들에게 정치적으로 이용당하는 거예요"라는 반장 방대제(52세)의 발언도 보인다. 조선총련에 대한 경계심이 노동자들에게 침투했을 가능성이 있다.

    또, 1973년 11월 27일 자 『동아일보』에는 오키나와에 파견된 전연옥이 아버지 앞으로 보낸 편지 내용도 실려 있다. 편지에는 조선총련계 행동대원들이 갖은 형태로 유인하며, 그뿐만 아니라 한국 여공들 기숙사에서 모두가 잠든 시간에 문을 두드리거나, 지붕에 올라 쿵쾅대고, 창문을 두드리는 등 소동을 피워 공포에 떨면서 밤을 지새우는 일이 빈번했다고 쓰고 있다. 이 기사의 신빙성에 대해서는 검증할 필요가 있겠지만 조선총련의 모종의 움직임이 있었던 것으로 보인다. 한국에서 처음 여성 노동자가 건너왔을 때, 조선총련 오키나와현 본부 이상윤 상임위원회 위원장의 다음과 같은 담화는 그러한 추측을 가능케 한다.

---

35   藤島宇内, 「「韓国」と沖縄を結ぶ心理作戦」, 『現代の眼』 1975년 6월호, 138면.

36   沖東介, 「沖縄の"韓台労働力輸入"の実態」, 『現代の眼』 1975년 6월호, 218면.

안정된 생활과 직업이 보장되었다면 해외까지 돈 빌러 올 필요가 없다. 남조선 박 정권이 얼마나 인민의 생활을 파괴하고 있는지 증명하는 것이다. (…중략…) 우리는 민족적 의무에서 남조선의 사정을 [그녀들에게] 알리고, 고국에 돌아가면 자신의 자유와 민주주의, 생존권을 요구하고, 조국의 자주적 평화적 통일을 위해 싸우는 사람들이 되도록 노력할 작정이다.[37]

1972년 9월에 결성된 조선총련 오키나와 본부는 착실히 조직기반을 정비하고 또 오키나와현과 나하시 공무원 노동조합 등과도 긴밀한 관계를 만들어 갔다. 조선총련 오키나와현 본부가 내놓은 위의 담화는 분명 한국의 당시 경제상황을 생각하면 일리 있는 말이다. 그러나 오키나와로 건너온 노동자가 모두 단순히 돈을 벌기 위해 왔다고 단정하기 어려우며, 견문을 넓히고 귀중한 경험을 쌓기 위한 목적도 있었으리라고 본다.[38] 또 1970년대 한국이 군사독재정권이었음을 상기하면, 민주화를 위해 그리고 분단 조국의 통일을 위해 "싸우는 사람들이 되도록 노력"하는 것도 이해할 수 있을 듯하다. 그런데 모든 사람들이 "싸우는 사람"이 되고자 한 것은 아닐 터다. 그런 점에서 본인의 의지를 존중할 필요가 있을 것이다.

그렇긴 하지만 결과적으로 보면, 한국 노동자들은 오키나와에서조차도 남북대립으로 인한 정치적 영향을 피해갈 수 없었고, 그와 동시에 오키나와에서도 분단을 드러내는 존재이기도 했다. 다시 말하면, 1973

---

37 『沖縄タイムス』, 1973.10.10.
38 도노무라外村 등의 청취 조사에 따르면, 한국에서 온 노동자들은 가계에 보탬이 되기 위해 오키나와로 건너 왔다고 한다.

년부터 1976년까지 대략 3~4천 명 정도 되었던 한국 노동자는, 미군 병사와 다른 '이민족'이라는 것을 사람들에게 강하게 인식시키는 존재이자, 시정권 반환 이후의 오키나와에 남북분단이라는 상황을 현현顯現시키는 존재에 다름 아니었다. 외부로 열려진 오키나와에 다시금 남북분단이 눈에 보이는 형태로 포착되었던 것이다. 이것은 한국정부의 오키나와 내 조선인에 대한 대응과 맞물려 오키나와전쟁 당시 연행되었거나, 혹은 '전후'에도 거주하고 있는 조선인들로 하여금 남북분단이라는 상황을 의식하게 하지 않을 수 없게 하였다. 예컨대 평화기념공원 내 '평화의 초석平和の礎'에 이름이 새겨져 있는 조선인 전몰자를 남북으로 나눠버린다든가 말이다. 그것은 역사문제와 현안을 혼탁하게 뒤섞어 버리는 것이다. 그리고 거듭 강조하지만 분단이라는 관점을 간과해 버리면 보이지 않게 되는 것이 바로 오키나와전쟁을 관통하며 살아온 조선인과 전후의 오키나와를 살아가는 조선인이다.

전후 어느 날, 나하 번화가에서 "나는 조선인이에요, 조선인요!"라고 외치며 길에 뛰어든 여성이 있었다. 정신병원에서 뛰쳐나온 옛 '종군위안부'라고 한다. 이 무렵 오키나와는 미국 세상アメリカ世. 성조기가 펄럭이고 우치난추에 의해 조국복귀 일장기日章旗도 내걸려 있었다. 거기에 남겨진 '나'가 있다. 조선인이라는 긍지를 갖고 살고 싶다. 그 광경에서 "나를 돌려줘, 내 청춘을 돌려줘!"라며 민족의 혼을 폭발하는 외침이 들려오는 듯하다.[39]

39 儀間比呂志, 『沖縄戦 朝鮮人軍夫と従軍慰安婦』(清風堂書店, 1995)에 수록된 작품 「민족의 외침民族の叫び」의 표제어.

기마 히로시儀間比呂志의 판화 작품에 등장하는 조선인 여성처럼 오키나와전쟁을 겪거나 혹은 그 이전에 오키나와에 살면서도 이름을 말하지 못하는 조선인들은 분단이라는 프리즘을 통과하면, 즉 과거 / 현재를 혼탁하게 뒤섞어 버리면 보이지 않게 되는 것이다. 그 한 사람이 기마가 그린 '종군위안부' 이외의 또 다른 옛 '위안부' 바로 배봉기였다.

한국에서 건너온 계절노동자들은 시정권 반환 이후의 오키나와에 미군 병사와 다른 '이민족'이 존재한다는 것을 알렸다. 그와 동시에 한반도에 엄연히 존재하는 남북분단을 오키나와에 알렸다. 담론공간과 관련시켜 말하면, 그것은 역사적 존재로서의 조선인을 말할 가능성을 열어주었지만, 다른 한편으로는 남북분단이 존재하지 않았던 오키나와전쟁 당시에 대해서도 분단이라는 원근법을 그 역사인식 안으로 끌어들이는 결과를 초래하였다. 또한 한국 노동자는 오키나와현노동조합협의회(현노협)의 반대에 부딪혀[40] 1976년 1월을 마지막으로 더 이상 받아들이지 않았다.

3. 배봉기의 등장

한국인 노동자들이 한창 오키나와로 건너왔던 1975년, 전국지를 비롯한 『류큐신보』, 『오키나와타임스』에 조선인 여성에 관한 기사가 게재되었다.

---

40   『沖縄タイムス』, 1974.1.18, 11.28.

배봉기가 특별재류허가를 받게 된 경위를 보도하는 기사 『류큐신
보』, 1975.10.22, 석간

태평양 전쟁 말기에 오키나와에 '위안부'로 연행되어, 종전 후에는 불법
체류자로 조용히 몸을 숨기고 살아온 한국 출신의 노년의 여성이 얼마 전
나하입국관리사무소의 특별한 배려로 30년 만에 '자유'를 손에 넣었다.[41]

여성의 이름은 배봉기. 보도 당시 나이는 60세. 일본으로부터 분리된
오키나와에서는 호적 재제작, 독자적인 출입역出入域 관리, 외국인등록 등
이 시행되었고, 시정권 반환 후에는 일본 '본토'의 '출입국관리령'과 '외국
인등록법'이 적용되었는데, 배봉기는 그러한 시대의 변화와 무관하게 오
키나와에서 '조용히' 살고 있었다. 그런 탓에 그녀는 자신도 알지 못한

41 위의 신문, 1975.10.22, 석간.

사이에 '불법재류자'가 되었다.

그런데 나이가 들어 국가(일본)의 원조를 받아야 하는 상황이 찾아오면서 특별재류자격 취득 신청을 하게 된다. 그때 언제 왜 오키나와로 건너왔는지 말해야 했고, 자신의 과거를 싫든 좋든 밝히지 않으면 안 되었던 것이다. 이른바 강요된 '커밍아웃'이었던 것이다.

배봉기가 특별재류허가를 취득한 경위는 다음과 같다. 시정권 반환 후, 여권이나 비자를 갖고 있지 않았던 배봉기는 법적으로 보면 강제송환 대상이었다. 특별재류자격신청으로 그녀의 존재를 처음 알게 된 나하입국관리사무소는 일단 퇴거강제수속을 진행한다. 그러나 고향 친척과도 연락이 두절되고 익숙한 오키나와에서 여생을 보내고 싶다는 배봉기 본인의 간청을 받아들여 나하입국관리사무소는 법무대신에게 '특별 배려'를 신청하게 된다. '특별 배려'의 조건인 보증인과 신원인수인身元引受人이 정해지고, 또 한국정부의 양해를 구한 후 법무성은 그녀에게 '불행한 과거'를 고려한 특별재류허가를 부여했다. 특별재류허가를 매년 갱신해야 했지만 오키나와에서 살 수 있게 되었다.[42] 참고로 그녀의 보증인 중 하나는 이 책 제4장에서 언급한 조선인 여성 '데루야 시즈'였다.[43] 또 다른 보증인으로 신원인수인이 되어 주었던 이는 그녀가 1955년부터 10년 동안 일했던 가게 '린카이臨海'의 신조新城 부부였다.[44]

---

42 위의 신문, 1975.10.22, 석간 참조

43 川田文子, 『赤瓦の家―朝鮮から来た従軍慰安婦』, 筑摩書房, 1987, 178면.

44 「ハルモニの遺言 元「従軍慰安婦」ペ・ポンギさんの戦後(三)」, 『琉球新報』, 1998.6.21, 조간. 배봉기는 그 은혜를 갚기 위해 만년까지 신조 댁 청소를 맡아왔다고 한다. '린카이' 여사장 딸인 신조 도시코新城敏子는 "노브ノブ 언니는 청소를 정말 깨끗하게 했어요. 열심히 청소하는 모습을 눈여겨 본 손님 중 사시키佐敷와 다마구스쿠玉城에 사는 두 명의 남자에게 청혼을 받은 일도 있었어요"라고 회상했다.

이러한 경위로 조선인 배봉기가 오키나와 땅에 부상하게 된 것이다.

배봉기는 1914년에 조선에서 태어났다. 아버지가 농가 머슴살이를 하는 가난한 집이었다. 그녀는 입 하나라도 줄이기 위해 6세 때 어린 남자와 결혼을 약속하고 그 집으로 보내졌다. 그런데 실제로 결혼한 것은 다른 남자였다. 그러나 남편은 생활력은커녕 집에도 잘 들어오지 않아 집을 나와버린다. 그 후 재혼을 하지만 게으른 남편 탓에 결혼 생활이 지속되지 못한다.

홀로 마을을 나와 신흥공업도시인 조선의 흥남에서 그녀는 '여급 중개인'이라고 불리던 일본인과 조선인 두 명의 남자들에게 제의를 받는다.

일하지 않고도 돈을 벌 수 있는 곳이 있어. 가지 않을래?[45]

그렇게 해서 '가네코カネコ'라는 이름의 조선인 남성을 따라 부산으로 향한다. 거기서 '곤도コンドー'라고 하는 일본인 남성에게 넘겨진 후 '여자정신대'에 들어갔다. 29세 무렵이다. 정신대라는 것은 종군간호부와 심부름, 군대 청소, 취사, 군수공장에서 노동 등을 위해 모집된 여자들이다. 그런데 정신대에 들어간 조선인 여성 상당수는 보내진 곳에서 일본군 '위안부'로 동원되었다.

그녀는 1944년 3월 무렵, 부산에서 시모노세키下関・모지門司로, 다시 가고시마鹿児島로 이동하여 거기서 마라이마루マライ丸에 승선한 후

---

45 川田文子, 『赤瓦の家－朝鮮から来た従軍慰安婦』, 筑摩書房, 1987, 39면.

오키나와로 향하게 된다. 나하항에 도착한 것은 1944년 11월 7일이었다. '여급 중개인'의 말에 따르면 '10·10대공습' 후 나하는 집도 없었고 아무 것도 없는 폐허 같은 곳이었다. 도착 후 배봉기를 포함한 7명은 도카시키섬으로 연행되었다.

도카시키섬에 도착하자 섬사람들이 "조센삐들이 왔다"라며 경멸하듯 수군댔다고 한다. 다른 한편에서 일본군 병사들에게는 '환영' 받았다. 1,000명의 병사에 조선인 여성은 7명이라는 절망적인 상황이었다.[46]

'위안소'에서 '아키코'라는 일본식 이름이 붙여진 배봉기는 당시의 상황을 다음과 같이 말한다.

> 병사들을 상대하는 건 괴로울 때도 있어. 한 사람이 들어와서 급하게 하고, 한 사람이 나가면, 계속해서 들어왔으니까. 상냥한 사람도 있었지만, 싫은 이도 있었지. 여자를 난폭하게 다뤄. 방에 들어와서 몇 번이고 하겠다고 하고 말이야. (…중략…) 다른 병사가 입구에 길게 늘어서 있었어. 허리도 아프고, 음부도 아팠어. 병사는 콘돔을 끼고 하잖아. 콘돔을 끼면 딱딱하니까 아프지. 위생에는 좋을지 몰라도, 제일 괴로웠던 건 생리할 때. 계속 씻으면서 해야 했어. 일요일에만 병사가 오니까 생리가 있어도 쉬지 못하고 계속 씻고 하고 그랬어.[47]

1945년 3월, 도카시키섬에도 미군의 어마어마한 공격을 받아 조선인 '위안부' 가운데 두 명이 피탄에 맞아 사망하는데,[48] 배봉기는 기적

46　그 경위에 대해서는 가와타 후미코川田文子의 『빨간 기와집赤瓦の家』을 참조하였다.
47　川田文子, 『赤瓦の家－朝鮮から来た從軍慰安婦』, 筑摩書房, 1987, 67~68면.

적으로 살아남아 미군에 투항한다.

투항 후 배봉기는 오키나와 본섬을 끝도 한도 없이 돌아다녔다. 돈도 없고 말도 통하지 않아 술집 등에서 여급으로 일하거나, 빈병을 모아 목숨을 이어갔다.[49] 생면부지의 남자에게 매춘부로 팔려간 적도 있었다. '위안부' 시절보다 전쟁이 끝난 후가 더 괴로웠다고 훗날 회고했다고 한다.[50]

배봉기가 살아온 역사를 대략만 보더라도 연행, 오키나와전쟁, 오키나와에서의 '전후'와 시정권 반환에 이르기까지, 식민지주의로 인한 모든 종류의 인권침해에 노출되어 있었음을 알 수 있다. 전쟁으로 인해, 식민지주의로 인해, 오키나와의 무국적자가 되었기에, 그리고 여성이었기에 말이다. 그것은 하나의 신체에 응축된 오키나와의 조선인의 역사이기도 하다.

그래서, 미치겠어. 머리가 늘 아파. 식칼로, 다시, 목을 찌르고 싶을 때도 있어. 정말로. 눈이 아파. 머리가 아파. 신경통. 그게 싫어서 살롱파스를 붙이면서 가위로 찌이익, 목을 찌르고 싶을 때도 있는데, 그렇게 바로 죽으면 다행인데, 바로 죽지 않으면 더더욱 가여워지겠지. 전쟁 때 총알 한 발로 죽

---

48 '위안부'로 동원된 '하루코'는 지넨 조보쿠知念朝睦에 의해 매장되었다가 도카시키섬에 있는 '백옥의 탑'에 합사되었다.

49 배봉기를 기억하고 있는 한 여성은, "우물에서 자주 만났어요. 안녕하세요, 하고 말을 걸면 고개를 숙여 인사했어요. 장도 자주 보러 다녔고 주인이 아졌어요."라고 회상했다(「ハルモニの遺言 元「從軍慰安婦」ペ・ボンギさんの戰後(三)」, 『琉球新報』, 1998.6.21, 조간.

50 김우기가 조선총련 오키나와현 본부에 근무하던 김현옥을 인터뷰한 것(「インタビュー 金賢玉さんに聞く 日本軍「慰安婦」問題解決と統一への思いを胸に―ペポンギハルモニと過ごした十七年間を振り返る」, 『人権と生活』 第35号, 在日本朝鮮人人権協会, 2014, 43면.

었으면 이렇게 고생하지 않았을 텐데.[51]

오키나와로 연행된 후 '위안부'가 되었던 그녀의 고통이 일본이 패전한 후에도 계속되고 있음을 알 수 있는 발언이다. "총알 한 발로 죽었으면"하는 표현에서 오키나와전쟁부터 계속되어온 민족차별, 성폭력, 또 보호받는 여성 / 보호받지 못한 여성 등이 복잡하게 뒤엉킨 구조를 엿볼 수 있다.

중요한 것은 오키나와전쟁에서 최하층에 자리한 여성 배봉기가 기록운동이 시작된 담론공간에 증언이 아닌, 지금 살아있는 존재로 등장했다는 것이다. 그것은 김미혜가 지적한 것처럼 오키나와의 조선인이 입었던 식민지지배의 폭력과 일본, 미국, 한국으로부터의 국가폭력의 존재를 명확하게 폭로하는 것이었다. 그와 함께 오키나와의 식민지주의의 과거와 현재가 배봉기라는 존재를 통해 그대로 드러난 것이기도 했다. 따라서 그녀와 어떻게 마주할 것인가는, 오키나와가 껴안은 식민지주의와 조선인 여성에게 짐 지워진 폭력, 그리고 분단이라는 필터와 같은 복잡하게 뒤엉킨 것들과 마주하는 것이며, 동시에 조선인을 과거의 존재만이 아닌, 현재적 관점을 담론공간에 어떻게 들여올지를 묻는 일이기도 하다.

그렇다면 그녀가 등장한 이후의 반응은 어떠했을까?

배봉기가 등장하자 가장 먼저 '본토'에서 그녀에게 관심을 보이는 일본인이 나타난다. 『빨간 기와집赤瓦の家』의 저자 가와타 후미코川田文

---

51 川田文子,『赤瓦の家-朝鮮から来た従軍慰安婦』, 筑摩書房, 1987, 111면.

日社會에「挺身隊」충격

영화속에서 祖國을 그리어 흐느끼는 舊할머니

영화 〈오키나와의 할머니〉를 소개한 기사 『동아일보』, 1979.9.21

子, 다큐멘터리 영화 감독 야마타니 데쓰오山谷哲夫가 그들이다. 야마타니는 1977년부터 배봉기를 인터뷰하고 촬영을 개시해, 1979년 5월에 영화 〈오키나와의 할머니—증언·종군위안부沖繩のハルモニ—証言·従軍慰安婦〉를 완성했다. 같은 해 영화 속 인터뷰를 단행본(『오키나와의 할머니—대일본매춘사沖繩のハルモニ—大日本売春史』, 晩聲社, 1979) 형태로 수록한다.

야마타니의 영화가 공개되자 한국 신문도 주목하기 시작한다. 1979년 9월 21일 자 『동아일보』는 「日社會에 「挺身隊」 충격」이라는 제목의 기사를 게재하고, 영화 〈오키나와의 할머니〉의 내용과 야마니티와의 인터뷰도 실었다.

1979년 9월 『경향신문』(1979.9.28)에도 영화 〈오키나와의 할머니〉에 대한 기사를 게재했다. 「아끼코로 變身한 주인공 "나는 大東亞전쟁희생자""보아서는 안 될 영화"在日僑胞, 얼굴 붉히며 떠나」라는 제목을 달고 있다. 배봉기의 등장을 어떻게 받아들여야 할지 난감해하는 듯한 기사 제목이다.[52]

그렇다면 오키나와의 상황은 어떠했을까?

배봉기가 커밍아웃하자 재在나하대한민국영사관 최공천 영사는 "처음 있는 케이스로, 영사관에서는 본인의 호적만 확인한 상태이며, 그 다음 일은 듣지 못했다"[53]고 말했다. 그녀는 한국정부가 오키나와의 시정권 반환 전에 있었던 조사에서도 또 조선총련과 일본에 의한 합동조사에서도 누락된 존재였다. 최 영사의 발언은 '발견'된 후에도 한국정부가 관심을 갖지 않았음을 드러낸 것이다. 다른 관점에서 보자면, 이것은 분단이라는 필터의 무력함을 나타낸 것이다. 분단이라는 필터는 그녀를 '발견'하지 못하였고, 그녀가 모습을 드러낸 후에도 영사는 아무런 대처를 하지 않았다는 것이 된다.

몇몇 오키나와 사람만이 배봉기와 교류를 가졌다. 그러나 기노자 유코宜野座由子가 "오키나와전쟁 당시에 조선에서 여성들이 끌려와서 일본군의 성노예가 되었던 것을 알면서도 모른 체 하고, 45년 이후에도 그녀들을 무시해 온 오키나와 사람들. 우리는 우리들의 차별 체질을 방관하고, 일본정부에 대해 차별하지 말라고 하는 것이 아니고 뭐겠습니까?"라고 언급한 것처럼,[54] "알면서 모른 체"하는 것이 배봉기, 그리고

---

52 아울러 배봉기를 취재한 기자는 그녀의 모습을 "훤칠한 키, 갸름한 얼굴에 우뚝 솟은 코. 인자한 웃음. 무학無學에 종군위안부였으리라고는 도저히 믿어지지 않는 단아한 모습의 할머니"로 표현하고 있다.

53 『沖縄タイムス』, 1975.10.22, 석간.

54 宜野座由子, 「差別構造, 克服の方向へ」, 『沖縄タイムス』, 2003.6.22, 조간.

조선총련 오키나와현 본부 결성 당시 기사
『류큐신보』, 1972.9.7, 조간

'위안부'에 대한 오키나와의 주된 반응이었던 듯하다. 신조 이쿠오 역시 "'아시아의 연대'에서 누락된, 목소리를 내지 않았던 옛 '위안부'의 존재는, 오키나와에서조차 충분히 의식하지 못했다"고 지적한 바 있다.[55] 이러한 것으로 미루어 보아, 오키나와에 설치된 '위안소'의 면밀한 조사는 1970년대부터 시작되었으나 그녀의 충격적인 등장은 정면에서 다루어지지 못한 듯하다. 그런 상황에서 배봉기, 더 나아가 '위안부'가 불가시화되었던 것이다. 이는 "1977년, 전몰자 33주기 우와이스 유終焼香(33주기를 이르는 오키나와어 – 역자주)를 계기로 현 내에서 오키나와전쟁 체험이 일제히 이야기되기 시작했다고 해도 과언이 아니다"[56]라는 이시하라 마사이에石原昌家의 지적과 상반된다. 즉 담론공간이 창출되었지만 그녀들은 여전히 이야기되고 / 이야기되지 못하는 사이에 놓여 있었던 것이다.

55 新城郁夫,『到来する沖縄―沖縄表象批判論』, インパクト出版会, 2007, 139면.
56 石原昌家,「沖縄戦体験記録運動の展開と継承」,『沖縄文化研究』第12号, 1986.3, 255면.

시간을 거슬러 내려가면, 배봉기와 관련된 그러한 가시화 / 불가시화는 예컨대 다음과 같은 사건을 통해서도 나타난다. 제32군사령대가 있던 자리에는 오키나와현이 설치한 설명판이 있는데, 2016년에 그 문구에서 '위안부' 기술이 삭제되었다. 다시 복원하라고 요청했지만 현은 난색을 표했다.[57] 사령부 방공호는 배봉기가 머물던 장소가 아니었지만, 이 사태는 '위안부'들을 말하지 않는 것으로 그녀를 포함한 오키나와의 조선인 여성을 불가시화하는 것에 다름 아니다. 아직 잔존하는 식민지주의의 표출이기도 할 것이다.

배봉기가 모습을 드러낸 이후 사망하기까지 그녀를 보살핀 이들은 1972년에 결성된 조선총련 오키나와현 본부에 부임한 김수섭과 김현옥 부부였다.

1975년에 배봉기가 특별재류허가를 받았다는 소식을 듣고 두 사람은 그녀의 집을 찾는다. 그것이 세 사람의 첫 만남이었다. 그 이후 세 사람의 교류는 배봉기가 사망하는 1991년까지 계속된다. 식민지주의의 피해자인 조선인을 조선인이 보살피는 구도였다.

이것은 신조新城나 기노자宜野座의 지적처럼, 현 오키나와 역시 옛 '위안부'나 성폭력에 대해 충분히 문제시하지 못했음을 보여주는 사례라고 할 수 있다. 도미무라 준이치와 조사단에 의해 탈식민지화의 길을 개척한 담론공간이, 배봉기라는 존재에 대해 능숙하게 대처하지 못한 탓이기도 하다. 덧붙이자면 배봉기를 보살펴준 김 씨 부부가 조선총련 소속이라는 이유로 비판하는 분위기도 있었다. 그런데 그것은 배봉기

---

57 『琉球新報』, 2016.11.26, 조간.

를 남북분단이라는 틀에 끼워 맞춘 발언(혹은 발언하지 않는 것)에 다름 아니다. 그런 의미에서 배봉기의 존재는 국가폭력, 식민지주의, 남북분단이 중첩된 상황을 적나라하게 드러내 보여주는 상징성을 갖는다.

1991년 10월 7일, 배봉기는 김 씨 부부와 셋이서 자신의 생일을 축하했다. 몸 상태가 좋지 않아 걱정했던 김현옥이 병원에 가보자고 하자, 배봉기는 "[10월] 10일은 10 · 10공습이 있을 테니 못 갈 거야"라고 말했다고 한다.[58] 배봉기는 '10 · 10대공습'을 직접 체험하지 않았지만, 자신 안에 똬리 틀고 있는 오키나와전쟁과 함께 '기억'되고 있었던 것이다. 달리 말하면, 담론공간에서 제외되었던 그녀가 거꾸로 담론공간을 지탱하고 있는 셈이다.

10월 7일의 이 이야기는 김 씨 부부와 배봉기의 마지막 대화가 되었다. 1991년 10월, 배봉기는 자신의 아파트에서 사망했다. 그녀의 49재는 같은 해 12월 6일에 행해졌는데, 마침 이 날은 김학순이 일본정부를 제소한 날이기도 했다.

4. 결론—회귀하는 조선인들과 오키나와의 탈식민지화

오키나와의 조선인 담론은 오키나와전쟁에 한정되는 경향이 있으나, 현재에도 더디지만 사실 발굴과 연구가 진행되고 있다. 기록운동이 만

---

58 『琉球新報』, 2012.2.20, 조간.

들어낸 담론공간이 우여곡절은 있었어도 정착되었다고 할 수 있다. 그 것은 담론공간을 오키나와와 아시아의 미래를 향해 펼쳐가는 가능성을 보여주는 것이기도 하다. 시정권 반환 후에도 대대적인 것은 아니지만, 과거와 현재를 연결하듯 오키나와의 조선인이 호출되고, 이야기되었 다. 여기서는 배봉기의 등장 이후, 오키나와의 조선인을 둘러싸고 어떤 사건이 있었는지 간략하게 언급하고 마무리하고자 한다.

1980년대에 들어서도 주로 오키나와전쟁과 관련된 것이긴 하지만 조선인을 계속해서 이야기해 갔다. 『오키나와타임스』는 1992년에 「평 화에 대한 검증平和への検証」이라는 장기 연재 기획을 꾸리고 그 가운데 6회를 오키나와전쟁 당시의 조선인에 할애하였다. 이 책 제1장에서 언 급한 김원영과 이번 장에서 살펴본 배봉기에 대해서도 언급하고 있다.

또한 다마키 사네아키玉木真哲는 방첩防諜이라는 관점에서 오키나와전 쟁을 재검증하는 내용을 신문지상에 연재하였고, 조선인에 관해서도 구메섬 학살사건을 중심으로 다루었다. 다마키의 논의에서 중요한 것 은, 오키나와인들이 가해의 위치에 자리할 수 있다는 것, 또 그것을 망 각하지 않고 분명히 하는 것이 지배를 진정으로 종식시키는 일이라는 것이다(「오키나와전사론 주민전력화・방첩・학살에 대하여 7沖縄戦史論 住民戦力化・防 諜・虐殺について 7」, 『오키나와타임스』, 1982.10.26, 석간). 이에 더하여 다마키는, "오키나와 현민은 이 '가해자=차별자'의 입장에 서 있는 자신의 죄과 와 '피해자=피차별자'인 채로 무고하게 죽어간 조선인들의 고난의 역 사를 더욱 더 발굴해야 할 것이다"라며, 다소 형식적인 가해 / 피해의 틀이긴 하지만 한 발짝 더 들어가 논의하였다(「오키나와전사론 주민전력화・ 방첩・학살에 대하여 8」, 『오키나와타임스』, 1982.10.30, 석간).[59]

더 나아가 1985년에는 오키나와전쟁 당시 미군 제10군의 전황보고를 『오키나와타임스』에 오랫동안 번역·연재하였고, 미군 측이 오키나와전쟁을 어떻게 보고 있는지 상세하게 전하였다. 전황보고 속 조선인에 관한 부분을 몇몇 인용해 보자. 연행된 사람의 수에 관한 기술이다.

5월 30일 전황보고

어젯밤, 포획한 조선인 3명, 일본 병사 1명을 심문한 결과, 나하의 남과 북부 제22해병대와 대치하고 있는 일본군 중에 200~250명의 조선인이 있다고 한다. 이들 조선인은 기회가 주어지면 항복할 것이라고 포로(PW)는 증언하고 있다.

6월 14일 전황보고

게라마 열도에서 최근 붙잡은 포로(PW)의 말로는 아카섬에 일본 병사 130명, 방위대원 70명, 조선인 113명이 있다고 한다.

7월 10일 전황보고

오키나와전쟁에서 예상 밖의 수가 포로(PW)로 붙잡혔다. 지금까지 포로(PW) 수는 7,500명에 달한다. 그 가운데 3,000명은 오키나와인 방위대원, 3,500명은 일본군, 200~300명은 군속, 800명은 조선인 군부다. (…중략…) 조선인에게는 특별히 약간의 자유를 허용한다.

---

59 다마키의 이 연재는, 2011년에 단행본으로 출간되는데(玉木真哲, 『沖縄戦史研究序説—国家総力戦·住民戦力化·防諜』, 榕樹書林, 2011), 거기서 조선인에 관한 부분은 삭제되었다.

7월 13일 전황보고

[소멘야 소위의 말에 따르면] 아카섬에 200명의 일본군 병사, 114명의 조선인 군부(…중략…)가 있다고 한다.[60]

이 땅에 조선인이 수명에서 수십 명 단위로 함락했다는 보고와 도카시키섬에서 조선인 여성이 투항했다는 기술이 보인다. 배봉기일 가능성이 있다.

이처럼 시정권 반환 후에도 오키나와전쟁에 관해서는 비교적 많은 조선인들을 다루고 있는데, 1986년 11월, 조선인 '군부' 출신 5명(천택기, 김윤대, 심재언, 신만조, 정실관)이 제134회 오키나와대학 토요교양강좌 심포지엄 「강제연행 한국인 군부와 오키나와전쟁強制連行韓国人軍夫と沖縄戦」에 위해 오키나와로 들어오게 된다. 그들의 오키나와 방문은 심포지엄에 출석하기 위함도 있었지만 오키나와전쟁 당시 죽음을 맞이한 동료의 위령제를 자마미섬, 아카섬에서 거행하려는 목적도 있었다. '다마玉 8886부대'에 배속되었다가 살아남은 '군부'들인 그들은 1946년에 오키나와에서 고국으로 향하는 배 안에서 '태평양동지회太平洋同志会'를 결성했다. 그러나 오키나와가 미군의 통치하에 있었고, 또 시정권 반환 후에도 비자 발급이 어려워 오키나와에 오지 못하다가 오키나와대학의 초청으로 드디어 오키나와 방문이 실현되었다.

오키나와대학 아라사키 모리테루가 중심이 되어 개최된 이 심포지

---

60   이상의 인용문 출처는 순서대로, 「沖縄戦日誌 五五」, 『沖縄タイムス』(1985.3.29, 조간); 「沖縄戦日誌 七〇」, 『沖縄タイムス』(1985.4.17, 조간); 「沖縄戦日誌 八六」, 『沖縄タイムス』(1985.5.13, 조간); 「沖縄戦日誌 九〇」, 『沖縄タイムス』(1985.5.18, 조간).

엄은 오키나와 그리고 한국에서 아직 정면으로 다루지 않았던 조선인 '군부' 문제를 조명했다는 점에서 의미가 있다. 이것은 곧 기록운동 및 조선총련과 일본인의 합동조사 이후 10년 넘게 제대로 된 조사를 하지 않았다는 의미이기도 하다. 물론 민중 입장의 오키나와전쟁 체험 증언 수집이 끊겼던 것은 아니다. 『요미탄촌사読谷村史』나『우라소에시사浦添市史』와 같은 형태로 현재까지 증언집이 계속해서 간행되어 왔기 때문이다. 정체되었던 것은 조선인을 포함한 아시아 민중의 시점에 대한 기록 수집이며, 이에 따른 담론공간의 확장이었다. 그것이 정체되었다는 것은 피해(오키나와) / 가해(일본과 미국)라는 고착화된 인식의 틀이 강하게 작동하고 있었기 때문일 것이다. 바꿔 말하면 민중의 전쟁체험을 수집·기록하는 과정에서 누구를 어떻게 기록할 것인가 / 하지 않을 것인가 하는 담론공간을 둘러싼 길항이 시정권 반환 후에도 작동했던 것으로 보인다.

이 심포지엄에서 밝혀진 옛 '군부'들의 증언은 모든 것이 충격적인 내용이었다.

심재언(아카섬 배속)의 증언

어느 날, 일본 병사가 "구멍을 파라"라고 하여 겨우 30센티미터 정도 구멍을 파자 7명의 '군부'를 그 앞에 서게 했다. "일본 병사가 눈을 가리라고 했다. "당신들 마지막으로 하고 싶은 말 없나"라고 일본 병사가 말했다. 아무도 말하지 않자, 가장 연장자인 정우기라는 사람이 "당신들이 우리를 연행해와서 일을 시키는 것은 좋다. 일이라면 얼마든지 해도 좋소. 그러나 쌀 한 톨 입에 넣지 않았어. 당신들을 증오한다. 우리는 정말 배가 고프다고"라고 말했다. "먹는 것이 너희들의 소원인가"라며 고구마를 가지고 와서 입에 쑤셔 넣고는, 하나, 둘, 셋 하는 호령에 맞춰 총살대가 7명에게 총을 쏘았다.[61]

천택기(자마미섬 배속)의 증언 보충

[자마미섬에서] 드디어 마지막 날, 우리는 폭뢰를 특공정特攻艇에 운반하거나 특공정을 꺼내는 작업을 하고 있었는데, 그곳 최고 책임자인 소좌가 특공대원 70명을 모아 놓고 "새로운 군장으로 갈아입도록"하고 명하고 청주淸酒 '정종正宗'을 따라 마셨다. 그 의식을 한 다음 우리는 20센티미터 정도의 호 안에 특공대원이 들어와서는 느닷없이 "군부를 주의하라"라며 가솔린에 불을 붙였다. 그 안에는 7명의 군부가 있었는데 5명이 사망, 2명이 살아남았다. 그 상황은 처참하여 2명의 입에서 연기가 나왔다. 그 2명도 결국 화상으로 사망했다.[62]

이들 증언자는 처참한 전쟁 상황과 조선인 '군부'가 어떻게 다뤄졌는지 생생하게 전달하였다. 옛 '군부'들 중에는 청중 앞에서 증언을 시작했으나 제대로 증언을 이어가지 못한 사람도 있었다. 오키나와전쟁 이래 40년 가까이 흘렀지만 아직도 심적 외상이 치유되지 않았음을 보여주는 광경이었다.

1980년대에 이르러 다시 나타난 옛 '군부'들은 아라사키 모리테루가 "오키나와전쟁에서의 조선인 군부와 위안부 문제는 오키나와전쟁 연구 가운데 가장 결락이 많은 부분이다. 그들이 오키나와로 건너온 것

61 「強制連行の韓国人軍夫 講演とシンポから 証言②」, 『琉球新報』, 1986.12.4, 조간.
62 「強制連行の韓国人軍夫 講演とシンポから 証言④」, 『琉球新報』, 1986.12.6, 조간.

은 이러한 결락된 부분을 채우는 의미에서도 커다란 의미가 있다"라고 발언한 바와 같이,[63] 새롭게 오키나와의 타자의 기억을 상기시키는 일이었다. 옛 '군부'들의 존재는 담론공간을 다시 타민족에게서 듣는 일, 그와 동시에 언젠가 이야기될지 모르는 조선인들의 이야기를 위해 그 공간을 계속해서 유지해 가기를 요청하는 일이기도 하였다. 심포지엄과 그곳에서의 증언은 『류큐신보』, 『오키나와타임스』양 신문에서 특집 연재로 다루어 큰 반향을 일으켰다.

오키나와대학 심포지엄 4년 후인 1990년에는 45년 만의 조선인 '군부'·'위안부'의 합동위령제가 도카시키섬에서 거행되었는데, '군부' 출신인 김원영도 오키나와를 찾았다. 위령제에 참가한 류큐대학 학생은 "지금까지 피해자라는 인식만 있었는데, 위안부의 존재를 통해 가해자의 입장을 알게 되어 충격을 받았다. 이를 계기로 오키나와전쟁을 다시 생각하고 평화에 대해서도 생각해 보고 싶다"라며 오키나와의 가해에 착목한 발언을 남겼다.[64]

1990년대에 들어 자료 발굴이 이어졌다. 1991년에는 조선인 강제연행 명부가 국회도서관에서 발견되었다. 약 1,600명이 오키나와에 연행되어 미군포로수용소에 수용된 조선인이었으며, 그 가운데 약 100명은 여성이었다.[65] 1993년에는 조선총련이 1949년 10월 무렵 오키나와에서 한반도로 송환되어온 조선인 여성 147명의 명부를 발견했다. 이시하라 마사이에가 "거의 백퍼센트 조선인 종군위안부라고 생각해

---

63 「強制連行の韓国人軍夫 講演とシンポから 7」, 『琉球新報』, 1986.12.7, 조간.
64 『沖縄タイムス』, 1990.10.31, 조간.
65 위의 신문, 1991.4.1, 조간.

도 좋다. (…중략…) 147명이나 살아남았다는 것은 그 배 이상이 존재했다는 추측이 가능하다"라고 언급한 바 있는, 중요한 명부다.[66]

또 1995년에는 '태평양전쟁 오키나와전쟁·종결 50주년 기념사업'의 일환으로 이토만糸滿 시 평화기념공원 내에 '평화의 초석'이 건설되었다. '평화의 초석'은 '만주사변'에서 오키나와전쟁까지의 '15년 전쟁' 사이에 목숨을 빼앗긴 모든 사람들의 이름을 새겨 넣는 것을 기본 방침으로 삼았다. 따라서 그 사이에 사망한 조선인의 이름도 새겨졌다. '평화의 초석' 건설에 즈음하여 오키나와현은, 각명刻銘을 위한 조선인의 명부를 후생성에서 입수하였다. 명부에 따르면 오키나와전쟁에서 전몰한 이들은 육군이 306명, 해군 115명으로 총 421명이었다. 그러나 명부에 기재된 이름 대부분은 일본식이었다.[67]

그런데 이 명부는 '평화의 초석'이 완성된 후에도 계속해서 발견되었다. 1999년에 한국유족회가 오키나와로 연행되어온 조선인 '군부' 2,815명의 명부를 발견한 것을 『류큐신보』가 전하고 있다.[68] 그때 발견한 것은 당시 일본군이 오키나와로 연행한 조선인 '군부'의 성명, 본적, 생사 유무 등을 기재한 「선박군(오카나와)부재명부船舶軍(沖繩)留守名簿」라는 제목의 문서였다. 생환이 확인된 것은 650명이었다. 이 명부는 '평화의 초석' 건설 당시, 나라에서 현에 건넨 문서에는 없었던 것이다.

다른 한편에서는, 조선인의 불가시화를 초래하는 움직임도 오키나와 내에 생겨났다. 1999년에 평화기념공원 내 자료관 전시 내용을 전

---

66 위의 신문, 1993.4.10, 조간.
67 위의 신문, 1994.1.12, 조간.
68 『琉球新報』, 1999.6.22, 조간.

문가의 승낙 없이 자의적으로 변경이나 삭제를 오키나와현이 시도한 것이다.[69] 삭제를 시도한 수많은 정보 안에 조선인 학살·타이완인 학살에 대한 원고와 포로수용소로 옮겨진 조선인 '군부', '위안부'의 사진이 포함되어 있다. 오키나와전쟁의 조선인 조사를 수행하고 있는 한국 명지대학교의 홍종필은 "기가 막혀서 말이 안 나온다. 오키나와인은 본 토인과 달리 우리 마음과 통하는 점이 있을 것이라고 생각했다. 매우 유감이다"라고 심경을 토로했다.[70]

앞서 기술한 바와 같이 오키나와현은 슈리성 공원 안에 있는 구 일본 군 제3군사령부대 설명판에 기재된 설명문에서, 일본군에 의한 주민학살과 '위안부'에 관한 기술을 반대의견에도 불구하고 삭제했다. 현은 80건 정도의 삭제 요청에 굴복하여 사실 은폐에 가담한 것이다.[71] 이들 사태는 오키나와 내에 아직도 오키나와전쟁 담론공간을 둘러싼 길항이 있음을 노정하는 것이기도 하다.

'위안부' 문제에 관해서 말하자면, 오키나와전쟁 당시 설치된 '위안부'의 철저한 조사가 1970년대부터 오키나와에서 시작되었다. 이것은 '위안부', '위안소'의 담론에 실증성을 부여하는 것이기도 했다. 오랜 세월에 걸친 귀중한 조사결과는 1992년에 '위안소 맵'으로 공표되었다(1992.9, 제5회 「전국여성사연구교류모임全国女性史研究交流のつどい」).

1980년대에도 조선인 '군부'에 비하면 얼마 언급되지 못했지만 '위안부' 문제는 꾸준히 이야기되어 왔다. 예컨대 미야코섬에서 '위안소',

---

69   위의 신문, 1999.10.7, 조간.
70   위의 신문, 1999.9.13, 조간.
71   위의 신문, 2012.6.23, 조간.

'위안부'를 목격한 바 있는 구가이 요시코久貝吉子는 1982년에 다음과 같이 기술하고 있다.

소개疎開 당시 내가 본 것은 '차별'이었다. 국가가 국가를 침략하고 인간이 인간을 차별한다. 그야말로 전쟁의 밑바닥에 차별이 있다고 생각했다. (…중략…) 조선인 위안부가 내가 피난한 집 부근에 십여 명이 있었다. 일요일이 되면 병사들이 쭉 늘어선다. 시키는 대로 하지 않으면 두들겨 패고 난폭하게 다룬다. (…중략…) 전쟁에 가담한 한 사람으로서, 젊은이들에게 전쟁체험을 전해주는 일이 나의 책임이라고 생각한다.[72]

배봉기에 대해서도 많지는 않지만 꾸준히 이야기되어 왔다. 1991년에는 배봉기가 등장하는 박수남의 다큐멘터리 영화 〈아리랑의 노래－오키나와로부터의 증언アリランのうた－オキナワからの証言〉이 공개되었다. 또한, 『류큐신보』는 1998년 6월에 「할머니의 유언－옛 '종군위안부' 배봉기 씨의 전후ハルモニの遺言－元「従軍慰安婦」裴奉奇さんの戦後」라는 연재 특집을 마련하였다. 그녀의 존재를 알고 있는 사람들을 취재해서 그 모습을 다시 한 번 기억해 보자는 기획이었다. 또한, 2012년에는 나하시 역사박물관에서 '오키나와전쟁과 일본군 '위안부'沖縄戦と日本軍「慰安婦」'전이 개최되었는데, 거기에 배봉기의 유품도 전시되었다.

2013년 나하에서 개최된 국제심포지엄(테마：「동아시아 비판적 잡지회의東アジア批判的雑誌会議」)에서 김미혜는, 「오키나와의 조선인－배봉기 씨를 통

---

72 『沖縄タイムス』, 1982.6.23, 조간.

해 보는 남북분단과 재일조선인의 현대사沖縄のなかの朝鮮人－裴奉奇さんを
通じて見る南北分斷と在日朝鮮人の現代史」라는 제목의 글을 발표하였다. 여기
서 김미혜는 한국에서 배봉기가 별로 알려져 있지 않은 것은 그녀를 지
원한 곳이 '조선총련'이었기 때문이며, 남북분단과 대립이 피해자를 묵
살하는 결과로 이어졌음을 지적하였다. 시정권 반환을 전후하여 이래
의 남북조선의 정치적 동향이 그녀의 존재를 은폐하는 결과를 낳았던
것이다. 그런 의미에서 담론공간은 오키나와를 넘어 아시아로 확대해
간 측면이 있으며, 그것은 복수의 정치적 영역에 영향을 미치기도 하였
다. 그 영향 중 하나는, 앞 장에서 지적한 바와 같이 담론공간에 남북분
단이라는 필터로 인해 과거와 현재가 혼탁해지게 되고, 결과적으로 과
거의 사건이 불가시화되었던 것을 들 수 있다. 이와 관련하여 2002년
7월, 한국정신대연구소 연구원 2명이 오키나와전쟁 당시 조선인 '위안
부'의 실태를 조사하기 위해 오키나와로 건너왔다. 한국에는 생활지원
제도도 있으니 생존자가 나타나주기를 바랐다. 연구원은 "오키나와에
생존자가 있으리라고 생각됩니다. 지금까지 조용히 살아왔고, 과거를
밝히기가 어렵겠지만 지원하고 싶습니다. 한국에는 생활지원제도도 마
련되어 있으니 이름을 밝혀주기 바랍니다"라고 말했다.[73] 유감스럽게
도 이름을 밝힌 자는 없었지만, 현재와 단절되어버린 과거를 모색하는
일이었다.

이렇게 해서 배봉기를 비롯한 '위안부', '위안소' 문제와 마주하는
방식은 시간을 들여 천천히 가느다란 실을 이어가듯 전개되었다. 2002

---

73 『琉球新報』, 2002.7.12.

년에 한국에서 배봉기의 존재가 다시 소개된 것을 보면, 그녀가 제기한 국가에 의한 폭력이나 식민지주의 문제는 오키나와를 넘어 일본 '본토' 와 한국의 관련성 안에서 되물음 되고 있다. 그런 의미에서 '군부'만이 아니라 '위안부' 역시 오키나와로 회귀해 왔으며, 그것은 1960년대 중반에 시작된 기록운동이 50년을 경과하며 다시금 탈식민화를 추구해 간 것이기도 하다.

이후, 위령의 날이나 8월 15일이 다가올 때마다 오키나와의 조선인은 주로 신문지상을 통해 작은 조각을 이어가듯 언급되어왔다.

이 책에서는 지금까지 조선인들은 오키나와전쟁 당시에는 일본군, 미군, 오키나와인들과의 관계성 안에서 식민지주의의 질서하에 놓여 있었고, 오키나와전쟁 이후에는 미군의 점령통치하에서 만들어진 출입역 관리와 같은 법적제도로 인해 불가시화되어 왔음을 논의해 왔다. 더 나아가 조선인 여성은 일본군만이 아니라 미군과 조선인 남성들로부터도 성폭력을 당하는 등, 가장 피해가 큰 위치에 있었던 것도 지적하였다. 이와 같이 이 책에서는 오키나와 / 일본 / 미국 / 조선, 가해 / 피해, 남 / 여와 같이 복잡하게 얽힌 관계성 안에 조선인들이 놓여있었음을 살펴보았다. 이것은 바꿔 말하면, 고착화된 가해 / 피해와 같은 인식의 틀로는 오키나와의 조선인들의 존재를 간파하기 어려우며, 오히려 불가시화되어 버릴 우려가 있음을 의미한다. 고착화된 틀에서 누락되어 버리는 존재는 오키나와의 조선인이며, 그 / 그녀들은 그 사이에 자리한다. 불가시화가 생겨나는 것도 바로 그 지점이다.

그 불가시화 상황을 돌파하기 위해서는 미국의 동아시아 전략에 저항해 가는 것, 그리고 오키나와가 안고 있는 식민지주의를 비판적으로 되묻는 일이 필요할 것이다. 이를 위해 이 책에서는 오키나와에서 일어난 두 개의 커다란 운동, 복귀운동과 기록운동에 착목했다. 1960년대 이후의 복귀운동은 일본(국헌법)으로의 '복귀'를 추구하는 것만이 아니라, 베트남전쟁을 계기로 반미, 반전, 반기지, 반안보, 반한일조약을 커다란 방침으로 삼았던 탓에, 이른바 제3세계와의 연대를 만들어 갔던 것이다. 즉, 이 운동은 '복귀'를 추구하기 위한 것만이 아니라, 미국의 동아시아 전략에 대한 저항이기도 했던 것이다. 그렇기는 하지만 복귀운동에 있어서는 밖과의 관계 구축은 모색되었지만, 오키나와 내부의 아시아인 조선인에게 시선을 돌리는 일은 없었다. 그런 점을 보완하고, 더 나아가 오키나와 안으로부터 탈식민지화로의 길을 개척해 온 것이 민중의 입장에서 오키나와전쟁을 재구성하고자 한 기록운동이었다. 그 담론공간이 중요한 것은, 오키나와전쟁 당시 조선인에 대한 담론을 이끌어 갔기 때문이다. 그것은 복귀운동이 간과한 오키나와 안에서 불가시화되었던 조선인에 대한 이야기였다.

물론 오키나와의 타자인 조선인이 이 담론공간에 순탄하게 들어왔던 것은 아니다. 이 책에서 살펴본 것처럼 조선인은 이야기되고는 있지만, 가시화와 불가시화가 길항하는 사이에 자리했기 때문이다. 그 다른 한편으로는, 가시화와 불가시화의 길항을 초래하는 고정적인 가해／피해의 틀을 되묻기도 하였고, 도미무라 준이치와 조선총련과 일본인에 의한 합동조사 등은 담론공간을 급격하게 외부로 열어버리게도 하였다.

고착화된 인식의 틀이 되물음 될 때, 담론공간은 공간적 측면에 있어서는 오키나와를 넘어 아시아까지 확대되고, 그 결과 시간적 측면에서 타자들의 과거 사건을 이야기하고, 현재 그리고 미래로 계승되어 갔다.

오키나와가 타자를 받아들여 간다는 것은, 담론공간을 공간적, 시간적으로 확대해 나갈 가능성을 부여하는 일이었다. 이 확장에 대응하여 담론공간은, 미국의 동아시아에서의 패권에 대항하는 성격을 획득하고, 그리고 오키나와 안에 내재되어 있는 식민지주의를 넘어서려는 가능성을 열어간 것이다.

다른 한편의 담론공간에서는, 다른 가시화 / 불가시화의 역학이 작동하는 모습도 볼 수 있었다. 이 책에서는 남북분단이 담론공간에 미친 영향을 지적하였다. 그것은 민중의 장이어야 할 담론공간에 국가적 이데올로기를 개입시키는 일이며, 그 공간에 심각한 영향을 미칠 우려가 있는 일이었다.

그렇긴 하지만 '위안부', '위안소'에 대한 꾸준한 조사와 연구, 그리고 한국과 일본 '본토' 연구자 및 관련 단체의 교류를 통해 오키나와의 조선인은 현재에도 민중의 관점에서 이야기되어 오고 있다. 그리고 아마도 담론공간을 둘러싼 여러 곤란한 지점을 극복해 가게 될 것이다.

그런데 문제를 오키나와라는 장에만 맡겨버리면, 오키나와의 조선인에 대한 전체상이 보이지 않게 되는 것도 사실이다. 이 책에서 반복해서 언급한 담론공간을 단순히 증언이 등장하는 장이 아닌, 탈식민지화를 가능케 하는 장으로 삼기 위해서는 오키나와인들과 오키나와의 타자 간에 서로 겹쳐지는 역사를 공유하고, 그럼으로써 가해에 서게 하는 구조에 저항해 갈 필요가 있을 것이다. 그때 비로소 사이에 끼인 오키나와의 조선인도 가시화되고, 그 전체상이 오키나와인들의 삶과 역사까지 포괄하며 땅 아래에서 위로 부상하게 될 것이다.

— 고마워. 이제야 갈증이 해소됐어.

—메도루마 슌, 『물방울(水滴)』, 문예춘추(文藝春秋), 1997

언젠가 부상하게 될 조선인들이 우리에게 건넬 무수한 말들 중 하나
는 바로 이것일 것이다. 그리고 이것은 오키나와전쟁에만 한정된 말은
아닐 것이다.

오키나와의 조선인 관련 비碑 및 탑塔 소개

마지막으로 오키나와에 소재한 조선인에 관한 비와 탑을 소개하고, 그/그녀들이 어떻게 기억되고, 또 현재에 어떻게 가시화/불가시화되고 있는지 살펴보자. 이들 비는 오키나와전쟁 직후에 세워진 것부터 2000년대에 만들어진 것까지 존재하며, 전쟁에서 사망한 조선인 '군부'와 '위안부', 오키나와에서 살았던 조선인, 그리고 조선인 병사를 추도하는 염원을 담고 있다. 각각의 기원 방식은 중첩되는 부분도 있고 다른 부분도 있다. 그런 의미에서 이들 비와 탑은 기억의 방식에 대한 문제를 제기한다.

현재 확인 가능한 것으로 오키나와에는 조선인 관련한 비와 탑이 10기 존재한다. 건립된 순서는 다음과 같다(괄호 안은 건립자, 장소, 건립연도이다).

1. 백옥의 탑白玉之塔(渡嘉敷村遺族会, 渡嘉敷島・渡嘉敷村字渡嘉敷イシッ
    ピ原, 1951.3)
2. 청구의 탑青丘之塔(日本民主同志会・松本明重, 宜野湾市・嘉数高台記念
    公園内, 1971.3)
3. 오키나와 병참 위령의 비沖縄兵站慰霊之碑(沖縄兵站慰霊之塔奉賛会, 糸満市
    大里, 1971.10)
4. 통한의 비痛恨之碑(沖縄在・在日朝鮮人久米島島民虐殺痛恨之碑県立委
    員会, 久米島・久米島町字西銘, 1974.8)
5. 한국인위령탑韓国人慰霊塔(韓国人慰霊塔建立委員会, 糸満市摩文仁,
    1975.8)
6. 평화의 초석平和の礎(財団法人沖縄県平和祈念財団, 糸満市摩文仁,
    1995.6)
7. 아리랑 위령 기념비アリラン慰霊のモニュメント(アリラン慰霊のモニュメン
    トを創る会, 渡嘉敷島・渡嘉敷村里原, 1997.10)
8. 유혼의 비留魂之碑(大田静男, 石垣島・大田静男宅, 1998.6)
9. 아시아태평양전쟁・오키나와전쟁 피징발 조선반도 출신자 한의 비アジア
    太平洋戦争・沖縄戦被徴発朝鮮半島出身者恨之碑(恨之碑県立をすすめる会(当時),
    読谷村字瀬名波, 2006.5)
10. 아리랑 비アリランの碑・여자들에게女たちへ(宮古島に日本軍『慰安婦』の祈
    念碑を建てる会, 宮古島・宮古島市上野野原, 2008.9)

건립연도에 착목하면, 시정권 반환 전은 오키나와전쟁 직후에 먼저
1기가 세워졌고, 1970년대에 4기, 반환 후인 1990년대까지는 공백기
였고, 그 후 5기가 만들어졌다. 하나하나 간략하게 살펴보자.

1. 백옥의 탑 白玉之塔

渡嘉敷村遺族会, 渡嘉敷島 · 渡嘉敷村字渡嘉敷イシッピ原, 1951.3

조선인을 추모하는 탑으로 가장 이른 시기에 세워졌다. 조선인을 포함하고 있지만 이 탑은 미군이 도카시키섬에 상륙한 후 '집단자결'을 감행한 주민들을 주로 추모하고 있다(그 외에 군인과 방위대도 모셔져 있다). 원래는 집단자결이 있었던 장소 가까이에 세워졌는데, 미군의 통신기지 건설로 인해 현 장소로 이전했다(1962년 4월).

도카시키섬에 배속된 장교 지넨 조보쿠知念朝睦가 이 탑에 미군의 공격으로 사망한 '위안부' '하루코'의 유골을 모셨다. 또한 탑 부지에 「전몰자 위령비 '백옥의 탑' 관계자료」에 따르면, 신원미상인 '한국 · 조선인' 10구의 유골이 모셔져 있다고 한다. '이름'이 알려진 '하루코'를 포함하면 11구의 조선인이 모셔져 있는 것이 된다. 그녀 외에도 지넨이 처형한 조선인 유골이 더 있을 가능성이 있다. 비문은 다음과 같다.

도카시키에 위치한 '백옥의 탑' [오세종 촬영]

잊지 말아야지 하는 마음을 백옥의 탑에 남겨 영원히 전하리. 나카이 세이사이中井盛才

또 매년 3월 28일을 '주민 옥쇄의 날'로 정하여 위령제를 거행하고 있다.

2. 청구의 탑青丘之塔

日本民主同士会 · 松本明重, 宜野湾市 · 嘉数高台公園内, 1971.3

'청구의 탑'은 가카즈다카다이嘉数高台 공원 내 후텐마 기지가 내려다 보이는 장소에 세워져 있다. 조선인 '위안부' 30명과 조선인 '군인'과 '군부' 386명을 모셨다.

가카즈다카다이 공원은 미군과 일본군의 전투가 가장 격렬했던 가카즈 고지에 만들어진 공원이다. 이 고지에서의 전투는 16일간이나 계속되었고, 일본군이나 미군이나 많은 사상자를 낳았다. 그때 일반주민도 조선인 '군인', '군부' 상당수도 피해자가 되었다. 탑의 비문에 다음과 같은 글귀가 적혀 있다.

아아, 여기 오키나와의 땅에 태평양전쟁 말기 구 일본군이던 한민족 출신 군인 · 군속 386명이 산하를 피로 물들이고 슬프게도 산화하여 외롭게 잠들

가카즈다카다이 공원 내 '청구의 탑' [오세종 촬영]

어 있습니다. 이를 기려 일본민주동지회日本民主同志会는 38도선 판문점의 작은 돌 38개를 사경砂磬과 함께 초석으로 삼아 이데올로기와 국경과 민족을 초월하여 인도주의를 존봉尊奉하고, 슬픈 역사를 간직한 이들 영혼을 위령·표창하기 위해 가장 격렬하게 전투를 전개한 전적戰跡 가카즈嘉数의 고지에 뜻을 함께 하는 제헌諸賢, 그리고 관계 기관 및 현지 가카즈 지구의 협력으로 한민족 출신 오키나와전쟁 전몰자 위령비 '청구의 탑'을 건립하여 영구히 영훈英勳을 기립니다.

쇼와 46년 3월 길일吉日

마쓰모토 아키시게松本明重

이 탑의 건립자는 일본민주동지회 중앙집행위원호 회장인 마쓰모토 아키시게松本明重(1914~1990)이다. 마쓰모토는 우파 활동가로, 전쟁 당시 중지나파견군中支那派遣軍 특공기관 요원이었다고 한다.[1] 마쓰모토는 그가 편저한 저서 『붉은 고향을 버리고 온 사람들 증언기록·공산주의는 학살 체제赤い故郷を捨てた人びと 証言記録·共産主義は虐殺の体制』(恒友出版, 1975)라는 제목에서 보듯 반反공산주의자였다. 그런 탓도 있어 건립협찬자 면면을 보면, 이세신궁伊勢神宮, 후시미이나리다이샤伏見稲荷大社, 일본선박진흥회日本船舶振興会 등과 같이 황실과 관련이 깊은 신사神社와 사사카와 료이치笹川良一가 건립한 단체가 포함되어 있다.

마쓰모토와 같은 우파가 조선인을 위령하는 탑을 세운 이유는, 앞서의 비문에서 어느 정도 간파할 수 있을 것이다. 이 책 제4장에서 1960년대 중반까지 오키나와전쟁 담론이 군민일체를 미담으로 이야기해 왔던 정황을 논의하였다. 비문의 글귀 "구 일본군이었던 한민족 출신의 군인·군속"이라는 부분은 그러한 논리에 따라 '한민족'을 일본군에 편입시키고 있다. 또한 '태평양전쟁'이라는 말은 오키나와전쟁을 '15년 전쟁' 안에 자리매김하는 견해를 보여주는 것으로, 식민지의 역사를 사상捨象하고 있다. 이에 더하여 "민족을 초월하여"의 "초월"은 여러 민족의 차이를 소거하는 용어에 다름 아니다. 요컨대 이 비는 조선인들을 일본을 위해 "산화" 한 일본군 군인·군속으로 간주하여 위령하고 있는 것이다. 그런 의미에서 이 비는 국가적 관점 안으로 조선인들을 수렴하는 것이라고 하겠다.

---

1 趙誠倫, 「沖縄最初の韓国人慰霊碑青丘之塔」, 津波高志篇, 『琉球大学 人の移動と二一世紀のグローバル社会 V 東アジアの間地方交流の過去と現在−済州と沖縄·奄美を中心にして』, 彩流社, 2012, 417면.

3. 오키나와 병참 위령의 비 沖縄兵站慰霊之碑

沖縄兵站慰霊之塔奉賛会, 糸満市字大里, 1971.10

1971년 10월 이토만시 오자토大里에 건립된 '오키나와 병참 위령의 비'로, '청구의 탑'과 관련이 있다.

위령 대상에 조선인도 포함되어 있지만 비문에 조선인에 관한 기술은 보이지 않는다. 다만 합사된 부대 중 하나가 '특설수상근무제103부대(이치카와 부대)特設水上勤務第一〇三部隊(市川隊)'로, 조선인 '군부'가 소속된 부대였다.

제2차 세계대전 최후의 그리고 일본 국토 유일의 지상전이 된 오키나와 본섬에서 제49 병참지구대본부 및 휘하 각 육상근무중대陸上勤務中隊 수상근무중대水上勤務中隊 자동차중대 및 현지 채용 각 군속은 쇼와 19년 8월부터 미군의 침공내격에 대비하여 병기, 탄약, 장비, 양말糧秣 및 병원兵員의 수송업무와 함께 진지구축 임무를 수행하던 쇼와 20년 3월 24일, 일미군 상륙과 함께 특편特編 제2여단을 편성하여 이를 현지 소집 방위중대를 지휘하에 두고, 32군사령부 직할 병단兵団으로 전열에 합류하여 전 장병은 물론이고 종군지원 군속에 이르기까지 각 부원은 조국방위에 신명身命을 바쳐 각 전전으로 향하였다. 미군의 막대한 전력, 그리고 미군이 태평양 전선, 전국戦局의 결전을 걸고 육해공 총력전략을 다하였다. 치열사투맹공熾烈死斗猛攻에 대응하여 밤낮으로 용전감투勇戦敢斗를 다하여 푸른 산야를 순국의 피로 물들이고, 고국

이토만시 오자토에 건립된 '오키나와 병참 위령의 비' [오세종 촬영]

을 생각하고 조국의 재흥再興을 염원하면서 마침내 산화하여 세상을 떠났다.

포연탄우砲煙彈雨 아래에서 생사를 같이 하자고 맹서하였지만 이 무슨 운명의 장난인지 죽지 않고 살아남은 자 몇몇이 본토와 오키나와에서 뜻을 같이하여 세상을 떠난 전우의 영혼英魂을 오래도록 위로하고 추모하기 위해 위령비 건립의 비원悲願을 키워왔다. 이래 20여 년을 하루도 망각하지 않고 서원誓願하며 오랜 세월을 노력한 끝에 마침내 이곳에 유족 각위와 함께 영령추도의 지성이 결실을 맺어 이곳 유서 깊은 남부전선 한편에 한 사람 한 사람의 미충微衷과 심혼을 모아 '오키나와 병참 위령의 비' 건립의 염원을 이루어 이곳에 그 모든 영혼英魂을 불러 모시어 기도하고 추모하는 날을 맞이할 수 있게 되었다. 지금 조용한 마음으로 지난날을 그리자니, 전우의 모습이, 얼굴이 눈에 어른거리고, 여기저기에서 전우가 보이고, 평소의 목소리가 들려올 것 같아 다시금 피눈물을 흘린다.

바라건대 영혼이 왕림하여 이 땅에 영원히 머물며 평온히 잠드소서.

쇼와 46년 10월 10일

오키나와 병참 위령의 비 건립

봉찬 유지 일동

비문에 명확하게 드러나듯 군인을 상찬하는 내용이다. 여기에 설명을 덧붙이자면, 일본군과 '운명'을 함께 한 이들로 '오키나와'를 자리매김하고 있는 데 반해, 조선인들에 대해서는 한마디 언급 없이 '운명' 공동체라는 말로 뭉뚱그리고 있다. 게다가 '군속' 조차도 "종군 지원"하여, "조국방위의 난에 신명을 바쳐" 마지막에는 "산화해 서거하였다"라고 기술하고 있다. 이런 점에서 '오키나와 병참 위령의 비'는 전형적인 군 중심 관점하에 건립된 것이며, '청구의 탑'과 같은 성격이라는 것을 알 수 있다.

4. 통한의 비痛恨之碑

沖縄在・在日朝鮮人久米島島民虐殺痛恨之碑建立委員会, 久米島・久
米島町字西銘, 1974.8

이 책 제4장에서 다루었던 도미무라 준이치는 1973년 3월 출소하자
마자 구메섬에서 희생된 도민의 위령비를 건설하기 위한 모금을 시작
한다. 『내가 태어난 곳은 오키나와わんがうまりあ沖縄』의 인세와 팸플릿
『사후에도 차별 받는 조선인死後も差別される朝鮮人』으로 얻은 수익금과
얼마간의 모금으로 '통한의 비'를 건설했다. 여기저기서 후원금이 쏟아
졌는데 그 가운데 옥중의 나가야마 노리오永山則夫가 보낸 만 엔도 포함
되어 있다.[2]

1974년에 '통한의 비 건설실행위원회痛恨之碑建立実行委員会'가 발족되
었다. 도미무라 준이치를 비롯해 이시다 이쿠오石田郁夫, 구와타 히로시
桑田博, 시바타 미치코柴田道子, 오니키 고로鬼木五郎, 도쿠나가 고로德永五郎,
고하쓰 히데오키古波津英興 등이 위원으로 이름을 올렸다. 위원은 학살당
한 인수와 같은 20명이었다. '통한의 비'라는 이름도 위원회에서 결정
한 것이다.

학살당한 사람 중 하나인 나칸다카리 메이유仲村渠明勇 소유의 땅에 비
를 세우기로 결정하고, 1974년 8월 20일에 제막식을 거행하였다. 제
막식이 있었던 '8월 20일'은 제1장에서 언급한 구중회가 학살당한 날

---

2 趙重泰, 岩橋春美訳, 『復刻版 日本軍の沖縄における韓国人虐殺の記録』, 宋斗会の会,
   2005, 37면.

구메섬에 자리한 '통한의 비' [오세종 촬영]

이기도 하다.

'통한의 비'는 가야마 부대에게 학살당한 20명을 위령하는 것인데, 짧은 비문이 새겨져 있다.

천황의 군대에 학살당한 구메섬 주민, 구메섬 재일조선인

짧은 글귀지만 '조선인'의 존재를 명확하게 전달하고 있다.

제막식 날에는 당시 오키나와 현지사 야라 초뵤屋良朝苗와 참의원参議

院 의원 갼 신에이喜屋武真栄, 오키나와현의회 의장 다이라 고이치平良幸一 등이 메시지를 보내왔고,[3] 구메섬 구시카와촌 촌장이 조사를 대독했다.

생각건대, 29년 전 격렬한 대전大戦 말기, 귀축이나 다름없는 악학비도悪虐 非道한 가야마의 마수魔手에 의해 여러분은 무참하게 희생되었습니다. 당시 를 회상하며 여러분의 심정을 추찰推察하자니, 그야말로 단장의 아픔을 다시 금 느낍니다. 따라서 인류의 생존이 계속되는 한 다시는 이러한 잔학행위가 있어서는 안 되며, 진정한 세계평화를 기원하고 결의할 것을 다시 한 번 다짐 합니다.[4]

책임을 가야마 개인에게 돌리고 "인류"와 "진정한 세계평화"와 같은 추상적인 용어로 다짐을 새로이 하고 있음을 알 수 있다. 이에 반해 '통 한의 비' 건설실행위원회가 내놓은 성명문 「통한의 비 건설에 즈음하 여痛恨之碑建設に向けて」에는, 이 비의 의미가 명확히 드러나 있다.

구중회 씨 일가, 나칸다카리 메이유 일가를 비롯해 많은 한국인과 구메섬 주민의 학살사건이 발생한 것은 당시의 이른바 '황민화 교육'과 일본인 → 오키나와인 → 한국인이라는 민족차별구조였음이 명백합니다. 우리는 우 리 내부에 뿌리 깊게 자리한 차별의식을 예리하게 파헤쳐내어, 우리 스스로 에게 고발을 계속해 가는 동시에, 천황의 전쟁책임을 계속해서 추궁함으로

---

3   참고로 야라 초보는, '청구의 탑' 명부에도 이름이 올라 있다.
4   趙重泰, 岩橋春美訳, 『復刻版 日本軍の沖縄における韓国人虐殺の記録』, 宋斗会の会, 2005, 42면.

써 두 번 다시 이러한 비극이 반복되지 않기를 오는 8월 20일(구 씨 일가가 학살된 날) 오키나와 구메섬 땅에 석비를 건립할 것을 결의하였습니다.[5]

아마도 도미무라 씨가 썼을 것으로 보이는 이 성명문은 민족차별 구조를 지적함으로써 '천황'만이 아니라 '우리' 안의 책임에 대해서도 명백하게 기술하고 있다. 구체적인 책임 소재를 밝히고 있고, 또 학살된 사람들 가운데 조선인에게 초점을 맞춘 성명문이다. 그 결과, '청구의 탑'과 '오키나와 병참 위령의 비'와 달리, '통한의 비'는 오키나와의 조선인을 '일본'으로 수렴하지 않는 형태로 기억하는 데에 크게 공헌하였다. 사자死者를 일본으로 수렴하지 않을뿐더러, 더 나아가 '우리'의 책임을 묻는 이 비는 국가주의적인 전쟁 담론은 물론 민중이 써내려간 전쟁 담론에 대해서도 비판적이다. 또한, 도미무라가 실천적으로 제시한 바람직한 담론공간—아시아의 연대와 실천의 장—을 체현하는 것이기도 하다(제4장 참조). 참고로 비를 장식하고 있는 작은 돌들은 한반도에서 들여온 것이다.[6]

---

5   위의 책, 38~39면.
6   위의 책, 40~41면.

5. 한국인 위령탑韓国人慰霊塔

韓国人慰霊塔建立委員会, 糸満市字摩文仁, 1975.8

한국인 위령탑은 한국정부, 민단오키나와가 협력하여 1975년 8월 15일에 건립한 탑이다. 조선이 일본 식민지지배에서 해방된 날(8월 15일)에 맞춰 완성했다. 한국인 위령탑 건립을 기념하여 출판한『진혼鎮魂』을 보면, 위령탑 건설 발기인은 일본인일 가능성이 높다.『진혼』에 수록된 연표를 보면, 1974년 5월 건립 시, 회장으로 사이고 다카히데西鄉隆秀, 부회장에 후지키 마사루藤木優, 사무국장에 다카오 쓰네히코高尾常彦가 선출되었기 때문이다. 한국 측 멤버가 위원회에 정식으로 가담하는 것은 1974년 11월부터다.[7] 참고로 사이고 다카히데는 사이고 다카모리西鄉隆盛의 손자다.

탑에는 박정희 대통령(당시)의 친필로 '한국인 위령탑'이라고 새겨져 있다. 한국인 위령탑건립위원회의 비문은 다음과 같다.

> 1941년 태평양 전쟁이 일어나자 한국의 청년들이 일본의 강제 징모로 대륙과 남양 여러 전선에 배치될 적이 이곳에 징병 징용된 사람 1만여 명이 무수한 고초를 겪었던 것만이 아니라 혹은 전사도 하고 혹은 학살도 당하여 아깝게도 희생의 제물이 되고 말았다. 조국으로 돌아가지 못한 그들 원혼은 파도 드높은 이곳 하늘을 멀리 떠돌며 비 되어 흩뿌리고 바람 되어 불 것이라.

---

7   尹英九編,『鎮魂』, 韓国人慰霊塔奉安会, 1978, 173면.

오키나와 평화기념공원에 자리한 '한국인 위령탑' [오세종 촬영]

우리는 외로운 영혼들을 위로하고자 여기 온 민족의 이름으로 탑을 세우고
정성을 모아 영령들께 삼가 원하오니 부디 명복을 받으시고 편안히 쉬소서.
1975년 8월, 한국인 위령탑 건립위원회[8]

오키나와전쟁 당시는 대한민국이라는 나라 자체가 존재하지 않았음
에도 불구하고 '한국인 위령탑'이라는 이름을 붙인 것은, 탑 건설에 남
북 대립 상황이 개입되었기 때문이었다. 실은 조선총련도 조선인 위령

---

8   비문은 한국어, 일본어, 영어로 되어 있다. 인용문은 한국어 비문을 그대로 옮겨 적은 것
이다.

탑을 오키나와에 건설하기 위한 모금활동을 벌였다. 한국정부는 이 정보를 접하고 4회에 걸쳐 오키나와를 조사하고, 1974년 10월에 박정희 대통령이 10만 달러를 갹출하기로 정하고 위령탑 건설을 시작했다. 전쟁에서 사망한 사람들의 위령을 위한 목적보다, 조선총련에 대항하기 위한 정치적 의도가 앞선 결정이었다. 『민단30년사民団三〇年史』에도 조선총련의 "영령英靈"에 대한 모독, "악독한 술책" 등 방해 공작에 굴하지 않고 한국인 위령탑 건설사업을 완수하였다고 기술하고 있다.[9] 이에 더하여 오키나와에서 한국의 우위를 점하기 위해 서둘렀던 사정도 있어, 한국정부는 피해실태 조사조차 충분히 수행하지 못하였다. 따라서 비문에 새겨진 "1만여 명"이라는 숫자는 명확하다고 할 수 없다.

제막식은 1975년 9월 3일에 열렸다. 이 자리에서 조선총련 오키나와 본부가 "희생자는 조선인이지, 결코 '한국'인이 아니다. 박 정권은 이를 정치적으로 이용하려 하고 있다"며 반박 성명문을 내자, 혼란을 우려한 이토만서糸満署가 행사장에 경찰을 배치하기도 했다.[10]

'청구의 탑'과 '오키나와 병참 위령의 비'가 군민일체의 군의 논리에 충실하고, '통한의 비'가 민중의 연대를 지향하는 것이었다면, '한국인 위령탑'은 한국이라는 국가체제의 중시, 그리고 반공이데올로기를 기반으로 한 것이라고 할 수 있다. 이로 인해 피해를 입은 사람들은 남북분단이라는 상황하에서 거듭 불가시화되는 결과를 초래하였다.[11]

---

9   民団三〇年史編纂員会編, 『民団三〇年史』, 在日本大韓民国居留民団, 1977, 422면.

10   『琉球新報』, 1975.9.4, 조간.

11   다카오 쓰네히코高尾常彦는, '추도사'에서 "전화 속에서 고난을 함께하고, 겨우 살아남은 우리들 동지는, 한국 출신 희생자의 영혼을 생각하며 (…후략…)" "한국인 전몰자의 영혼이여! 기뻐해 주십시오 오늘 오랜 염원이 이루어져 위령탑을 건립하고 제막식을 맞이하여

6. 평화의 초석平和の礎

財団法人沖繩県平和祈念財団, 糸満市字摩文仁, 1995.6

'평화의 초석'은 '아시아태평양전쟁·오키나와전쟁 종결 50주년 기념사업'의 일환으로 1995년에 건설되었다.[12] 기본 방침은 '만주사변'에서 오키나와전쟁까지의 '15년 전쟁' 사이에 목숨을 빼앗긴 모든 오키나와현 출신자, 그리고 오키나와전쟁으로 사망한 미국인, 영국인, 조선인, 타이완인, 일본 '본토' 출신자 등 모든 이들의 이름을 각명하는 것이었다.[13] 따라서 '평화의 초석' 주변에 배치된 각명비에는 피해자만이 아니라 가해자의 이름도 새겨져 있다(제32군 대장이었던 우시지마 미쓰루의 이름도 들어있다).

'평화의 초석'이 피해자와 가해자 모두를 각명하게 된 데에는 이유가 있었다. 애초 '평화의 초석' 방침이 제시되었을 때 반발한 측은 보수파 사람들이었다. 전쟁 지도자와 주민을 동일시하는 것은 '영령'과 '영령'이 아닌 자를 구분하지 못하게 된다는 이유에서였다.[14] 보수파의 입

여러분의 동포, 그리고 벗, 전우가 참석한 가운데 이루어지게 되었습니다"라고 발언하였다(尹英九編, 『鎭魂』, 韓国人慰靈塔奉安会, 1978, 193면). 이때의 "전우" 안에는 다카오 자신도 포함되어 있다. 그 역시 오키나와전쟁에 참전해 조선인과 만났기 때문이다. '한국인 위령탑'은 '동지', '전우'를 축으로 하여 이민족異民族들을 일체화하는 의미를 갖는다. 그런 의미에서 '한국인 위령탑'은 '청구의 탑'과 유사하다고 하겠다.

12 현영평화기념공원県営平和祈念公園 웹사이트에서 인용. http://kouen.heiwa-irei-okinawa.jp/shisetsu-ishigi.html[검색일: 2016.10.3].

13 石原昌家, 「戰没者刻銘碑「平和の礎」が意味するもの」, 『季刊 戰爭責任研究』第8号(1995年 夏季号), 76면. 이 기본방침은 오키나와현 웹사이트에서도 확인할 수 있다(https://www.pref.okinawa.jp/site/kodomo/heiwadanjo/heiwa/6518.html[검색일: 2016.10.3])

14 金玟煥·大和裕美子訳, 「「平和の礎」と平和の礎(いしずえ)の距離ー沖縄平和記念公園形

오키나와현 평화기념공원에 자리한 '평화의 초석'[오세종 촬영]

장에서는 '영령'만 이름을 남겨야 하고, 일반 주민은 제외되어야 할 존재였던 것이다. 마부니 언덕摩文仁の丘도 '평화의 초석'이 생기기 전에는 병사 중심의 비와 탑만 늘어서 있던 곳이었다. 즉 병사, 일반 주민, 타민족의 이름 모두를 새겨 넣으려는 '평화의 초석'은 군의 논리와 대립각을 세울 수밖에 없었고, 모든 '피해자'의 이름을 기억하는 것으로 생명의 소중함과 전쟁의 비극을 상기하고자 하는 사명을 짊어지고 있었던 것이다.

成過程における「礎」論の影響と米軍政期の経験」, 『九州歴史科学』 42号, 九州歴史科学研究会, 2014, 13면.

또한 '평화의 초석'이 내포한 기본이념은, 각명비만이 아니라 인접한 평화기념자료관과 함께 체현하는 것이었다. 그도 그럴 것이 자료관은 증언과 영상, 전시물 등을 통해 전쟁의 실태를 전달하려는 목적이 컸기 때문이다. 자료관을 생각한다면, 가해자와 피해자의 이름을 함께 각인하는 일은 책임을 애매하게 하는 것이 아니라, 역사로부터 교훈을 얻어 전쟁을 반복하지 않도록 하는 것이라고 재단과 현은 주장한다.

그러나 가해자와 피해자를 함께 올리는 것에 대한 반발은 보수파만이 아니었다. 당연히 한반도 출신 피해자 유족들도 반대하였다. 가해책임을 묻는 일이 곤란해진다는 것이 가장 큰 이유였다. 한국에 거주하는 유족 중에는 수치스럽다며 완강히 거부하는 이도 있었다. '평화의 초석' 제막식에서 한국 측 전태경 단장은 다음과 같은 말을 남겼다.

> 여기서 잊어서는 안 되는 것은 희생자의 유족 중에 자자손손 영원히 수치라는 이유로 각명을 거부한 분들이 계시다는 겁니다. 제1차 세계대전 중, 오키나와에서 희생된 한국인의 정확한 숫자가 전후 50년이 경과한 지금에 이르기까지 분명히 밝혀지지 않았다는 것은 강제연행을 실행한 일본정부 당국의 무성의, 책임감 결여를 전 세계에 보여준 것입니다. 오늘 '평화의 초석' 제막으로 그 책임을 다했다고 생각해서는 단연코 안 됩니다. 오늘 이 순간부터 그 해명작업을 서두르지 않으면 안 됩니다.[15]

'평화의 초석' 방침은, 피해자가 실은 가해자라는 관점과 피해자보

15　石原昌家・新垣尚子, 「戦没者刻銘碑「平和の礎」の機能と役割」, 『南島文化』第18号, 沖縄国際大学南島文化研究所, 1996, 140면.

도카시키섬에 자리한 '아리랑 위령 기념비'(일부만 촬영). 구슬 부분 아래에 '환생'이라는 글귀를 새겨 넣었다. [오세종 촬영]

다 더 한층 아래에 자리한 보이지 않는 피해자가 있다는 관점을 명확하게 보여주지 못한다. 구메섬에서 학살된 구중회 역시 '다니카와'라는 이름으로 새겨져 있다. 또한, 이 책에서 거듭 지적한 바와 같이 '평화의 초석' 기본 방침에 '15년 전쟁'이라는 용어를 사용하고 있는데, 이것은 왜 조선인이 오키나와까지 오게 되었는지를 묻지 않는 역사인식의 단면을 보여주는 것에 다름 아니다.

이렇게 생각하면, 가해자나 피해자나 모두 이름을 올린다는 것은 전쟁 책임, 식민지 책임의 소재를 애매하게 할 가능성이 있다. 또한 '평화의 초석'과 함께 건립된 평화기념자료관은 역사인식 문제를 보완하는 것이라고 하는데, 무엇을 어떻게 전시하느냐에 따라 역사를 왜곡할 우려도 있을 것이다. 실제 그런 문제가 발생하기도 한다(제5장 참조).

'평화의 초석'처럼 모든 '피해자'의 이름을 남기고자 하는 시도는, 금후의 위령 방식이나 전쟁 기억 방식에 관한 중요한 문제를 제기하고 있다. 그러나 오키나와의 조선인에 대해서는 그 존재를 가시화하기는 했지만, 역사적 배경까지 염두에 둔 위령이라고는 말하기 어렵다. 각명판이 '대한민국'과 '조선민주주의인민공화국'으로 나뉘어 있는 것도 문제다. '평화의 초석'이 제막된 지 20년이 지나고 있지만, 전태경 단장이 언급한 것처럼 오키나와전쟁으로 피해를 입은 조선인에 대한 해명작업이 추진되고 있는지 물어야 할 것이다.

7. 아리랑 위령 기념비 アリラン慰霊のモニュメント

アリラン慰霊のモニュメントを創る会, 渡嘉敷島・渡嘉敷村字里原, 1997.10

도카시키섬에 건립된 '아리랑 위령 기념비'는 오키나와전쟁에 즈음하여 한반도에서 연행되어 온 조선인 '군부'와 조선인 '위안부'를 위령하기 위한 것이다. 깃타 하마코橘田浜子의 제안으로 건립되었다. 깃타는 박수남 감독의 영화 〈아리랑의 노래〉 제작에 관여한 바 있으며, 배봉기가 사망한 지 5일이 지나서야 발견된 데에 충격을 받아 기념비 건립을 호소했다고 한다. 기념비 제작에는 일본 각지에서 대략 150명이 참여하였다. 또 제작 자금은 기부금과 바자회를 열어 모집했다. 디자인은 제작에도 관여한 가나가와神奈川현에 거주하는 도예가 이준인 마리코伊集院真理子가 맡았다.

도카시키섬은 제5장에서 살펴본 것처럼 배봉기가 연행된 장소이기도 하다. 1997년 11월 위령제에는 배봉기의 조카 신동진도 출석했다.[16]

비에는 박수남의 한국어와 일본어 시가 있고, 또 깃타 하마코가 제작 경위와 반전평화의 맹서를 새긴 다소 긴 글귀가 담겨 있다. 다음의 인용문은 한국어 시문을 그대로 옮겨 적은 것이다.

> 지금 나는 어느 곳에서
> 어디로 가려는가
> 나는 나 자신을 찾으려
> 아버님의 나라
> 어머님의 고향을 찾아 간다
> 한줄기 원한의 길을
> 한줄기 원한의 그 길을 더듬어 가면
> 고인들의 통곡소리

---

16 참고로 배봉기의 유골을 둘러싸고 신동진과 조선총련 오키나와현 본부 사이에 소송이 벌어졌다. 그런데 위령제에 참석한 유족이 판결이 나오기도 전에 유골을 들고 귀국해 버렸다. 배봉기가 오키나와에서 살기를 선택했고, 조선총련 오키나와 본부 소속의 김 씨 부부가 그녀가 사망하기 전까지 돌봐준 점을 상기할 때, 어떤 방식이 망자를 위한 공양일지 생각해 볼 필요가 있을 듯하다.

들려오누나

어른들이여

굴욕에 빠진 아낙네들이여

나는 방금 그대들의

원한의 품속에서 태어났노라

그대들이자 바로 나 자신이로다

그대들은 우리들 품속에서

다시 소생하리라

모두의 영원한 새로운 생을

영위하리로다

제2차 세계대전 말기 일본 본토 방위대의 버린 돌이 된 오키나와의 전장에 한반도에서 천 여 명의 여성들이 일본군의 성노예로, 또 만여 명의 남성들이 군역의 노예로 연행되어 왔습니다.

해상특공대의 비밀기지가 된 게라마섬들에는 천여 명의 '군부'가 고된 노역에, 21명의 여성이 '위안소'로 보내졌습니다.

1945년 3월 26일 미군 상륙 직후, 주민들은 일본군에 의해 원통한 죽음을 강제당했습니다. 다른 한편에서는 '위안부'들 4명이 비명 속에 죽음을 맞이하였고, 일본군의 박해와 학살로 인한 '군부'의 희생은 수백 명에 달합니다.

기념비가 완성되기까지의 세월은 일본의 국가책임을 묻고 스스로의 존엄 회복을 위해 떨쳐 일어난 아시아 피해자의 투쟁과 연대하여, 우리가 역사의 책임을 스스로에게 부여한 나날들이기도 했습니다.

과거의 전쟁의 과오를 차세대에게 계승해 나가기를, 반전평화를 기원하는 기념비가 되기를 바라마지 않습니다.

아름다우면 아름다울수록
슬픈 섬 구석구석
끝이 없는 한恨

하마코浜子
1997년 10월 17일
아리랑 위령 기념비를 만드는 모임

기념비는 꽤 규모가 큰 것으로, 전체적으로 소용돌이치는 모양으로 디자인되었다. "전체가 생명을 나타내는 커다란 소용돌이로 표현하였고, 소용돌이 중심부의 배소拜所에는 기념비의 테마인 환생이라는 단어가 한국어로 새겨져 있습니다"라고 설명한다. 박수남의 시도 과거를 거슬러 올라가 미래를 열어가고자 하는 열망을 담고 있다. '환생'이나 기념비의 디자인에 어울리는 비문이라고 하겠다.

기념비에 문제가 전혀 없는 것은 아니다. 오키나와전쟁만이 아니라 전투로 전사하는 것을 '옥쇄玉碎'라고 부르는데, 아름다운 구슬이 산화되는 이미지를 통해 죽음을 미화하기 위한 것이다. 그런 점에서 보면, 기념비의 '배소'에 해당하는 곳에 구슬을 두는 것은 논의의 여지가 있어 보인다.

도카시키섬은 아카마쓰 부대 사령부가 위치한 장소, 아카마쓰 부대에게 '집단자결'을 강제당했던 장소, 특공정비익호特攻艇秘匿壕, 앞서 살펴본 '백옥의 탑', 소노 아야코曾野綾子의 말을 새겨 넣은 비 등이 자리하고 있다. 매우 작은 섬이지만 오키나와전쟁의 기억이 길항하는 장소이다. 그 안에서 '아리랑 위령 기념비'가 섬의 높은 곳에 자리 잡고 있다는 것은, 오키나와전쟁에서 조선인 관련 역사를 가시화하는 동시에 기억을 둘러 싼 정치 문제를 제기해 가려는 의지를 드러내는 것이라고 하겠다.

8. 유혼의 비留魂之碑

石垣島 · 大田静男宅, 1998.6

『야에야마 전쟁八重山の戦争』의 저자 오타 시즈오大田静男가 사유지에 세운 비. 주로 야에야마 제도에서 사망한 조선인 '군부'와 '위안부'를 기리고 있다.

건립은 위령의 날인 6월 23일. 이리오모테섬에는 중노동에 시달리 다 말라리아에 걸려 사망한 '안동환安東丸'의 승조원 조선인들이 있었다 는 것, 또 이시가키섬, 고하마섬, 다케토미竹富섬 등지에도 '위안소'가 설치되어 '바바 하루ババハル'라고 불리던 여성이 이시가키섬 가와히라 川平에 있었던 것 등을 전하고 있다(가와히라의 '위안소'는 아직 남아 있다). 비문 의 내용은 다음과 같다.

천황의 군대에 의해 인간의 존엄을 빼앗기고 원통한 죽음을 맞이한 안동환 사람들, 가와히라의 위안소에서 오욕에 뒤덮여 사망한 바바 하루 씨, 구부라ㅅ

'유혼의 비'留魂之碑 NPO法人 沖縄恨の碑の会 20

留魂 먼 바다에서 충격으로 사망하여 황야에 묻힌 여성들, 그들의 영혼을 위로
하고 통한의 외침을 가슴에 새겨 영원한 평화를 바라며 이 비를 건립한다.

1998년 6월 23일 오타 시즈오大田静男[17]

짧은 비문이지만 모두 부분에 "천황의 군대"라는 표현으로 책임의
소재를 단적으로 보여주고 있는 것이 눈길을 끈다. 그런 점에서 '유혼
의 비'는 도미무라 준이치가 중심이 되어 건립한 '통한의 비'와 상통하
는 부분이 있다. 오타는 또 다른 곳에서, "돌아갈 곳이 없는 사람들의
원념을 누가 풀어줄 것인가. 정부에게 도저히 기대할 수가 없다. 국가
와 현의 보상도 없다. 사망한 사람들의 통한의 외침을 가슴에 새기고,
그들의 영을 공양하고, 우리의 영원한 평화를 희구하기 위한 방침으로

17 『情報やいま』, 南山舎, no.83, 8号, 1999, 42면.

표주標柱를 건립하였다"고 밝혔다.[18] 일본정부 그리고 오키나와현에서 아무런 보상이 없음을 고발하고, 그것을 기대하지 말고 민중의 입장에서 영원한 평화라는 보편적인 가치관을 희구하고 있음을 알 수 있다. 여기에 덧붙여, '안동환' 승조원, '바바 하루'라고 불리는 여성, 총탄에 쓰러진 '그녀들'과 같이 이름도 모르는 이들의 조사도 이루어지지 않고 있는 것에 대한 항의도 이 비에 담겨 있다.[19]

'안동환', '바바 하루', '그녀들'의 존재는 '유혼의 비'를 통해 적게나마 상기시키고 있다. 대대적이진 않지만 '유혼의 비'는 그/그녀들을 지금 여기로 회귀시키고 있는 것이다. 그것을 야에야마 제도에서 오키나와, 일본을 넘어 아시아로 확대시켜 가는 평화사상으로도 읽을 수 있을 것이다.

18　『沖縄タイムス』, 1998.7.6.

19　"자국 병사의 유골조차 제대로 찾지 않는 나라. 그러할진대 식민지민의 유골을 찾는 일에 진지하게 임하겠는가"(大田静男,『夕凪の島』, みすず書房, 2013, 157면).

20　https://hannohinokai.jimdo.com/県内の朝鮮に関する慰霊塔/留魂之碑－石垣市[검색일 : 2018.10.24]

9. 아시아태평양전쟁 · 오키나와전쟁 피징발 조선반도 출신자 한의 비 アジア太平洋戦争 · 沖縄戦被徴発朝鮮半島出身者恨之碑

恨之碑建立をすすめる会沖縄(当時), 沖縄本島北部 · 読谷村字瀬名波, 2006.5

'한恨'이라는 것은 조선민족 고유의 관념이다. 일본어의 '원한'이라는 의미와 유사하지만 거기에 더하여 긴 세월동안 고통과 슬픔을 견뎌내고, 이를 계승함으로써 그 감정을 해소 혹은 해방되고자 하는 관념이기도 하다.

오키나와 요미탄촌에 자리한 '한의 비'는 2006년에 건립되었으며, 조선인 '군부' 출신들이 "우리가 살아있는 동안 오키나와 섬들에 잠든 동포들을 조문하고 싶다"는 절실함과 오키나와 사람들의 협력으로 세워졌다.[21] 이보다 앞선 1999년에는 경상북도 영양군에 같은 모양의 비를 건립한 바 있다. 바다를 사이에 두고 쌍둥이처럼 마주보고 있는 이 두 개의 비 모두 요미탄촌에 거주하는 긴조 미노루金城実의 작품이다.

'한의 비'가 완성되자, '군부' 출신 강인창을 초대하여 제막식을 가졌다. 그 자리에서 강인창은 "오키나와 사람들에게 감사한다. 그런데

---

21   한편, 한국측 비에서 중요한 것은 각명된 2,800명 가운데 500명이 일본이름으로 새겨져 있는 점이다(『沖縄タイムス』, 2006.6.23, 조간). 그것은 본명을 알 수 없기 때문이기도 하지만, 일본명으로라도 이름을 새기는 것으로 강제연행과 식민지의 역사를 남기고, 호소하기 위함이었다(위의 신문, 2006.7.6, 조간). 본명을 넣는 것을 원칙으로 한 '평화의 초석'과 대비하여 생각해 볼 만한 문제다.

일본인은 인간이 아니다. 나는 한이 맺혔다. 일본인은 지금 당장 자신들의 죄를 인정하고 사죄해야 한다"라고 호소하였다.[22]

NPO법인 오키나와 한의 비 모임 선전용 인쇄물「보이지 않았던 오키나와전쟁을 마음에 새깁시다見えなかった沖縄戦を心に刻みましょう」에는 "우마"처럼 "혹사"당하고, 또 "성노예"로 동원되었던 "전쟁 범죄는 일본국이 그리고 오키나와를 포함한 일본인이 저지른 것입니다. 이 가해 책임을 우리들은 성실히 추적해 가지

오키나와 본섬 요미탄촌에 자리한 '한의 비'
(일부만 촬영)[오세종 촬영]

않으면 안 됩니다"[23]라고 기술되어 있다. 비문의 글귀는 다음과 같다.

22 『沖縄タイムス』, 2006.7.6.
23 NPO법인 오키나와 한의 비 모임 선전용 인쇄물「보이지 않았던 오키나와전쟁을 마음에 새깁시다見えなかった沖縄戦を心に刻みましょう」에 실린 문구(야마구치 다케시,「오키나와의 한(조선)반도출신 희생자 표상과 평화교육에서의 활용 가능성」,『도시연구』11, 도시사회학회, 2014.6, 170면에서 인용).

이 땅에서 목숨을 다한 형제자매의 혼에게

아사토 에이코安里英子

이 섬은 왜 과묵해져 버린 걸까
왜 말하려고 하지 않는 걸까
여자들의 슬픔을
조선반도의 형제자매들을

찢기어, 연행된 형들
작열하는 배 아래에서 숨을 거둔
오키나와의 이 땅에서 손발을 뜯기고
혼魂이 짓이겨진 형들이여
전쟁이 끝나고, 시간이 흘러도
이 섬에서 군화 소리가 끊이지 않는다
빼앗긴 토지는, 사라진 마을, 여자들의 비명은 계속되고
사람들의 마음은 메마른 채 그대로다

형들이여
아직 공양 받지 못하고 석회암 갈라진 틈에 묻혀 있는 뼈, 뼈, 뼈
고향의 무덤으로 돌아가는 꿈도 이루지 못한다
형들이여

우리들 조선인은

아직 군화에 짓이겨 밟힌 채로

형제자매들의 혼에

깊이 머리를 숙인다

일본군의 성노예로 짓이겨진 누나들

군부로 희생된 형들에게 깊이 머리를 숙인다

드디어 굳건하게 열매 맺은 봉선화 씨가 흩날려

서로의 바다를 넘어 꽃이 피어나기를 믿으며

형제자매여, 당신들이 걸어온 고난을 계속해서 전하여

지구상에서 전쟁과 군대가 근절되기를

이 땅에서 목숨을 다한 형제자매의 혼에게

우리들은 맹세한다

비문은 "우리들 오키나와인"이 "조선반도의 형제자매"에게 보내는
내용으로 되어 있다. "이 섬은 왜 과묵해져 버린 걸까". "과묵"하다는
것이 가해의 기억을 은폐하는 것이라면, 비문의 제1행의 물음은, 계속
해서 전하는 것으로 책임을 다하라고 '오키나인'에게 요청하는 것에
다름 아니다. 그런 의미에서 볼 때 무게감이 느껴지는 글귀가 아닐 수
없다.

'평화의 초석'이 조선인 병사의 이름을 새겨 넣었다면, '한의 비'는
'군부', '위안부'의 존재를 명확하게 지적함으로써 그 / 그녀들을 불가
시화에서 가시화로 구출해 내었다. 전쟁범죄와 식민지주의에 대한 책

임을 명확히 하고 있는 점에서 '평화의 초석'보다 '한의 비' 쪽이 한반도와 강한 연대감을 갖고 있다고 하겠다. 아울러 "아직 군화에 짓이겨 밟힌 채로"라든가 "지구상에서 전쟁과 군대가 근절되기를 (…중략…) 맹세한다"라는 표현에서 보듯, 과거의 전쟁과 현재의 오키나와 상황을 연결시키고 있으며, 오키나와에서 아시아로, 그리고 세계평화를 실현해 가고자 하는 염원도 읽어낼 수 있다.

또한 비 건립을 위해 애쓴 NPO법인 오키나와 한의 비 모임은, 건립 후 매년 위령제를 열고, 「봉선화 통신ポンソナ通信」이라는 팸플릿을 발행해 오고 있다. 이 안에는 한국 단체와의 교류 현황이나 위령제 모습, 조선인 '군부' 숫자를 산출한 에세이 등이 실려 있다. 성실히 "오키나와 전쟁 연구의 결락"(아라사키 모리테루)을 메우는 작업을 수행하고 있다. 아울러 이 모임에서 간행한 『옛 조선인 군부 강인창의 증언―한 맺힌 할아버지의 유언元朝鮮人軍夫 姜仁昌の証言 恨をかかえて ハラボジの遺言』(NPO法人 沖縄恨之碑の会, 2016)이라는 제목의 증언록은 이 문제를 생각하는 데에 중요한 자료를 제공하고 있다.

10. 아리랑 비アリランの碑・여자들에게女たちへ

宮古島に日本軍『慰安婦』の祈念碑を建てる会, 宮古島市上野野原,
2008.9

'아리랑 비'와 '여자들에게'는 요나하 히로토시与那覇博敏의 사유지 안
에 있다. 비를 건립한 자리는 조선인 '위안부'들이 휴식을 취하던 곳이
다. 요나하가 어렸을 때 그녀들을 자주 목격한 곳이기도 하다. 오키나
와전쟁 당시, 조선인 '위안부'들은 "몇 학년이니?"라고 묻기도 하고, 요
나하가 고추를 가져다주면 매우 기뻐했다고 한다. 그 기억을 되살려 요
나하는 류큐 석회암으로 기념비를 세웠다. '아리랑 비'와 '소녀들에게'
가 그것이다.

건립 경위는 다음과 같다. 2006년부터 오키나와 본섬과 미야코섬의
'위안소', '위안부'에 대한 조사가 한일 양국 연구자들에 의해 수행되었
다. 이 조사를 바탕으로 2007년, 미야코섬 시의회 의원 중 하나가 미야
코섬 '위안부' 문제에 대해 언급한다. 그러자 보수파 의원이 "종군위안
부에 관한 논의는 지방의회 성격에 맞지 않는다"라며 반발한다. 이를 계
기로 '미야코섬 일본군 '위안부' 문제를 생각하는 여자들의 모임宮古島の
日本軍「慰安婦」問題を考える女たちの会'이 결성되고(2007.4), 영화 상영회와 치
밀한 조사가 이어진다. 그러던 중 비를 건립하자는 요나하의 제안으로
'미야코섬 일본군 '위안부'의 기념비 건립 모임宮古島の日本軍「慰安婦」の祈念
碑を建てる会'이 결성되고, 2008년 9월 마침내 비가 건립된다.[24] 치밀한

24　洪允伸編, 『戰場の宮古島と「慰安所」』, なんよう文庫, 2009, 268~270면.

미야코섬에 자리한 '아리랑 비'와 그 뒤편에 자리한 '여자들에게' [오세종 촬영]

조사와 기억을 둘러싼 정치적 논쟁이 이루어낸 비이자, '일본군 위안부'의 망각에 저항하는 비라고 할 수 있다.

비문은 다음과 같다.

아시아·태평양전쟁 말기, 일본군은 아시아·태평양 전역에 '위안소'를 만들었습니다. 오키나와에는 130여 곳, 미야코섬에는 적어도 16여 곳이 있었고, 일본과 식민지·점령지에서 연행되어온 소녀·여성에게 성노예 생활을 강제했습니다.

2006년부터 2007년에 걸쳐 '위안부'를 기억하고 있던 섬사람들과 한국·일본의 연구자가 만나게 되면서 비 건립 운동이 시작되었고, 세계 각지에서 찬동寶同이 밀려들었습니다.

일본군에게 피해를 입은 여성들 고향 11개 언어와 지금도 계속되는 여성에 대한 전시 성폭력의 상징으로, 베트남전쟁 시에 한국군에게 피해를 입은 베트남 여성을 위해 베트남어를 추가해 12개 언어로 추도의 비문을 새겨 넣었습니다.

고향을 멀리 떠나와 원통한 죽음을 맞이한 여성들을 추모하고, 전쟁 이후에도 고난의 인생을 살아간 여성들과 연대하여, 그녀들의 기억을 가슴에 새겨 차세대에 맡기고자 합니다.

이 마음이 풍요로운 강이 되고 평화가 봄볕처럼 따스하게 넘쳐나기를 희구합니다.

이 비를 모든 여성들에게, 그리고 평화를 사랑하는 이들에게 바칩니다.

2008년 9월 7일

미야코섬에 일본군 '위안부'의 기념비를 만드는 모임

'아리랑 비' 바로 옆에는 비문에도 나와 있듯 기념비 '여자들에게'가 자리하고 있다. 이 기념비에는 베트남어와 중국어 등 12개 언어로 다음과 같은 메시지가 새겨져 있다. 아래의 인용문은 그 가운데 한국어 비문을 옮긴 것이다.

일본군에 의한 모든 성폭력 피해자들의 아픔을 나누며 세계에서 일어나는 무력 분쟁에 따르는 성폭행이 그칠 것과 다시는 전쟁이 없는 평화로운 세계가 오기를 염원합니다.

오키나와 본섬과 미야코섬에 설치된 '위안소'와 '성노예'로 동원된 여성을 기억하는 것과 동시에 한국군이 베트남에서 저지른 전쟁 범죄를 포함하여, 성폭력 그 자체가 세계에 반복되지 않도록 하자는 의미에서 '여자들에게'와 '아리랑 비'를 건립하였다.

앞서 살펴본 '한의 비'는 '군부'를 중심으로 한 위령비로 조선인의 가해성에 대한 언급은 보이지 않는다(제1장 참조). '아리랑 비'와 '여자들에게'는 '한의 비'와 결은 같지만, 그것이 결락한 부분을 채우고 있으며, 조선인의 가해성 등 오키나와의 조선인을 생각할 때 필요한 문제를 제기하고 있다. 관점을 달리해 말하면, 가시화되기 어려운 존재가 오키나와의 조선인들이며, 그 아래에 그보다 더 불가시화된 여성들이 자리한다는 것이다. '아리랑 비'와 '여자들에게'는 바로 그러한 여성들을 부상시키는 역할을 하고 있다.

지금까지 '백옥의 탑'에서 '아리랑 비', '여자들에게'에 이르기까지, 오키나와의 조선인 관련 비와 탑을 개관하였다. 조선인에 관한 비와 탑은 많지 않지만, 그것을 하나의 견해로 묶을 수는 없다. 일본군에게 조선인을 포함시켜 기원한다거나, 혹은 그 / 그녀들의 존재를 정당하게 가시화시키려 한다거나, 각각의 성격을 달리 하고 있기 때문이다.

다른 한편으로는, 비와 탑이 자리함으로써 위령제가 거행되고, 역사가 계속해서 부활되고 있다. 덧붙이자면, 요나구니섬에서는 비와 탑이 없이도 '위안부'로 동원된 피해자의 한을 달래주기 위한 위령제가 열리고 있고, 기억을 미래로 이어가는 작업을 계속해 가고 있다. 그것은 오키나와의 조선인의 역사를, 그리고 담론공간을 오키나와 내부에 머물지 않고, 한반도로 연결하고, 확대해 나가는 일이기도 할 것이다.

오키나와의 조선인들은 오키나와와 조선 사이에 가로놓인 존재였다. 그런 탓에 오키나와 사람들과 많은 경험을 공유하지만, 고유의 역사적 경험을 갖고 살아온 만큼 오키나와의 조선인을 이야기하기 위해서는 아직 더 많은 자료 발굴과 증언이 필요하다. 다시금 기억을 발굴해 나아가야 하는 이유이기도 하다.

이 책은 오키나와의 조선인에 대해, 오키나와전쟁부터 현재에 이르기까지 통사적으로 조망한 것이다. 이 주제와 관련해서는 후쿠지 히로아키福地曠昭의 『애호·조선인의 오키나와전哀号·朝鮮人の沖縄戦』(月刊沖縄社, 1986)과 홍윤신洪允伸의 『오키나와전장의 기억과 '위안소'沖縄戦場の記憶と「慰安所」』(インパクト出版会, 2016) 등이 있다. 또 한국에서도 신주백의 「한국 근현대사와 오키나와」(『경계의 섬, 오키나와-기억과 아이덴티티』, 논형, 2008), 임경화의 「오키나와의 아리랑-미군정기의 잔류조선인들과 남북조선」(『대동문화연구』 8·9권, 2015), 김미혜의 「오키나와의 조선인-배봉기 씨의 '자기증명'의 이중적 의미를 중심으로」(이정은·조경희 편, 『'나'를 증명하기-아시아에서의 국적·여권·등록』, 한울, 2017) 등과 같이 오키나와전쟁 당시와 오키나와전쟁 이후의 조선인에 대한 논의가 전개되고 있다. 이들 선행연구로부터 많은 시사를 받았지만 오키나와전쟁부터 오키나와전쟁 이후까지를 총체적으로 논의한 것은 이 책이 처음이다.

집필은 난항을 거듭했다. 나 자신이 오키나와 근현대사 공부부터 시작해야 했던 것에 더하여, 오키나와에 틀림없이 존재했던 조선인 관련 사료가 좀처럼 발견되지 않았던 탓도 크다.

이 책에서는 주로 오키나와현사沖縄県史와 각 시정촌사市町村史, 그리고

오키나와와 한국의 신문자료를 사용하였다. 오키나와현사와 시정촌사에 관해서는 마침 지도학생인 데루야 다이테쓰照屋大哲 군이 오키나와의 조선인 관련 테마로 졸업논문을 집필하고 있어 그가 정리한 사료들이 큰 도움이 되었다. 데루야 군의 졸업논문 일부는 「오키나와현사·시정촌사에 수록된 조선인 '위안부', '군부', '위안소'에 대한 증언·수기에 관한 데이터베이스沖縄県史·市町村史に収録された朝鮮人「慰安婦」「軍夫」·「慰安所」についての証言·手記に関するデータベース」(『琉球アジア社会文化研究』19号, 2016)라는 제목의 논문으로 발표되었다. 오키나와의 조선인에 관심이 있는 이들에게 귀중한 데이터가 될 것이다.

신문자료 조사 또한 난항을 겪었다. 류큐대학부속도서관 신문자료실을 제집처럼 드나들며 오래된 『류큐신보』와 『오키나와타임스』를 꺼내어 한장 한장 넘기며 조선인에 관한 기사를 찾았다. 신문자료실에 들어가려면 카운터에서 입실용 열쇠를 받아야 했는데, 거의 나만 드나들었으니 직원들 입장에서는 "또 왔군!" 하고 생각했을 터다. 신문을 넘기고 있자면 마치 그 시대로 돌아간 듯한 착각이 들기도 했다. 매우 귀중한 체험이었다.

물론 이 책에서 사용한 사료는 한정된 것에 불과하다. 미군이나 일본군이 남긴 문서를 검토하고 새로운 사료 발굴도 필요할 것이다. 류큐경찰 자료 등 마땅히 참고했어야 할 사료를 언급하지 않았다는 비판도 당연히 있을 것이다. 정보를 주시면 감사하겠다. 또한 사료를 다루는 방식이나 해석하는 방식에 오류가 있거나 논의해야 할 내용이 누락된 경우도 있을 것이다(오키나와전쟁 이전에 오키나와로 건너온 조선인은 언제, 어떻게 건너왔는지 등). 그에 관해서도 비판과 질정 바란다. 그렇기는 하지만 오키나와의 조선인이라는 문제를 이 책은 문을 활짝 열어보였다. 이 책을 계기로 관련 연구가 활발해지기를 기대한다.

이 테마는 조선인 관련 기록이 많지 않은 가운데 수행해야 했다. 그런 탓에 발견한 사료를 바탕으로 실증적으로 논의하면서 많지 않은 정보를 바탕으로 상상력을 동원하여 이야기되지 못했던 사람들의 삶을 논의해야 했다.

실증에 관해서는 오키나와 사람들도 협력하여 대규모의 조사가 이루어지기를 희망한다. 오키나와전쟁 당시 불행하게도 가해의 위치에 서게 된 사람들의 용기 있는 증언도 나타났으면 한다. 아마도 지금이 마지막 기회일 것이다.

이와 함께 이 책에서 논의한 바와 같이 담론공간이 오키나와를 넘어 동아시아로 확대될 가능성이 있다면, 조사와 전쟁체험 기록·수집은, 광범위하고 또 국제적으로 수행되어야 한다. 이때, 각각의 땅에 건너가 서로 협력해야 할 필요가 있을 것이다. 이 책 제5장에서 살펴본 것처럼, 조선총련과 일본인의 공동조사가 시사하는 것은, 대상 지역을 밖으로부터 조망하는 것이 아니라, 실제 그 땅을 밟았을 때, 풍부한 협력관계를 구축하고 결실 있는 성과를 기대할 수 있다는 것이다.

서로 오간 사례는 이미 존재한다. 이 책 마지막 부분에서 언급했듯이, 요미탄촌에 있는 '한의 비'와 같은 디자인의 비가 한국 경상북도 영양군에도 있으며, 오키나와와 한국을 서로 왕래하는 길을 열어보였다. 또한 미군기지문제와 관련해서는, 1986년에 조선인 '군부' 출신들이 오키나와를 방문한 이듬해 8월, 한국에서는 '우리들의 토지, 미군기지를 되찾

는 전국공동대책위원회我らの土地、米軍基地を取り戻す全国共同対策委員会'가 결성되었고, 1989년 6월에는 '미군기지에 반대하는 운동을 통해 오키나와와 한국의 민중 연대를 모색하는 모임米軍基地に反対する運動を通して沖縄と韓国の民衆の連帯をめざす会'(沖韓民衆連帯)이 결성되었다. 한국은 1987년에 대통령 직선제를 획득하면서 민주화운동이 일었고, 그 흐름과 함께 미군기지문제도 클로즈업되었다. 그때 미군기지로 고통받는 장소로서 오키나와도 시야에 들어온 것이다. 양쪽이 손을 잡고 기지반대를 향해 가는 것은 어쩌면 필연적인 일이라고 하겠다. 미군기지를 둘러싼 저항은 미국의 동아시아에서의 존재감을 저하시킬 가능성이 있으며, 직간접적으로 오키나와의 조선인을 가시화(실증)하는 데에 기여하게 될 것이다.

상상력에 관해서는 다음 에피소드를 소개하고 싶다. 2018년 4월 27일, 문재인 대통령과 김정은 서기장이 판문점에서 역사적인 남북수뇌회담을 개최한 날은 마침 오키나와의 소설가 메도루마 슌이 제주도에서 개최된 제주4・3사건 70주년 심포지엄 '동아시아의 문학적 항쟁과 연대'에 패널로 참가 중이었다. 이 심포지엄에서는 소설가 현기영이 제주4・3사건에 관해, 타이완 시인 리민용李敏勇이 2・28사건에 대해, 베트남 소설가 바오닌이 자신도 참전했던 베트남전쟁에 관한 전쟁과 문학에 대해, 그리고 메도루마 슌이 헤노코에서의 미군신기지건설에 대한 저항운동, 그리고 오키나와와 관련된 전쟁과 문학에 대해 발표했다. 베트남전쟁 당시, 오키나와인들이 가해의 위치에 서게 되었다는 것은 앞서 언급하였다. 같은 현실은 한국에서도 발생했는데, 한국군은 좀 더 직접적으로 베트남에 파병하여 학살에 가담하였다. 즉 피해와 가해가 뒤엉킨 관계에 있는 지역이, 이 심포지엄의 장에 모이게 된 것이다.

상대 패널의 이야기를 들으면서 출석자 전원이 각지에서 일어난 / 일어나고 있는 가해와 생겨난 / 생겨나고 있는 피해를, 패널의 이야기를 통해, 그리고 문학작품을 통해 상상해 갔다. 그러한 상상을 하는 가운데 가시화된 가해와 피해의 다면적인 양상을 비교·검토하는 것도, 자신의 가해성, 그리고 가해 / 피해라는 고착화된 인식의 틀을 되묻는 일에 유효한 작업이 될 것이다.

또한 메도루마 슌은 심포지엄 이튿날, 1948년 제주4·3사건 당시 살해된 수많은 도민들을 애도하는 4·3평화공원을 방문했다. 또한 제주 강정에 새로 건설된 한국 해군기지를 둘러보았다. 아마도 메도루마는 오키나와전쟁과 4·3사건을, 그리고 강정과 헤노코의 현상을 겹쳐 보았을 터다. 얼마 후, 메도루마는 자신의 블로그에 다음과 같은 말을 남겼다.

이 땅에서 일어난 일을 상상하는 일은, 훗날의 고독한 작업에 기댈 수밖에 없을 것이다. 시와 소설을 비롯해 언어(문자)가 힘을 발휘하는 것은 바로 거기에서부터 시작될 것이다.

나는 오키나와전쟁으로부터 15년이 지난 후 태어났다. 공동체의 커다란 역사체험을 다음 세대가 추체험하기 위해서는 어떻게 하면 좋을까. 소설을 쓰는 것을 통해 추체험하는 것은 가능할까? 학생시절에 그것을 생각하면서, 소설을 쓰기 시작했다.

4·3사건을 다음 세대로 어떻게 이어갈 것인가. 그때 문학이 무엇을 할

수 있을까. 그 과제는 오키나와전쟁의 계승과 공통될 것이다.[1]

문학은 상상하는 것으로 힘을 발휘하고, 그에 따라 추체험을 가능케 하며, 뿐만 아니라 개별적이고 구체적인 역사적 체험을 다른 사건과 연결시키면서 계승하도록 한다. 상상력과 연결시켜 문학은 무언가를 명확하게 말하는 언어에 다름 아닐 터다. 그러한 역할을 부여하고 있는 것은 오키나와에 메도루마 슌만 있는 것은 아니다. '종군 위안부' 문제를 테마로 한 사키야마 다미崎山多美의 소설 「달은, 아니다月や、あらん」, 과거 '군부'였던 조선인 남자가 등장하고, 또 '위안부'로 동원된 것으로 보이는 여성을 묘사한 마타요시 에이키又吉栄喜의 「긴네무 집ギンネム屋敷」 등에서도 찾아 볼 수 있다. 오시로 사다토시大城貞俊의 「산 사바니山のサバニ」와 지넨 세이신知念正真의 「인류관人類館」, 사키하마 신崎浜慎의 「어둠 속의 방황, 나의 피闇のなかの惑い、私の血」도 그 안에 포함될 것이다. 또한, 메도루마, 사키야마, 마타요시의 작품 상당수는 한국에서도 번역되어 문학을 통한 상상력의 공유가 경계를 넘어 펼쳐지고 있다.[2]

서로가 그 땅을 방문하고, 그리고 거기서 일어난 일을 상상하는 것. 그리고 자신이 사는 지역 내에서 일어난 일과 겹쳐 생각하는 것. 그것을 통해 구체적으로 타자의 존재를 상상하고, 이야기할 때, 담론공간은 적극적으로 타자를 받아들이게 될 것이고, 탈식민지화로 향하는 장이 될 것이다.

---

1   메도루마 슌 블로그 「해명의 섬에서海鳴りの島から」에서 인용(https://blog.goo.ne.jp/awamori777/e/f655b5e10dde51d75492ae58005d527d)[검색일: 2018.6.15]
2   예컨대, 사키야마 다미의 「달은, 아니다」가 『지구적 세계문학』 7호(지구적세계문학연구소, 2016)에 번역·소개되었다.

이 책은 많은 분들의 도움으로 집필되었다. 지도학생 데루야 다이테쓰 군도 그 중 하나다. 신조 이쿠오新城郁夫 선생님(류큐대학)은 이 책의 구성을 생각하는 데 도움이 될 만한 조언과 문헌을 소개해 주셨다. 특히 작년에 출간된 신조 선생님의 저서 『오키나와로 연결되다沖縄に連なる』(岩波書店, 2018)는 이 책의 내용을 한층 심화시켜 주었다. 도미야마 가즈유키豊見山和行 선생님(류큐대학)은 오키나와전쟁 관련 문헌과 조언을 주셨다. 가리마타 시게히사狩俣繁久 선생님(류큐대학), 아카미네 마사노부赤嶺政信 선생님(류큐대학)은 섬말シマクトゥバ을 알려주셨다. 나카노 도시오中野敏男 선생님(도쿄외국어대학 명예교수)의 옥고 「'계속되는 식민지주의' 관점에서 생각하는 오키나와「継続する植民地主義」という観点から考える沖縄」는 이 책을 집필하고 오키나와를 사유하는 데 유익한 논점을 제공해 주었다. 해외연수로 2016년 1년간 서울에 체재할 때, 백지운 선생님(서울대), 김재용 선생님(원광대), 김동윤 선생님(제주대), 곽형덕 선생님(명지대)은 좋은 발표기회를 주셨다. 최근 김재용 선생님을 중심으로 한 오키나와문학연구회에서 오키나와 소설을 왕성하게 번역·소개하고 있다. 좋은 해설이 들어간 번역서를 받은 것도 큰 힘이 되었다. 백영서 선생님(연세대)은 때때로 식사자리에 초대해 주셨고, 늘 뜻깊은 조언을 해주셨다. 이명원 선생님(경희대)이 보내주신 저서 『두 섬-저항의 양극, 한국과 오키나와』(삶창, 2017)는 이 책과 공명하는 부분이 많아 좋은 참고가 되었다. 평소에도 신세를 지고 있는 권혁태 선생님(성공회대)은 『평화 없는 '평화주의'平和なき「平和主義」』(法政大学出版局, 2016) 등 참고가 될 만한 저서를 보내주셨다. 임경화 선생님(연세대)은 한국 신문 정보를 비롯해 오키나와 관련 자료들을 대거 보내주셨다. 조경희 선생님(성공회대)은 한국

측 오키나와 관련 논의를 소개해 주셨고, 저서 『'나'를 증명하기─아시아에서의 국적·여권·등록』(삼울, 2017)과 『두 번째 '전후'─1960~1970년대 아시아와 만나는 일본』(삼울, 2017)을 보내주셨다. 도리야마 준鳥山淳 선생님(오키나와국제대학)은 우연히 국회도서관에서 만나 이야기를 나눈 인연으로 오키나와 내 한국 출신 노동자 관련 자료를 한가득 보내주셨다. 사쿠모토 가나佐久本佳奈 씨(히토쓰바시대학) 역시 한국 노동자 관련 자료를 제공해 주셨다. 참고로 사쿠모토 씨는 류큐대학도서관 신문자료실을 이용하는 보기 드문 동료 중 하나다. 가베 사토시我部聖 선생님(오키나와대학)은 『류다이분가쿠』 관련 정보와 논문을 제공해 주셨다. 와카바야시 지요若林千代 선생님(오키나와대학)은 이토만시에 있는 '오키나와 병참 위령의 비'에 대해 알려주셨다. 또 오키나와 문제를 상담해주시기도 했다. 오키나와 '출입역관리령'을 다룬 도이 도모요시土井智義 선생님(도쿄대학)의 방대한 분량의 박사논문도 참고가 되었다. 이 박사논문은 출입역관리문제와 아마미/오키나와문제를 검토하는 데 중요한 논점을 제공한다. 곧 단행본으로 출간될 예정이다. 평소 신세를 많이 지고 있는 김미혜 선생님(도쿄대학)은 배봉기 할머니에 관한 자료를 제공해 주셨다. 김은애 씨(도쿄외국어대학)는 극단창조劇団創造에 대해 많은 가르침을 주셨다. 그리고 M에게. 언젠가 이 책을 읽어 주었으면 한다. 또한 이 책의 타이틀은 시인 김시종 선생님의 『'재일'의 틈새에서「在日」のはざまで』(立風書房, 1986)에서 가져왔다. 김시종 선생님의 저서와 이 책은 자매책, 형제책이라고 내 멋대로 자리매김하려 한다. 마음 같아서는 은사이신 우카이 사토시鵜飼哲 선생님(히토쓰바시대학)처럼 함축적이고 샤프한 제목을 달고 싶었지만 아직 역부족이다.

이 책은 김재용 선생님이 애써주신 덕분에 한국 소명출판에서 동시 간행하게 되었다. 한국에 소개되는 것은 너무도 기쁜 일이다. 한반도의 현대사에 어떤 형태로든 공헌할 수 있기를 바란다. 또한 이 책을 번역해 주신 손지연 선생님(경희대)에게 깊은 감사의 마음을 전한다. 그건 그렇고 손 선생님의 일본어 운용 능력은 그저 놀라울 따름이다.

아카시쇼텐明石書店의 간 마사노리關正則 씨는 좀처럼 진전이 없던 원고를 끈기 있게 기다려 주셨다. 이 책이 완성되기까지 기다려주신 데 대한 죄송한 마음과 드디어 간행하게 되었다는 안도감이 교차한다. 심심한 감사를 전한다.

이 책은, 내 안에서 오키나와의 조선인의 역사를 이야기하며 돌고 돌아서 문학에 도달하고 있다. 이에 관해서는 강의시간에 조금씩 다루었던 내용을 모아 언젠가 단행본으로 내고 싶다.

2019년 2월

저자 오세종

新聞

■ 日本「本土」, 沖縄の新聞

朝日新聞社,『朝日新聞』

『うるま新報』(沖縄戦時の米軍の収容所で発行されたが, 後に米軍政府および沖縄民政府の
　　　機関紙に指定され, 1951年9月10日に『琉球新報』と改題)

『沖縄新聞』(沖縄戦時の米軍の収容所で発行されていた新聞。琉球大学附属図書館所蔵)

沖縄新民報社,『沖縄新民報』

沖縄タイムス社,『沖縄タイムス』

南西新報社,『南西新報』

みやこ新報社,『みやこ新報』

八重山毎日新聞社,『八重山毎日新聞』

琉球新報社,『琉球新報』

■ 韓国の新聞

京郷新聞社,『京郷新聞』

東亜日報社,『東亜日報』

毎日経済新聞社,『毎日経済』

朝鮮日報社,『朝鮮日報』

沖縄県史, 沖縄県内各自治体史

浦添市史編集委員会編集,『浦添市史 第五巻 資料編4 戦争体験記録』, 浦添市教育委員会, 一九
　　　八四年.

沖縄県教育委員会編,『沖縄県史 第10巻 各論編9 沖縄戦記録』2, 沖縄県教育委員会, 一九七四年.

沖縄県教育庁文化財課史料編集班編,『沖縄県史 資料編23 沖縄戦6 沖縄戦日本軍史料』, 沖縄
　　県教育委員会, 二〇一二年.

沖縄県文化振興会史料編集室,『沖縄県史 資料編14 琉球列島の軍政1945−1950 現代2(和
　　訳編)』, 沖縄県教育委員会, 二〇〇二年.

沖縄県立図書館史料編集室編,『沖縄県史 資料編2 琉球列島の沖縄人・他 沖縄戦2(和訳編)』,
　　沖縄県教育委員会, 一九九六年.

北中城村史編纂委員会編,『北中城村史 第四巻 戦争・証言編一』, 北中城村役場, 二〇一〇年.

　　　　　　　　　　　　　　,『北中城村史 第四巻 戦争・証言編二』, 北中城村役場, 二〇一〇年.

金武町史編さん委員会編,『金武町史 第二巻 戦争・証言編』, 金武町教育委員会, 二〇〇二年.

金武町役場企画課編集,『戦後五〇周年金武町平和推進事業報告書−屋嘉捕虜収容所を通し
　　て考える平和と沖縄戦・世界の収容所と難民』, 金武町役場, 一九九六年.

具志川市史編さん委員会編,『具志川市史 第五巻 戦争編 戦時体験』I, 具志川市教育委員会, 平
　　成一七年.

座間味村史編集委員会編,『座間味村史』, 座間味村役場, 一九八九年.

城辺町史編纂委員会編,『城辺町史 第二巻 戦争体験編』, 城辺町役場, 平成八年.

竹富町史編集委員会町史編集室編,『竹富町史 第十二巻 資料編 戦争体験記録』竹富町役場, 平
　　成八年

玉城村史編集委員会編,『玉城村史 第六巻 戦時記録編』, 玉城村役場, 二〇〇四年.

北谷町史編集事務局編,『北谷町民の戦時体験記録集(第一集) 沖縄戦−語てぃいいかな何時
　　(ルビ：いち)ぬ世(ルビ：ゆー)までぃん』, 北谷町役場, 一九八五年.

北谷町史編集委員会編,『北谷町史 第五巻 資料編4 北谷の戦時体験記録(上)』, 北谷町役場, 平
　　成四年.

名護市教育委員会文化課 市史編さん係編,『名護市史叢書16 語りつぐ戦争−市民の戦時・戦
　　後体験記録第2集』, 名護市教育委員会, 平成二二年.

　　　　　　　　　　　　　　　　　　　　,『名護市史叢書17 語りつぐ戦争 第3集−市民の戦
　　時・戦後体験記録』, 名護市教育委員会, 平成二四年.

名護市戦争記録の会, 名護市史編さん委員会(戦争部会), 名護市史編さん室編,『名護市史叢
　　書1 語りつぐ戦争−市民の戦時・戦後体験記録 第1集』, 名護市役所, 昭和六〇年.

那覇市企画部市史編集室編,『沖縄の慟哭 市民の戦時・戦後体験記2(戦後・海外篇)那覇市
　　史資料篇第三巻8特装版』, 那覇市企画部市史編集室, 昭和五六年.

　　　　　　　　　　　　　　,『那覇市史 資料篇第三巻七 市民の戦時・戦後体験記一(戦時
　　篇)』, 那覇市企画部市史編集室, 一九八一年.

南風原町史戦災調査部会編,『南風原町沖縄戦戦災調査9 照屋か語る沖縄戦』, 南風原町教育委
　　員会, 平成六年.

読谷村史編集委員会編,『読谷村史 第五巻 資料編4 戦時記録 上巻』, 読谷村役場発行, 二〇〇

二年. www.yomitan.jp / sonsi / vol05a / chap02 / sec03 / cont00 / docu0
91.htm

_____,『読谷村史 第五巻 資料編4 戦時記録 下巻』, 読谷村役場, 二〇〇四年.
琉球政府編,『沖縄県史第9巻 各論編8 沖縄戦記録』1, 琉球政府, 一九七一年.

その他の参考文献・映像・サイト

安里英子, 許点淑編,『(元朝鮮人軍夫 姜仁昌の証言)恨をかかえて──ハラボジの遺言』, 沖縄
　　恨(ハン)之碑の 会, 二〇一六年.

安仁屋政昭,「総論」, 沖縄県教育委員会編,『沖縄県史 第10巻 各論編9 沖縄戦記録』2, 沖縄県
　　教育委員会, 一九七四年.

阿波根昌鴻,『米軍と農民─沖縄県伊江島』, 岩波書店, 一九七三年.

新川明,『反国家の兇区』, 現代評論社, 一九七一年.

新崎盛暉,『沖縄同時代史 第一巻 世替わりの渦のなかで1973〜1977』, 凱風社, 一九九二年.

_____,『沖縄同時代史 第三巻 小国主義の立場で』, 凱風社, 一九九二年.

_____,『沖縄現代史』, 岩波書店, 一九九六年.

池沢聡,「編集部便り」,『琉大文学』第九号, 一九五五年七月,『復刻版 琉大文学』第2巻, 不二出
　　版, 二〇一四年.

池宮城秀意,『沖縄に生きて』, サイマル出版会, 一九七〇年.

石田郁夫, 小沢信男, 野呂重雄,「鼎談文藝時評 第三回」,『新日本文学』, 新日本文学会, 一九七
　　二年, 第二七巻第一一号, 七八─八九頁.

石原昌家,「沖縄戦体験記録運動の展開と継承」,『沖縄文化研究』第一二号, 一九八六年三月,
　　二三九─六六頁.

_____,「戦没者刻銘碑「平和の礎」が意味するもの」,『季刊 戦争責任研究』第八号, 一九九
　　五年夏季号.

石原昌家, 新垣尚子,「戦没者刻銘碑「平和の礎」の機能と役割」,『南島文化』第一八号, 沖縄国
　　際大学南島文化研究所, 一九九六年, 一三三─四八頁.

今井正監督,『あれが港の灯だ』, 一九六一年.

浦崎成子,「沖縄戦と軍「慰安婦」」, VAWW-NET Japan編,『日本軍性奴隷制を裁く─二〇〇
　　〇年女性国際戦犯法廷の記録第三巻「慰安婦」・戦時性暴力の実体I─日本・台湾・
　　朝鮮編』, 緑風出版, 二〇〇〇年.

浦野起央編著,『第三世界国際関係資料集─第三世界と国際協力』, 有信堂, 一九七六年.

海野福寿, 権丙卓,『恨─朝鮮人軍夫の沖縄戦』, 河出書房新社, 一九八七年.

エレーヌ・シクスー著, 松田充代訳,「語れぬ出来事に遭遇した人々が何を語るのか」,『現代

思想』二〇〇〇年一一月号, 青土社.

遠藤正敬, 『戸籍と国籍の近現代史－民族・血統・日本人』, 明石書店, 二〇一三年.

呉圭祥, 『ドキュメント在日本朝鮮人連盟 1945-1949』, 岩波書店, 二〇〇九年.

呉世宗, 「金嬉老と富村順一の日本語を通じた抵抗」, 『琉球アジア文化論集』第四号, 二〇一
八年三月, 琉球大学法文学部, 五五－七七頁.

大島幸夫, 『新版 沖縄の日本軍－久米島虐殺の記録』, 新泉社, 一九八二年.

大城将保, 『沖縄戦──民衆の眼てとらえる「戦争」』, 高文研, 一九八五年.

_____, 「第 軍の沖縄配備と全島要塞化」, 沖縄県文化振興会公文書館管理部史料編集室編,
『沖縄戦研究』II, 沖縄県 教育委員会, 一九九九年.

大沼保昭, 『新版 単一民族社会の神話を超えて－在日韓国・朝鮮人と出入国管理体制』, 東信
堂, 一九九三年.

太田修, 「二つ講和条約と初期日韓交渉における植民地主義」, 李鍾元他編著, 『歴史としての
日韓国交正常化 II－脱植民地化編』, 法政大学出版局, 二〇一一年.

大田静男, 『夕凪の島－八重山歴史文化誌』, みすず書房, 二〇一三年.

_____, 『復刻版 八重山の戦争』, 南山舎, 二〇一四年.

大田昌秀, 『久米島の「沖縄戦」－空襲・久米島事件・米軍政』, 特定非営利活動法人沖縄国際
平和研究所, 二〇一六年.

岡本恵徳, 『沖縄文学の地平』, 三一書房, 一九八一年.

沖東介, 「沖縄の"韓台労働力輸入"の実態」, 『現代の眼』一九七五年六月号.

沖縄県営平和祈念公園のウェブサイト. http://kouen.heiwa-irei-okinawa.jp/shisets
u-ishigi.html(最終閲覧日二〇一六年一〇月三日)

沖縄県教職員組合編, 『これが日本軍だ－沖縄戦における残虐行為』, 沖縄県教職員組合, 一九
七二年五月.

沖縄県商工労働部編, 『沖縄県労働史 第三巻(一九六六～七三年)』, 沖縄県, 平成一三年.

沖縄県総務部知事公室国際交流課旅券センター, 「復帰前の沖縄における外国人登録につい
て(前編)」, 外国人登録事務協議会全国連合会編, 『外国人登録』第四四七号, 一九九
六年五月.

沖縄県祖国復帰闘争史編纂委員会, 『沖縄県祖国復帰闘争史 資料編』, 沖縄時事出版, 一九八二年.

沖縄大百科事典刊行事務局編, 『沖縄大百科事典』, 沖縄タイムス社, 一九八三年.

沖縄タイムス社, 『新沖縄文学』第一八, 一九号, 一九七〇年, 一九七一年.

沖縄タイムス社編, 『沖縄年鑑・一九七〇年版』, 沖縄タイムス社, 一九七〇年.

_____, 『沖縄の証言－激動の二五年誌 上巻』, 沖縄タイムス社, 一九七一年.

_____, 『庶民がつづる沖縄戦後生活史』, 沖縄タイムス社, 一九九八年.

_____, 『鉄の暴風－現地人による沖縄戦記』, 朝日新聞社, 一九五〇年.

大城将保, 『沖縄戦－民衆の眼でとらえる「戦争」』, 高文研, 一九八五年.

＿＿＿＿, 「第三二軍の沖縄配備と全島要塞化」, 沖縄県文化振興会公文書館管理部史料編集室編, 『沖縄戦研究』II, 沖縄県教育委員会, 一九九九年.

外務省編, 『日本占領重要文書』第一巻 基本篇, 日本図書センター, 一九八九年.

鹿野政直, 『戦後沖縄の思想像』, 朝日新聞社, 一九八七年.

川田文子, 『赤瓦の家－朝鮮から来た従軍慰安婦』, 筑摩書房, 一九八七年.

＿＿＿＿, 『イアンフとよばれた戦場の少女』, 高文研, 二〇〇五年.

我部聖, 「境界に抗する言葉と身体－『朴達の裁判』と沖縄」, 『アジア太平洋研究』三一号, 成蹊大学アジア太平洋研究センター, 二〇〇六年.

＿＿＿＿, 「「日本文学」の編成と抵抗－『琉大文学』における国民文学論」, 『言語情報科学』第七号, 二〇〇九年, 東京大学大学院総合文化研究科言語情報科学専攻.

韓国人慰霊塔奉安会編, 「或る女子挺身隊の恨みからんだ事情」, 尹英九編, 『鎮魂』, 韓国人慰霊塔奉安会, 一九七八年.

川満信一, 『沖縄・根からの問い－共生への渇望』, 泰流社, 一九七八年.

米相互防衛条約の原文. https://bit.ly/2MgSkto(二〇一七年一〇月二一日最終閲覧。日本語訳 https://bit.ly/2SeBtq8(二〇一七年一〇月二一日最終閲覧)).

菊池英昭編, 『旧日本軍朝鮮半島出身軍人・軍属死者名簿』, 新幹社, 二〇一七年.

喜舎場順, 「惨めな地図」, 『琉大文学』第八号, 一九五五年二月, 『復刻版 琉大文学』第一巻, 不二出版, 二〇一四年.

儀同保, 『ある沖縄戦－慶良間戦記』, 日本図書センター, 一九九二年.

宜野座由子, 「差別構造, 克服の方向へ」, 『沖縄タイムス』, 二〇〇三年六月二二日付朝刊.

儀間比呂志, 『沖縄戦－朝鮮人軍夫と従軍慰安婦』(版画集), 清風堂書店, 一九九五年.

金優綺, 「インタビュー 金賢玉さんに聞く 日本軍「慰安婦」問題解決と統一への思いを胸に－ペポンギハルモニと過ごした十七年間を振り返る」, 『人権と生活』第三五号, 在日本朝鮮人人権協会, 二〇一四年.

金元栄著, 岩橋春美訳, 『或る韓国人の沖縄生存手記』, 『アリランのうた』製作委員会, 一九九一年.

＿＿＿＿, 『朝鮮人軍夫の沖縄日記』, 三一書房, 一九九二年(九二年版).

金達寿, 「八・一五以後」, 『金達寿小説全集一』, 筑摩書房, 一九八〇年.

金玟煥著, 大和裕美子訳, 「「平和の礎」と平和の礎(いしずえ)の距離－沖縄平和記念公園形成過程における「礎」論の影響と米軍政期の経験」, 『九州歴史科学』第四二号, 九州歴史科学研究会, 二〇一四年, 一－二六頁.

具甲祐, 「アジア分断と沖縄3 北朝鮮から見た沖縄返還」, 『琉球新報』, 二〇一四年四月二八日付.

月刊沖縄社編, 『アメリカの沖縄統治関係法規総覧』I, 月刊沖縄社, 一九八三年.

＿＿＿＿＿＿, 『アメリカの沖縄統治関係法規総覧』II, 月刊沖縄社, 一九八三年.

＿＿＿＿＿＿, 『アメリカの沖縄統治関係法規総覧』III, 月刊沖縄社, 一九八三年.

古賀徳子, 「沖縄戦における日本軍「慰安婦」制度の展開(1)」, 日本の戦争責任資料センター, 『季刊戦争責任研究』第六〇号, 二〇〇八年.

_____, 「沖縄戦における日本軍「慰安婦」制度の展開(2)」, 日本の戦争責任資料センター, 『季刊戦争責任研究』第六一号, 二〇〇八年.

_____, 「沖縄戦における日本軍「慰安婦」制度の展開(3)」, 日本の戦争責任資料センター, 『季刊戦争責任研究』第六二号, 二〇〇八年.

_____, 「沖縄戦における日本軍「慰安婦」制度の展開(4)」, 日本の戦争責任資料センター, 『季刊戦争責任研究』第六三号, 二〇〇九年.

小林聡明, 「発見／忘却される在沖コリアン－アメリカ施政権下沖縄における朝鮮半島出身者の法的地位をめぐって」, 『ワセダアジアレビュー』NO.15, 二〇一四年, 四二－七頁.

権赫泰, 「辺野古と済州のねじれの連動」, 『琉球新報』, 二〇一六年四月二二日付.

佐久本佳奈, 「戦後沖縄文学と人の移動－一九七五年沖縄国際海洋博を背景とした三作品 本部茂『東山里五郎の奇妙な日帰り出張』・金廷漢『沖縄からの手紙』・目取真俊『面影と連れて』を中心に」, 琉球大学修士論文, 二〇一六年度.

嶋津与志, 『沖縄戦を考える』, ひるぎ社, 一九八三年.

守礼の光編集部, 『守礼の光』(DVD版), 不二出版, 二〇一二年.

ジョン・F・ダレス著, 大場正史訳, 『戦争か平和か－ダレス回顧録』, 鳳映社, 一九五八年.

新城郁夫, 『沖縄文学という企て－葛藤する言語・身体・記憶』, インパクト出版会, 二〇〇三年.

_____, 『到来する沖縄－沖縄表象批判論』, インパクト出版会, 二〇〇七年.

新城郁夫・鹿野政直, 『対談 沖縄を生きるということ』, 岩波書店, 二〇一七年.

第二次大戦時沖縄朝鮮人強制連行虐殺真相調査団編, 『第二次大戦時沖縄朝鮮人強制連行虐殺真相調査団報告書』, 第二次大戦時沖縄朝鮮人強制連行虐殺真相調査団, 一九七二年.

武茂憲一, 「もうひとつの〈沖縄〉－沖縄の朝鮮人たち・1」, 『朝鮮研究』第九〇号, 一九六九年.

高崎宗司, 『検証日韓会談』, 岩波書店, 一九九六年.

高里鈴代, 「強制従軍「慰安婦」」, 那覇市総務部女性室那覇女性史編集委員会編, 『なは・女のあしあと－那覇女性史(近代編)』, ドメス出版, 一九九八年.

高嶺朝一, 『知られざる沖縄の米兵－米軍基地十五年の取材メモから』, 高文研, 一九八四年.

田中宏, 「戦後日本とポスト植民地問題」, 『思想』, 岩波書店, 一九八五年八月号, 三八－五二頁.

玉木真哲, 『沖縄戦史研究序説－国家総力戦・住民戦力化・防諜』, 榕樹書林, 二〇一一年.

崔元植著, 青柳優子訳『東アジア文学空間の想像』, 岩波書店, 二〇〇八年.

張博珍, 「日韓会談における被害補償交渉の過程分析－「賠償」・「請求権」「経済協力」方式の連続性」, 李鍾元他編著, 『歴史としての日韓国交正常化Ⅰ－東アジア冷戦編』, 法政大学出版局, 二〇一一年.

趙重泰著, 岩橋春美訳, 『復刻版 日本軍の沖縄における韓国人虐殺の記録』, 宋斗会の会, 二〇

○五年.

趙誠倫著, 神谷智昭訳, 「沖縄最初の韓国人慰霊碑青丘之塔」, 『琉球大学 人の移動と二一世紀のグローバル社会 Ⅴ 東アジアの間地方交流の過去と現在－済州と沖縄・奄美を中心にして』, 彩流社, 二〇一二年.

テッサ・モーリス＝スズキ, 「冷戦と戦後入管体制の形成」, 『季刊前夜』第五号, 二〇〇五年春, 影書房.

土井智義, 「米国統治期「琉球列島」における「非琉球人」管理体制成立過程の研究－奄美返還直後までの「本土籍者」に対する強制送還を主軸として」, 二〇一七年(博士論文, 大阪大学).

_____, 「米軍統治下の沖縄における出入管理制度と「非琉球人」」, 冨山一郎他編著, 『現代沖縄の歴史経験－希望, あるいは未決性について』, 青弓社, 二〇一〇年.

_____, 「米軍占領期における「国民」／「外国人」という主体編成と植民地統治－大東諸島の系譜から」, 『沖縄文化研究』第三八号, 二〇一二年三月, 法政大学沖縄文化研究所.

_____, 「米統治下の在沖奄美住民(下) 日米琉が作った管理制度／「技術援助」通じ深く関与」, 『沖縄タイムス』, 二〇一三年一二月一九日付.

東宝株式会社関西支社事業課, 『八月十五夜の茶屋』(映画パンフレット), 一九五七年.

外村大・羅京洙, 「一九七〇年代中期沖縄の韓国人季節労働者－移動の背景と実態」, 日本移民学会, 『移民研究年報』第一五号, 二〇〇九年三月, 七七－九五頁.

富村順一, 『沖縄戦語り歩き－愚童の破天荒旅日記』, 柘植書房, 一九九五年.

_____, 『死後も差別される朝鮮人』, 一九七三年(「痛恨之碑」建設のためのカンパを集めるために富村が作成したパンフレット).

_____, 『わんがうまりあ沖縄－富村順一獄中手記』, 拓殖書房, 一九七二年五月一五日.

_____, 『琉球慰安婦－天皇制下の闇の性』, 玄曜社, 一九七七年.

富村順一, 石田郁夫(聞き手), 「聞書「富村順一放談」」, 『新日本文学』, 新日本文学会, 一九七三年, 第二八巻第七号.

鳥山淳, 『沖縄／基地社会の起源と相克 1945-1956』, 勁草書房, 二〇一三年.

_____, 「沖縄戦をめぐる聞き書きの登場」, 『岩波講座 アジア・太平洋戦争6 日常生活の中の総力戦』, 岩波書店, 二〇〇六年.

_____, 「地上戦の島の「戦後」－沖縄の米軍基地の成り立ちをめぐる断章」, 『現代思想』, 青土社, 二〇〇一年七月臨時増刊号.

仲宗根勇, 『沖縄少数派－その思想的遺言』, 三一書房, 一九八一年.

中野敏男, 「「継続する植民地主義」という観点から考える沖縄」, 木村朗・前田朗共編, 『ヘイト・クライムと植民地 主義－反差別と自己決定権のために』, 三一書房, 二〇一八年.

仲宗根政善, 『沖縄の悲劇－ひめゆりの塔をめぐる人々の手記』, 東邦書房, 一九七四年.

中野好夫, 新崎盛暉, 『沖縄戦後史』, 岩波書店, 一九七六年.

仲本盛次, 『熱き拳−ボクシングと共に』, 月刊沖縄社, 一九八九年.

仲吉良光, 『日本復帰運動記−私の回想から』, 沖縄タイムス社, 一九六四年.

七尾和晃, 『沖縄戦と民間人収容所−失われる記憶のルポルタージュ』, 原書房, 二〇一〇年.

南山舎, 『情報やいま』no.83, 一九九九年, 八号.

西倉実季, 『顔にあざのある女性たち−「問題経験の語り」の社会学』, 生活書院, 二〇〇九年.

西原諄, 「戸籍法制の変遷と問題点」, 宮里政玄編, 『戦後沖縄の政治と法−−一九四五−七二
　　　　年』, 東京大学出版会, 一九七五年.

野添憲治, 『遺骨は叫ぶ−朝鮮人強制労働の現場を歩く』, 社会評論社, 二〇一〇年.

濱川昌也, 『私の沖縄戦記−第三十二軍司令部秘話』, 那覇出版社, 一九九〇年.

朴壽南編, 『アリランのうた−オキナワからの証言』, 青木書店, 一九九一年.

朴正鎮, 「日韓会談と日朝会談−−一九五〇～一九五九年」, 李鍾元他編著, 『歴史としての日韓
　　　　国交正常化 I−東アジア冷戦編』, 法政大学出版局, 二〇一一年.

林博史, 『沖縄戦と民衆』, 大月書店, 二〇〇一年.

ヴァーン・スナイダー著, 梓澤登訳, 『八月十五夜の茶屋−沖縄占領統治1945』, 彩流社, 二
　　　　〇一二年.

比嘉春潮, 『沖縄の歳月−自伝的回想から』中公公論社, 昭和四四年.

福地曠昭, 『哀号・朝鮮人の沖縄戦』, 月刊沖縄社, 一九八六年.

福地曠昭編著, 『オキナワ戦の女たち−朝鮮人従軍慰安婦』, 海風社, 一九九二年.

藤島宇内, 「「韓国」と沖縄を結ぶ心理作戦」, 『現代の眼』一九七五年六月号, 一三四−一四三頁.

藤野雅之, 『与那国島サトウキビ刈り援農隊−私的回想の三〇年』, ニライ社, 二〇〇四年.

防衛庁防衛研修所戦史室, 『沖縄方面陸軍作戦』, 朝雲新聞社, 一九六八年.

外間守善, 『私の沖縄戦記−前田高地・六十年目の証言』, 角川学芸出版, 平成二四年.

保坂廣志, 『沖縄戦捕虜の証言−針穴から戦場を穿つ− 下巻』, 紫峰出版, 二〇一五年.

洪玧伸, 『沖縄戦場の記憶と「慰安所」』, インパクト出版会, 二〇一六年.

洪玧伸編, 『戦場の宮古島と「慰安所」』, なんよう文庫, 二〇〇九年.

毎日新聞出版, 『サンデー毎日』一九七一年七月一八日号, 一九七二年四月二日号, 一九七二年
　　　　四月二三日号.

又喜栄喜, 「ギンネム屋敷」, 『ギンネム屋敷』, 集英社, 一九八一年.

牧瀬恒二, 『沖縄返還運動−その歴史と課題』, 労働旬報社, 昭和四二年.

松木謙治郎, 『阪神タイガース松木一等兵の沖縄捕虜記』, 現代書館, 二〇一二年.

松田春香, 「東アジア「前哨国家」による集団安全保障体制構想とアメリカの対応−「太平洋同
　　　　盟」と「アジア民族反共連盟」を中心に」, 『アメリカ太平洋研究』第五号, 東京大学大
　　　　学院総合文化研究科附属アメリカ太平洋地域研究センター, 二〇〇五年三月.

三木健, 「元韓国人軍夫来沖がもたらしたもの」, 『週刊レキオ』, 一九八六年一二月五日号.

宮城聰, 「忘れようとしても忘れられぬ記憶を集めて」, 『サンデー毎日』, 一九七一年七月一

八日号.

_____,「解題」, 琉球政府編,『沖縄県史第9巻 各論編8 沖縄戦記録』1, 琉球政府, 一九七一年.

民団三〇年史編纂委員会編纂,『民団三〇年史』, 在日本大韓民国居留民団, 一九七七年.

森宣雄,『地のなかの革命－沖縄戦後史における存在の解放』, 現代企画室, 二〇一〇年.

目取真俊,『水滴』, 文藝春秋, 一九九七年.

_____,『眼の奥の森』, 影書房, 二〇〇九年.

_____,『魚群記』, 影書房, 二〇一三年.

目取真俊ブログ,「海鳴りの島から」. https://blog.goo.ne.jp/awamori777/e/f655b5e
　　　10dde51d75492ae58005d527d(二〇一八年六月一五日最終閲覧).

八原博通,『沖縄決戦－高級参謀の手記』, 読売新聞社, 一九七二年.

山谷哲夫,『沖縄のハルモニ－大日本売春史』, 晩聲社, 一九七九年.

吉見義明編,『従軍慰安婦資料集』, 大月書店, 一九九二年.

琉球列島米国民政府渉外報道局,『今日の琉球』(復刻版), 不二出版, 二〇一三年七月～二〇一
　　　四年五月.

「留魂之碑」. https://bit.ly/2sXULGu(最終閲覧日二〇一八年一月一六日).

ロバート・リケット,「朝鮮戦争前後におけるGHQの在日朝鮮人政策」, 大沼久夫編,『朝鮮
　　　戦争と日本』, 新幹社, 二〇〇六年.

若林千代,『ジープと砂塵－米軍占領下沖縄の政治社会と東アジア冷戦 1945～1950』, 有志
　　　舍, 二〇一五年.

ワトキンス文書刊行委員会編,『沖縄戦後初期占領資料 第一一巻』, 緑林堂書店, 一九九四年.

김미혜,「오키나와의 조선인－배봉기 씨의 '자기증명'의 이중적 의미를 중심으로」,『'나'를
　　　증명하기－아시아에서의 국적・여권・등록』, 한울, 2017.

신주백,「한국 근현대사와 오키나와－상흔과 기억의 연속과 단절」, 정근식 편,『경계의 섬,
　　　오키나와－기억과 정체성』, 논형, 2008.

야마구치 다케시,「오키나와의 한(조선)반도출신 희생자 표상과 평화교육에서의 활용 가능
　　　성」,『도시연구』11, 도시사회학회, 2014.6.

이선경(감독),『여도』, 1963.

임경화,「'분단'과 '분단'을 잇다－미군정기 오카나와의 국제연대운동과 한반도」,『상허학
　　　보』44집, 2016.6.

_____,「오키나와의 아리랑－미군정기 오키나와의 잔류 조선인들과 남북한」,『대동문화
　　　연구』89권 0호, 2015.

조무형,「아시아민족반공연맹APACL의 창설과 좌절－역할 이론을 통한 한미 갈등의 개념
　　　화」,『세계정치 10』제29집 2호, 2008 가을.

인명 찾아보기

/일본명/

가미야마 마사요시神山政良　167
가야마 다다시鹿山正　44, 61, 63, 64,
　　66~68, 103, 200, 206, 208, 222,
　　223, 234, 235, 300
가와미쓰 신이치川滿信一 · 川滿信　162, 180
가와타 후미코川田文子　7, 269
갼 신에이喜屋武真栄　300
고쿠바 고타로国場幸太郎　225
고하쓰 히데오키古波津英興　298
교 마치코京マチ子　94
구가이 요시코久貝吉子　87, 283
구보타 기이치로久保田貫一郎　149, 150,
　　153, 225
구시켄 히토시具志堅均　57
구와타 히로시桑田博　298
기노자 유코宜野座由子　271, 273
기도 다모쓰儀同保　101, 105
기샤바 준喜舎場順　158, 160, 163
기시 노부스케岸信介　152
긴조 미노루金城実　316
긴조 세이도쿠金城正篤　250
깃타 하마코橘田浜子　309
나가야마 노리오永山則夫　298

나카무라 진유中村仁勇　33
나카소네 세이젠仲宗根政善　69
나카요시 료코仲吉良光　164
나카이 세이사이中井盛才　292
나카치 가즈코仲地和子　84
나카하라 마사아키仲原正明　56, 85
나칸다카리 메이유仲村渠明勇　63, 64, 112,
　　206, 208, 217, 298
다마키 데루코玉城照子　72
다마키 스에玉城スエ　52
다이라 고이치平良幸一　300
다이라 료쇼平良良松　242
다카오 쓰네히코高尾常彦　302
다카자토 스즈요高里鈴代　78, 110
다케시게 겐이치武茂憲一　204, 206
데루야 시즈照屋シズ　186, 227, 265
도노무라 마사루外村大　255
도미무라 준이치富村順一　211~221, 223,
　　224, 233, 234, 241, 258, 273, 286,
　　298, 301, 314
도이 도모요시土井智義　137, 333
도코이 시게루床井茂　241
도쿠나가 고로徳永五郎　298

마쓰모토 아키시게松本明重　293, 294
마쓰오카 가즈지松岡一二　225
마쓰키 겐지로松木謙治郎　14~17, 105
메도루마 슌目取真俊　255, 288, 329~331
미야기 사토시宮城聰　194
미야무라 후미코宮村文子　20
미키 다케시三木健　65
사사카와 료이치笹川良一　294
사이 쇼章蔡章(기유나 쓰구마사喜友名嗣正)　146, 147
사이고 다카히데西郷隆秀　302
사토 에이사쿠佐藤栄作　209
세나가 가메지로瀬長亀次郎　209
소노 아야코曽野綾子　312
쇼와천황昭和天皇　23, 118
시마 쓰요시嶋津与志　196
시바타 미치코柴田道子　298
신조 신페이新城信平　43
신조 이쿠오新城郁夫　272, 273
쓰네쓰네 사다常恒定　66, 67
아니야 마사아키安仁屋政昭　199~201, 245, 246
아라사키 모리테루新崎盛暉　109, 258, 277, 279, 320
아라카와 아키라新川明　162
아사누마 이네지로浅沼稲次郎　235
아사토 에이코安里英子　318
아카마쓰 요시쓰구赤松嘉次　44, 200
아하곤 쇼코阿波根昌鴻　166
야라 초뵤屋良朝苗　242, 299
야마타니 데쓰오山谷哲夫　270
야하라 히로미치八原博道　36, 99, 100, 242
오나가 도시오翁長俊郎　109
오니키 고로鬼木五郎　298
오시로 료헤大城良平　58, 59

오시로 미노루大城実　228, 229
오시로 야스마사大城保将　245, 246
오자키 노보루尾崎陞　241
오카무라 아키히코岡村昭彦　182
오타 시즈오大田静男　313, 314
와타나베 마사오渡辺正夫　24
요나시로 이사무与那城勇　108
요나하 히로토시与那覇博敏　321
요시다 시게루吉田茂　122
우메자와 유타카梅沢裕　71, 77, 78, 103, 105, 106
우시지마 미쓰루牛島満　25, 91, 245, 305
우에하라 고스케上原康介　209
우에하라 도미上原トミ　80
이시다 이쿠오石田郁夫　298
이시하라 마사이에石原昌家　72, 272, 280
이준인 마리코伊集院真理子　310
이케미야구시쿠 슈이池宮城秀意　51, 52, 55, 56, 103
이케자와 사토시池沢聡(오카모토 게이토쿠岡本恵徳)　161, 162, 250
자바 리쓰코座覇律子　112
조 이사무長勇　25, 36
지넨 미쓰美津(우타ウタ)　62, 65, 66
지넨 조보쿠知念朝睦　41, 42, 291
하마가와 쇼야濱川昌也　113
호리카와 스에코堀川末子　241
호시 마사히코星雅彦　194, 198, 199
호카마 슈젠外間守善　44
후지시마 우다이藤島宇内　241
후지키 마사루藤木優　302
후쿠지 히로아키福地曠昭　326
히가 가메比嘉カメ　208
히가 게이쇼比嘉ケイショウ　190
히라야마 시게平山茂　136

강인창 316
강하석 227
구중회(다니카와 노보루谷川昇) 61~63, 65,
    190~192, 206, 208, 211, 212, 217,
    222, 223, 234, 243, 298, 308
권복노 183, 186, 187, 227, 230
김경선 227
김달수 107, 235
김동선 190, 206, 207, 231
김미혜 269, 283, 284
김수섭·김현옥 부부 273, 274
김수옥 240
김업중 189
김영호 227, 240, 241
김원영 28, 45, 81, 82, 100, 109, 275,
    280
김윤대 277
김정한 113
김종석(히노하라 마사토日原正人) 44
김학순 274
남일 152
민광기 240
박수남 283, 309, 310, 312
박정식 256
박정애 167
박정희 152, 302, 304
방대제 260
배봉기 45, 46, 105, 113, 238, 263,
    264~275, 277, 283, 284, 285, 309,

310
신동진 310
신만조 277
심재언 277, 278
안광호 186, 187
양구섭 227, 228
여운형 140
윤기용 188~190, 227
윤희열 240
이경관 183, 184
이봉조 184
이상윤 260
이승만 140, 144~146, 151, 193, 225
이충효 240
이희원 230
전세균 232
전연옥 260
전태경 307, 309
전호언 241, 248
정실관 277
주요한 147
천택기 277, 279
최공천 271
한설야 167
한창옥 186, 187, 227
함석윤(가네나카 이치로金仲一郎) 19, 183,
    184, 204
홍종필 282

/그 외/

니콜라스 D. 콜레아   123~125

닉슨 리차드   157

말론 브란도   94

카펜터   226

칸즈 캐롤   147

호안 유크 베트   176, 177